六四と一九八九

習近平帝国とどう向き合うのか

石井知章・及川淳子 編

白水社

六四と一九八九——習近平帝国とどう向き合うのか

装画＝佐貫絢郁
装幀＝コバヤシタケシ
組版＝鈴木さゆみ

目次

序章　「六四と一九八九」

石井知章

政治的象徴としての「六四と一九八九」

今日において六四・天安門事件そのものの意味を考察する際、それを中国という一国内的コンテクストで「民主化の挫折」としてとらえることは、世界史的位置において理解するうえでけっして十分ではない。その前提作業として、われわれはまず、一九八九年を象徴しているいわゆる「東欧革命」の意義を歴史的に踏まえておかなければならない。なぜならば、それはこの三十年余りの間、中国を含めてグローバルな規模で展開してきた「市民社会の復権」という問題設定として、「六四と一九八九」というタイトルにすでにして潜在的に示唆されているインプリケーションそのものだからである。しかも、「六四」(liusi：リュウスー)とは、天安門事件(一九八九年六月四日)を意味するジャーゴンであり、この隠微な言葉を使った瞬間にある種の政治的象徴性を帯びるがゆえに、そのことはなおさらあてはまるのだといえる。

通常、「東欧革命」とは、ソビエト連邦（以下、ソ連）が経済危機にともなう国力の低下によって東ヨーロッパでの影響力を弱めたことを背景に、一九八〇年代末、市民や労働者によって共産主義政権が次々と倒された一連の「民主化運動」と、その結果として導かれた政権・体制転換のことを指している。この「東欧革命」は、社会主義の一党独裁体制に対して、労働組合、教会、市民フォーラムなど、様々な「下から」の運動が高揚する中で展開し、国家権力に抗う市民の力の大きさを印象づけた。その重要な発端の一つは、一九八〇年八月、グダニスクのレーニン造船所でレフ・ワレサ議長率いる労働者がストライキに突入したことにまで遡る。この翌月には、グダニスクで開催された自由労働組合の全国代表者会議で独立自主管理労働組合「連帯」（Solidarność）が結成されているが、その後のポーランドの「民主化運動」では、この独立労組が主導的な役割を担っていくこととなる。

ほどなくしてヤルゼルスキ（当時国防大臣）による戒厳令が敷かれると、「連帯」は非合法化され、関係者の多くが拘束されるという事態へと至る。だが、やがて八〇年代後半、ミハイル・ゴルバチョフによってペレストロイカが始まると、ポーランド政府が「連帯」など、「下から」の社会勢力との妥協を模索し、「連帯」運動は合法的地位を獲得することとなった。さらに一九八九年二月以降、ポーランド統一労働者党政権と「連帯」や他の民主化勢力との円卓会議が開かれるにつれて、「連帯」は政権維持を目論むポーランド統一労働者党に対し強気で交渉に臨み、まもなく両者間で自由選挙を実施することで合意する。これによって、東欧ではじめての自由選挙が実施され（一九八九年六月四日）、その結果、ワレサ議長率いる「連帯」が圧勝し、最終的には民主的手続きによる政権奪取に成功していった。このポーランドの経験が、「東欧革命」の大きな基礎となっていることはいうまでもない。こうした「民主化運動」のすえ、ついに一九八九年十一月、ベルリンの壁は崩壊し、十二月にはルーマニア政変、同月のチェコスロバキア共産党の一党支配の崩壊、九〇年九月のポーランドの非共産党系内閣の誕生などによって象徴される一連の大きな政治・社会変動へと導いたのである。このように、ポーランド（六月十八日）とハンガリー（十月二十三日）における非共産党国家の成立に始まり、十一月九日のベルリンの壁崩壊と十一月十七日のチェコスロバキアの「ビロード革命」を経て、十二月二十五日のルーマニアのチャウシェスク政権の崩壊に至るまでに起きた一連のできごとが、いわゆる「一九八九年の革命」とされている。

「東欧革命」による「市民社会の復権」と六四・天安門事件の意味

だが、よりマクロな歴史的パースペクティブから見れば、ソ連からの東欧の分離独立、そしてソ連の崩壊（一九九一年十二月）に至るまでの、すなわち「一九八九年革命からソ連の崩壊まで」というとらえ方が、中国との関係ではより重要となる。なぜなら、「一九八九年革命」は本来、同年六月の天安門事件という、いわばこれら一連の「民主化運動」のさきがけとなる東欧での「反体制運動」の流れをその潜在的意味として含んでいるからである。すなわち、冷戦時代から続いていた中ソ対立の終結を表明すべく、ゴルバチョフ大統領が同年五月、北京を訪問しているが、ソ連国内の改革を急速に進めていた民主化のリーダーとして、天安門事件へと至る政治過程に大きな影響を及ぼしたことはきわめて象徴的である。たしかに、それらはいずれも冷戦を終わらせたできごととして理解できるが、そのことの前提にあるのも、市民が立ち上がって一党独裁制・寡頭政治（共産党政権）による横暴を倒し、民主政治を打ち立てた「東欧革命」の経験だったということである。まさに、「中国・天安門事件と東欧革命の統一的把握」（加藤哲郎）が必要となるゆえんである。

これによって、東欧諸国が次々と民主化し、その結果、ソ連が消滅したものの、こうしたヨーロッパでの大きなうねりとはきわめて対照的に、中国では一九八九年というマクロ・ヒストリーの「反動」そのものとでもいうべき、それ以前よりもさらに強固なる中国共産党一党独裁体制が残存したことになる。いいかえれば、一九八〇年に社会主義国家ポーランドで発生した「民主化運動」の激震は、一九八〇年代後半、中国への「民主化運動」として波及したものの、一九八九年六月四日の天安門事件という「血の弾圧」によっていったんは挫折していった。だがそれは、ゴルバチョフのソ連を経由して東欧へと逆投影されるかたちで、いわば「反面教師」として継承されることで「東欧革命」として実現し、その結末として、ソ連が一九九一年十二月、最終的に崩壊したことになる。実際、『東欧革命一九八九――ソ連帝国の崩壊』の著者であるV・セベスチェンは、ホーネッカーを引き継いだエゴン・クレンツ新書記長が六四・

天安門の虐殺の直後に北京を訪れ鄧小平と握手をすると、その情報がたちまちベルリンに流れ、まもなく百万人を超す市民による東ドイツ各地での一連の大規模デモに発展し、やがて体制崩壊に導いてゆくというプロセスを生き生きと描いている。さらに世界史的コンテクストで「東欧革命」を見れば、旧ソ連・東欧諸国の民主化過程とは、ハンチントンが民主化の「第三の波」（Huntington 1991）、シュミッターが「第四の波」（Schmitter 1993）と呼んだものの一環としてとらえることが可能である。いずれにせよ、東欧・ソ連の民主化という政治過程は、ここでは南ヨーロッパ、ラテンアメリカ、旧ソ連東欧、東南アジア、そして中国を中心アクターとする東アジアの民主化として、一つの統一的、理論的パースペクティブにおける、グローバルな「市民社会の復権」としてとらえることが求められている。しかも、それは本来的に「国家超越的な共同社会」（M・ウォルツァー）を目指す、世界に開かれた市民社会なのである。

ポスト六四・天安門事件期における政治思潮の潜在的対立構造

ここで中国現代史を振り返ってみれば、「社会主義市場経済」という名の「新自由主義」的な経済システムの拡大にともない、ここ三十年間におよぶ改革開放を継続し、人類普遍の価値を守り、グローバルな文明の主流へと参入するのか、あるいは独自の中国的価値を模索し、世界に近代のオルタナティブを提供するのかをめぐり、中国における経済発展の背後にある「価値の正当性」をめぐる「普遍価値論」と「中国特殊論」との論戦が繰り広げられてきた。ここでは、様々な「中国的価値」、「中国モデル」、「中国の主体性」といったテーマが、議論の中心を占めていった。その際に重要なのは、民主化についての議論が全くタブーとされたまま、こうした中国の近代化を巡る状況が推移していったことである。たしかに、ポスト天安門事件期に急速に進んでいった高度経済成長とともに、党＝国家体制に収斂される強力なナショナリズムが醸成されたのは事実である。だが、この一党独裁を支えてきた中国の政治・社会思想状況は、必ずしもわれわれの目に映るほど一枚岩的なものではない。

例えば張博樹は、天安門事件以降の民間における思想状況を巡り、リベラリズム、新権威主義、新国家主義、新左派、毛沢東左派、党内民主派、憲政社会主義、儒学治国論、新民主主義回帰論という九つの政治思潮に分類し、それぞれについて詳細なる分析を行っている。いずれにせよ、これらの様々な政治的主張が、厳しい言論統制下にもかかわらず、顕在的かつ潜在的に、公然かつ水面下で、激しい思想闘争を繰り広げてきたのである。こうした中国における左右の「分家」はすでに二十年以上存在してきており、江沢民政権の時期から胡錦濤や温家宝の時期にかけて、中国民間思想界の左右の対峙は徐々に形成され、互いを競合相手として、しかも基本的には安定した状態であり続けた。張の見るところ、こうした安定状態は、江沢民、胡錦濤時代の「不作為」の結果であった。この状況は胡・温の二度目の任期中にすでに変化を生じさせているが、その象徴とは「〇八憲章」の発表（二〇〇八年）と官による弾圧（右派）、および民間の新左派、毛沢東左派、さらに重慶の「唱紅打黒（革命歌を歌ってマフィアを取り締まる）」

（左派）との結合であった。中国共産党の第十八回党大会（二〇一二年）から、習近平による新たな全体主義的統治の台頭につれて、中国の思想界・理論界の分裂はさらに激化していったのである。

現代中国政治の段階的発展と歴史的結節点

張博樹によれば、一九四九年以降の政治過程は、以下のような段階を経て進んでいった。まず、第一段階（一九四九～一九七六年）は、毛沢東の全体主義とユートピアを構想した社会改造期で、最終的にこの構想は完全に破綻した。その後、短い過渡期（一九七六～一九七八年）を経て中国は第二段階、すなわち鄧小平が執政した時期とポスト鄧小平の権威主義段階（一九七八～二〇一二年）に突入する。この時期は天安門事件の前と後の二つに分けられ、中国はこの間に重大な変化を経験した。八〇年代の「改革の十年」は一度ならず体制内に風穴をあけることが期待されたが、結果的にその機会は老人政治に扼殺され、天安門事件で銃口を開いて正統性の危機に陥った。党＝国家統治者は、政治の民主化を拒否しながら市場化の改革を鼓舞し続け、期せずして連続三十年間にわたる高度経済成長を実現し、中国共産党の独裁による現代の専制主義は第三の段階に入るための条件を創出していったのである。ここで張は、この段階を習近平の「新全体主義」と呼んでいるが、それは二〇一二年の中国共産党第十八回党大会を契機に始動し、権力を再び集中させる手段として党＝国家と「紅色帝国」の勃興を目標に、市民社会とは逆方向に突き進んでいったことに基づいている。

既述のような中国の政治過程を振り返ったとき、その流れの大きな結節点になったのが、一つは七〇年代後半の毛沢東体制（計画経済）から鄧小平体制（市場経済）への政策転換であり、もう一つは一九八九年の天安門事件による「民主化運動」の挫折であったことに気づく。だが、張博樹によれば、天安門事件の際に起きた「民主化運動」とは、もともと一九八〇年代の中国政治の近代化プロセスを構成する重要な要件であり、改革開放以来の一連の政治社会の深化の結果として起きたことであったとしても、その悲惨な鎮圧は必然的な結果ではない。そこにはむしろ、中国が民主化に向かう新たな局面を切り開くきっかけとなる可能性もあったし、少なくとも何らかの変化をもたらす新たな条件となったのであり、社会の進歩という大きな流れの中では、具体的歴史のプロセスは様々な偶発的要因の影響を受け、それによる紆余曲折や暫定的後退は常に起こり得るのだとしている。いずれにせよ、大きな社会的変動にともなう思想的転換が生じたのも、これらの時期以降であったということになる。この意味ではまさに、天安門事件そのものとその世界史的意義を、過去三十年間におよぶ「改革開放政策」、さらに「社会主義市場経済」システムの展開という今日的コンテクストで、再び理論的にとらえ返す必要性がますます高まっているといえる。

習近平体制の成立にともなう市民社会への弾圧と「民主化運動」の復活

とはいえ、こうしたポスト天安門事件期に形成された中国共産党専制独裁体制は、現在でも基本的に何ら変化をみせていないばかりか、むしろ習近平体制の成立（二〇一三年三月）以降、言論状況への統制の面でさらに厳しさを増し、市民社会に対する弾圧をますます強めている。現在でも、全国各地の弁護士、活動家、作家、ジャーナリスト、新公民運動などに参加した一般市民、民族問題や台湾、香港のデモについて発言してきた人々が、当局による弾圧の対象になっている。とりわけ、リベラル派知識人たちの多くは、中国からの出国を余儀なくされたり（逆に禁じられたり）、国内にいても、勤務する大学での自由な発言を制限され、授業そのものをさせないといった、当局からの直接的・間接的ハラスメントを受けてきた。これらはみな、二〇一三年五月、党中央が普遍的価値、報道の自由、市民（公民）社会、公民の権利、中国共産党の歴史的な誤り、権貴（既得権）資産階級、司法の独立について論じてはならないとする、いわゆる「七不講」（七つのタブー）と呼ばれるイデオロギー統制下で行われてきたことである。

だが、こうした中国での動きに対抗するものとして、学生・市民による中台服務貿易協定に反対する台湾での「ひまわり運動」（二〇一四年春）が、さらに行政長官選挙をめぐって中国側が設けた反民主的な規制に抗議する学生ら数万人による香港での「雨傘（オキュパイ・セントラル）運動」（二〇一四年秋）が、それぞれ同じ東アジアにおいて繰り広げられていった。このことが、中国を中心とする東アジアにおける市民社会の可能性について、大きな問いを投げかける結果となっている。これら二つの運動が、天安門事件以来、東アジアにおける最大の「民主化運動」になったことはいうまでもない。とくにこのコンテクストで指摘しておかなければいけないのは、とりわけ「雨傘運動」に対して天安門事件が決定的に与えている影響である。すなわち、中国政府は一九九七年に香港を回収することを決め、香港の将来についてイギリスと協議を重ね、「中英連合声明」（一九八四年）を締結し、翌年には香港特別行政区の基本制度を決める基本法の起草を始め、それを一九九〇年に公布している。この基本法は香港の「小憲法」であり、とくに「全国人民代表大会は香港特別行政区に本法の規定に基づき、高度な自治を実施し、行政管理権、立法権、独立した司法権及び終審権を享有する権限を授与する」（第二条）としたうえで、「香港特別行政区では、社会主義制度と政策を実施せず、本来の資本主義制度と生活方式を五十年間維持する」（第五条）と規定している。この二カ条こそが、いわゆる「一国二制度」の構成要件であり、多くの香港人にとって、この基本法がこれまで彼らを安心させるための「精神安定剤」であり続けた。何故なら、彼らの多くは中国政府による統治から逃れるために香港に移民したのであり、主権の返還が変えられない事実である以上、鄧小平が提起した「一国二制度」の構想が実現できれば、香港が最低限、抑圧的な「社会主義」制度を実行できなくなると考えたからである。

六四・天安門事件と「雨傘運動」の展開

この基本法が公布されたのが一九九〇年であるということが重要なポイントである。なぜなら、前年の一九八九年の春、中国共産党の胡耀邦元総書記の死をきっかけに中国で大規模な「民主化運動」が勃発し、最終的には数千人の北京の学生と市民が六月四日、軍隊による「血の弾圧」に遭遇したからである。この「民主化運動」において、学生運動に対する同情から、無数の香港人が積極的にそれに参加した。百万人以上の人が参加したパレードが組織され、多くの香港人がお金と力を出し合って、天安門広場でハンガー・ストライキを行っている学生に大量の物資を寄付している。また、大規模な弾圧ののち、多くの親中団体さえも新聞や雑誌で中国政府を非難する声明を出すとともに、多くの民主活動家も様々な方法で香港に亡命し、そこから政治避難民の身分でアメリカやヨーロッパに渡っていった。

一九八九年はこのように、香港の人々にとって民主主義的「啓蒙」の年であって、香港自身、および中国政府の香港に対する統治の方向性を根本的に変えた。六四・天安門事件とは、すでに遠く過ぎ去った、忘却されつつある過去のできごとではけっしてあり得ないのである。したがって、一九八九年問題についての理解がなければ、二〇一四年の「雨傘運動」の本当の意味を理解することも困難である。この天安門事件を経て、香港人ははっきりと中国共産党政権による独裁政治の残酷さを認識し、世界中の誰よりも身近な「恐怖」を覚えたのである。多くの香港人は外国への移民を選んだが、香港に残ると決めた人々や離れられない人々は、香港の民主化を加速させなければ、香港の自由、法治、そして本来の生活様式を効果的に保障することはできないと認識するように変化していった。

「逃亡犯条例」改正案に対する市民的不服従運動の展開

こうした中、天安門事件から三十周年を迎えた二〇一九年六月、中国本土への容疑者引き渡しを可能にする「逃亡犯条例」改正案の完全撤回と親中派の林鄭月娥（キャリー・ラム）行政長官の辞任を求め、香港では史上最大規模である二百万人による抗議デモが繰り広げられた。二〇一四年の雨傘運動では、総人口約七百万の三十%以上の香港人が占拠行為を支持し、約百三十万人の市民が実際に現場に赴いて運動に参加したとされるが、二〇一九年六月の抗議デモは、はるかにそれを上回る規模に発展していったことになる。こうした動きを受けて行政長官は、期限を設けずに審議の延期を発表し、中国も条例改正については事実上、断念するに至っている。二〇一四年の雨傘運動で一切妥協せずに運動を内側から解体させた中国習近平政権の対香港強硬姿勢が、いわばここにきてはじめて挫折したことになる。だが、天安門における軍による弾圧が断行された当時の現実政治と現執行政権の人権抑圧的あり方の双方を鑑みれば、中国政府との間でつぎに香港が直面するかもしれない事態に多くの人々が不安を募らせたのも当然のことであろう。天安門事件三十周年にあたる二〇一九年とは、中国建国七十年を迎える年でもあったが、その国慶節である十月一日、政府庁舎周辺など複数の場所で抗議デモが発生し、警官隊と激しく衝突し、ついには警察がデモ隊に実弾を発砲し、高校生が負傷するという事態にまで至っている。「ポスト雨傘運動」という事態がこのように大きく変化・発展するというのは、たしかに誰にも想定できなかったことである。とはいえ、「逃亡犯条例」改正案を巡る政治状況に多くの人々が天安門事件の悪夢を想起しつつあったのも、ごく自然な成り行きだといえる。こうしたことから、中国の現行体制の基礎を形作った天安門事件を世界史レベルにおいて再検討することは、グローバル化した世界の政治・経済システムにおいてますます存在感を増している中国の今後のあり方を考えるうえで、さらに習近平体制の今後のゆくえを見定めるためにも、必要不可欠の前提作業となっている。

一九八九年問題を巡る日本国内の言説状況

しかるに、日本の学術・思想界では、こうした歴史的流れに対してあからさまに背を向けるような状況が展開している。例えば、岩波書店『思想』〈一九八九〉特集号（二〇一九年十月）は、一九八九年問題を扱っておきながら、「東欧革命」から「ソ連の崩壊」までの一連の政治過程がまるで「天安門事件」とは全く無縁であったかのような歴史の描き方をしている。たしかに、三十年後の東欧の現状とは、権威主義政治や自民族の優越を主張するモデルの地域となり、東欧の体制転換が「経済的自由主義」と「経済的非自由主義」の結合をもたらしたのかもしれない。同誌によれば、「民主化」とはそもそも「新自由主義」的言葉そのものなのであって、一九八九年の東欧における体制転換も「新自由主義革命」としてとらえられるべきであり、またそうした視点に立てば、一九八九年とは「冷戦」の終結を巡る「分水嶺」ではなく、南の世界を含む「新自由主義」体制が成立する契機として理解すべきなのだという。いいかえれば、ここでは「民主化の完了」が、「新自由主義的政策のはじまり」として理解されていることになる。だが、はたしてそれは世界史的コンテクストにおいて、本当に正しい解釈といえるのだろうか。さらにいえば、ここで詳細に紹介されている汪暉（新左派）の言説として、冷戦における西側の勝利が「自由と民主主義」をもたらしたのではなく、「新自由主義」へと導いた「民主化運動」の帰結として「天安門事件」が扱われているが、それはいったいどこまで正当な手続きなのだろうか。これらを根源的に問うことは、「六四と一九八九」が暗示しているインプリケーションを問ううえでも、きわめて重要な意味を持つ。

汪暉の見るところ、「天安門事件」で終結した「民主化運動」において公務員、個人経営者、私有化改革に期待した企業経営者等も加わるほど広範な動員を可能としたのは、一九八四年以来、「放権譲利」政策（地方政府や企業の自主権拡大など）と市場メカニズムの導入（価格改革）を柱とする都市での経済体制改革が官僚ブローカーの跋扈、インフレの亢進、所得格差の拡大等をもたらした「歴史条件」そのものである。そのため、この運動は「全体主義国家とその統治モデルに対する批判」としての「社会抗議運動」と、「不平等な市場の拡大に対する自然発生的な反抗」としての「社会の自己保護運動」との両面を持ち、後者の側面にはあまり自覚的ではない社会主義的要素も含まれるとした。ところが、運動を先導した知識人集団は「動員の本当の深さ」を理解できず、実行すべき社会的目標も提示できずにおり、とりわけ事件後、海外に逃れた運動指導者たちが事件をもっぱら自由・民主と独裁との対決と語るのは、「運動の重要な側面から目を逸らさせる」ものであったという。このように、「一九八九年の社会運動」の失敗とは、同時に社会主義を標榜してきた「国家イデオロギー」の失敗でもあり、その後、「専制的な手段と経済改革の結合」はもはや社会主義イデオロギーの下で行えず、「新自由主義が新たな統治イデオロギー」として登場していったというのである。

だが、これは原因と結果の順番を全く履き違えた深刻なる思想的倒錯であり、歴史的事実をあからさまに捻じ曲げる本末転倒であるといわざるを得ない。なぜなら、このポスト一九八九で創出された政治経済システムにおいて、まっさきに「新自由主義」体制を導入したのは、「社会主義」体制が崩壊した東欧ではなく、むしろ「血の弾圧」によって専制的権力の基礎をより磐石なものにした「現存する社会主義」、すなわち、他でもない一党独裁国家そのものとしての中国だったからである。これは「天安門事件」によって押し潰された「民主化運動」と、それによって導かれた「民主化の挫折」ゆえに、中国共産党＝国家がその絶対的権力を「上から」発動しつつ、社会的弱者をあからさまに犠牲にして「新自由主義」体制を導いていったという歴史的事実を恣意的に捻じ曲げる言説である。なぜ中国においてネオ・リベラリズムの先駆的導入が可能になったのかといえば、八〇年代後半の「下から」の民主化が「天安門事件」によってすべて否定しつくされた結果、党＝国家は資本家によって徹底的に搾取され、容易に使い捨てにされる社会的弱者としての農民工、市民としての人権を奪われた労働者、そして彼らの権益を守り、かつ拡大すべき社会的集団たる労働組合・労働NGOなどの「下から」の自律的組織化を成立不可能なものに転じていったからである。しかも、この『思想』の論者たちは、そうした民主化運動を一貫して支え続けてきた「リベラル」な知識人、弁護士、法学者、社会運動家といった、数限りない人々によるたゆまない現実的努力がその背景にあったという歴史的事実に一切触れることはない。

日本における「進歩的」知識人の歪んだイデオロギー

これらの言説は、汪暉や柄谷行人らによって推し進められた、いわば「日中間共同イデオロギー戦略の創出」とも呼ぶべき知的作業の一環として理解できる。それは、習近平という「唯一の所有者」（マルクス）の政治的意思をひそかに「忖度」しつつ、しかも「脱政治化」というキーワードによって、その共同作業そのものを政治的に「中性化」することに見事に成功しているという点において、きわめて象徴的である。これらはいずれも、「事実」を「事実」として認めることのできない、日本の歪んだ「進歩的」知識人たち、そしてシニシズムの言説に依拠してしか社会的にはひとことも発言できない、中国国内の「新左派」知識人たちの基本的性格をまざまざと示すものである。こうした知的誠実さを欠如した政治姿勢は、これまでも柄谷行人や丸川哲史らによって、きわめて屈折した「文革再評価論」や「帝国論」（＝習近平体制間接擁護論）において繰り広げられてきたことにも如実に示されている。仮にこれら「新左派」

とそのシンパが主張するように、「前近代的」遺制を強調しすぎることに何らかの難点があったとしても、その知的作業自体は、「天安門事件」を巡る根源的かつ歴史的背景への一つの解釈として単純に否定できるようなものでは決してない。こうした「新左派」を熱心に擁護する日本の歪んだ「進歩的」知識人たちの「思想」とは、呉仁華の言葉をもじっていえば、「墨で書かれた虚言で、血で書かれた歴史を覆い隠す」とでもいうべきものである。それは日本帝国主義がかつて犯したあからさまな「暴力」と、中国共産党がこれまで犯してきた数々の「暴力」とをともに承認できないという共犯関係において「疎外された精神」(ヘーゲル)を補完しつつ、その共犯関係にある互いの政治的立場を「中性化」によって暗黙裡に承認しあうことで、双方でこの「引き裂かれた精神」を回復(=相殺)しようとする、きわめて歪んだイデオロギー的企図であるといえる。

ところが、これらの論者たちは、世界史的コンテクストで実際に起きた「天安門事件」が、むしろこの「新自由主義」の台頭を未然に抑えるべく、労働者による「下から」の「民主化」を実現し、「新自由主義」ではなく、「社会民主主義」として自らの社会政策を堅実かつ現実的に実現しようとする健全なる「社会運動」に対する「血の弾圧」であったという事実を意図的に隠蔽している。これまでも、こうした日本の「進歩的」知識人たちは、例えば八〇年代後半、胡耀邦、趙紫陽などを中心に、党内リベラル派が推進してきた「民主化」と、そこで導かれた様々な社会民主主義的改革を、自らが拠って立つ毛沢東思想=保守(守旧)主義の一方的イデオロギー的解釈によって「ネオ・リベラリズム」の枠組みにことごとく押し込み、覆い隠してきただけに過ぎない。あるいは自分のイデオロギーにとって都合の悪い歴史的事実は、その認識の枠組みからはことごとく排除してきたのだとも言える。そのことは、論者たちが「市民社会」を「新自由主義」を導いた「自由主義」思想であると見なし、その「市民社会」を擁護する立場から展開されてきた台湾のひまわり運動、香港の雨傘運動、さらに「逃亡犯条例」改正案への抗議運動など、中国を取り巻く東アジアにおける一連の「市民運動」を自らの「思想」(党派的イデオロギー)の蚊帳の外においていることからも裏付けられる。これこそが、世界に君臨する巨大な習近平帝国のイデオロギー的象徴として、すなわち「六四と一九八九」という隠微なジャーゴンとして、その「思想」のもっとも根源において果たしている政治的機能そのものである。この思想的プロセスにおいて忘却のかなたに置かれているのは、あたかも過去の遺物のように扱われがちな、古くて新しい「ブルジョア(市民)革命」という世界史的課題であり、より本質論的パースペクティブから言えば、「未完のプロジェクトとしての近代」(J・ハーバーマス)という歴史的・根源的視座である。かつて丸山真男が「プロレタリア革命のあとにブルジョア革命が来る」というアイロニーとしてとらえていたロシアの問題性が、まさに現代中国の現実社会において問われているのである。だが、この意味において本書は、一九八九年問題を巡る「リベラル」な思想史的回路を、社会の歴史的現実によって裏付けつつ、もっとも根拠のあるアクチュアルな「思想」の展開として明らかにしているといえる。

六四・天安門事件を問うことの現在的・将来的意味

本書は二〇一九年六月一日、明治大学グローバルフロントで開かれた国際シンポジウム、「六四・天安門事件を考える――民主化はなぜ挫折したのか」の報告・論文集である。既述のように、中国の現執行体制の基礎を形作った六四・天安門事件を世界史レベルにおいて再検討することは、グローバル化した世界の政治・経済システムにおいてますます存在感を増している中国の現在、そして今後のあり方を考え、習近平体制のゆくえを見定めるための重要な前提条件となっている。したがって、この開催に当たってわれわれが共有すべき問いとしてつねに念頭においていたのも、①なぜ天安門事件はあの時、あのようなかたちで起きたのか、そしてその歴史的背景とはいかなるものだったのか、②六月四日のその日、天安門広場で、そしてる一連の「民主化運動」が波及した全国各地で、いったい何が起きたのか、③これら天安門を舞台とする「民主化運動」、そして全国規模に広がった「民主化運動」を問うことの現在的、かつ将来的意味とはいったい何なのか、という三点であった。これらの問題意識を踏まえつつ、この公開シンポジウムでは、天安門事件研究の世界的権威であるA・ネイサン氏（コロンビア大学教授）による基調講演に続き、日本国内の天安門事件研究の第一人者である矢吹晋氏（横浜市立大学名誉教授）がコメントした。そのうえで、天安門事件との関係の深い歴史的証人、王丹氏（華府智庫／対話中国代表）、胡平氏（『北京之春』雑誌社主編）、および張博樹氏（コロンビア大学客員教授）の三人が、六四・天安門事件の歴史的意義についてそれぞれ報告している。本書でそれらは、当日の報告を各人がそれぞれの議論の中身を一段と深めた最終論考として収められた。さらにシンポジウムには参加できなかったものの、張博樹氏や胡平氏らとともに、米国において中国の現執行政権に対する批判的な論説・論考を次々と発表している李偉東氏（『中国改革』雑誌社元社長）による関連論考も収められた。また、この企画に当初から参与し、かつ天安門事件についての研究を長く続けているわれわれ二人の編者も、それぞれの専門分野から、このテーマについて分析・考察する論考を寄せている。われわれとしては、六四・天安門事件三十周年を迎える機会に、この世界史的事件へのさらなる理解と今後の中国社会のあり方について考える作業を、読者とともに広く進められることを心から願ってやまない。

参考文献

周保松、倉田徹、石井知章『香港雨傘運動と市民的不服従――「一国二制度」のゆくえ』社会評論社、二〇一九年。

張博樹『改変中国：六四以来的中国政治思潮』溯源書社、二〇一五年。石井知章、及川淳子、中村達雄訳『新全体主義の思想史――コロンビア大学現代中国講義』白水社、二〇一九年。

Victor Sebestyen, *Revolution 1989: The Fall of the Soviet Empire*, London: Weidenfeld & Nicolson, 2009. 三浦元博、山崎博康訳『東欧革命一九八九――ソ連帝国の崩壊（新装版）』白水社、二〇一七年。

子安宣邦『帝国か民主か――中国と東アジア問題』社会評論社、二〇一五年。

丸山真男『現代政治の思想と行動（新装版）』（追記および補注）未来社、二〇一一年。
Michel Waltzer ed., *Toward a Global Civil Society*, N.Y., Oxford: Berghahn Books, 1995. 石田淳他訳『グローバルな市民社会に向かって』日本経済評論社、二〇〇一年。
Jon Elster ed., *The Roundtable Talks and the Breakdown of Communism*, Chicago: University of Chicago Press, 1996.
Philippe C. Schmitter, "The International Context for Contemporary Democratization," *Stanford Journal of International Affairs*, no. 1, 1993 Fall/Winter.
Ivo Banac ed., *Eastern Europe in revolution*, Ithaca, N.Y. : Cornell University Press, 1992.
David S. Mason, *Revolution in East-Central Europe: The Rise and Fall of Communism and the Cold War*, Boulder, Colorado: Westview Press, 1992.
Samuel P. Huntington, *The Third Wave : Democratization in the Late Twentieth Century*, Norman : University of Oklahoma Press, 1991. 坪郷實、中道寿一、藪野祐三訳『第三の波：20世紀後半の民主化』三嶺書房、一九九五年。
加藤哲郎『東欧革命と社会主義』花伝社、一九九〇年。
『思想』特集：〈一九八九〉岩波書店、二〇一九年十月。

第一章　習近平と天安門の教訓

アンドリュー・J・ネイサン
大熊雄一郎訳

八九六四（一九八九年六月四日の天安門事件）の悲劇の中、中国共産党政治局は六月十九日から二十一日まで拡大会議を開催した。会議の目的は、最高指導者、鄧小平のもと次の二つの項目について全党員の意思統一を図ることだった。北京周辺と天安門広場に配置された数万の武装部隊は平和的に抗議者に対処したこと、そして趙紫陽総書記の職務を剝奪すること。会議には趙紫陽のほか、政治局員と経験豊かな政界の長老たちが出席した。出席者が危機に対してどんな考えを持っていようと、鎮圧をどう感じていようと、すべての発言者は鄧小平の決定の正しさを認めなければならなかった。誓いは二つの文書の内容に賛意を示す形で進められた。会場で配られた二つの文書は、鄧小平が六月九日に戒厳部隊に謝意を示した演説と、趙紫陽の強硬なライバルである李鵬総理による「反党反社会主義動乱において趙紫陽同志が犯した誤りに関する報告」だった。会議では「完全に同意」あるいは「完全に支持」といった文言が繰り返され、発言者一人一人が衆人環視の中で厳粛に宣誓をするかのようだった。発言者はさらに自身の評価を付け加え、誠意を示さなければならなかった。こうした儀式は事件に決着をつけ、危機的状況で異なる意見を排除し、党内の思想を統一した上で再び社会の統治に着手するためのものだった。

その後、六月二十三日から二十四日に共産党は第十三回中央委員会第四回全体会議（四中全会）を開いた。中央委員百七十五人のほか、三百人余りの顧問委員会メンバー、閣僚級幹部らが出席し、計四百八十九人が北京西部の京西賓館に集った。会議では拡大会議の文書を学習させ、思想統一を図り、党の求心力を回復させ、天安門事件の教訓を踏まえた今後の路線をたたき込んだ。四中全会の文書は機密で持ち出すことは許されず、閉会後に回収された。しかし香港の新世紀出版社が五月三十一日に出版した『最後の秘密――中国共産党第十三回四中全会「六四」最終文書』では、危機対応に密接に関わった数人の当局者と権威ある政界の長老を含む拡大会議の出席者十七人が提供したコメントを収集。国家副主席だった王震が口頭と書面で発表した演説と提供した二つの文書など、合わせて計十八の天安門事件を振り返る文書を収録した。また、鄧や李鵬の報告、江沢民の四中全会二日目の演説のほか、読者の理解を助けるために一部、既に公開されている資料も掲載した。

三十年前の文書は今日の中国政治と非常に密接な関わりがある。習近平の政権運営は完全に天安門事件の教訓を踏まえて行われている。習近平は四中全会の教訓をしっかりと学んでいるのだ。習の政治、すなわち一党独裁政治は、天安門事件の悲劇がもたらした直接的な結果なのだ。

一　一つ目の教訓――内外の敵が共産党転覆を狙っている

拡大会議の発言者は一人一人がある共通の言説に賛同した。学生運動は初めは単なるある種の「妨害」あるいは「動乱」に過ぎなかったが、六月二日にデモ参加者が戒厳部隊に抵抗して北京に突入してから、事件は「反革命動乱」と判断せざるを得なくなり、必ず武力鎮圧しなければならない類いのものとなった。発言者はまずなぜこうした妨害行動が起こり、それが動乱に発展したかを分析し、それらの人物が国内外の敵対勢力に深刻な妄想を抱いていたと指摘した。八十七歳の引退した徐向前元帥はこう述べた。

事実から明らかなように、一カ月余りにわたる動乱が最終的に反革命動乱となったのは、国内外の反政府勢力が結託した結果であり、ブルジョア自由化が長期間氾濫した結果である。動乱は完全に計画されたものであった。規模の大きさ、勢いのすさまじさはまれに見るものだ。彼らの真の狙いは、愚かにも中国共産党の指導を打倒し、社会主義の中華人民共和国を転覆させ、反共反社会主義で、西側大国のブルジョア共和国の完全なる属国を打ち立てることだった。

八十七歳の全国人民代表大会常務委員会主席の彭真は指摘した。

あるときから、ごく少数の、ブルジョア自由化に固執する者が国外の敵対勢力と呼応し、憲法を改正すべしと騒ぎ立て、愚かにも四つの基本原則を破り、わが国の建国の基盤を破壊しようとし、愚かにもわが国の政治制度の根本である人民代表大会制度を変え、米国式の三権分立制度を導入しようとし、愚かにもわれわれ労働者階級が指導する労農連盟を基礎とする人民民主独裁政治を西側式の資産階級の国家にすっかりと変えようとした。

発言者はデモに参加した大部分の「青年学生と群衆」はだまされており、政権を敵視しておらず、「一部の悪人」に操られていたと認識していた。経済計画委員会主任兼政治局員の宋平は次のように指摘した。危機が起こる数カ月前の一九八八年九月、政府が打ち出したインフレ対策に対して、新設の政治学研究所の厳家其らリベラル派知識人は改革に「逆行している」と訴えた。こうした主張は政治的陰謀の一部であり、リベラル派知識人は政府に圧力を掛け、趙紫陽を応援してさらなる権力を得ようとした、と。

内部の敵のほか、発言者は海外の敵が危機を煽っていたと考えていた。宋平は述べる。

今回の中国での学生運動では、米国各界が関与しており、「〔米政府系メディア〕ボイス・オブ・アメリカ（VOA）」は毎日デマを流し、煽り立て、中国を乱すことに執着した。

八十一歳の元軍人で国家副主席の王震は米国戦略のとんでもない狙いへの恐怖を口にした。

十月革命後に十四の帝国主義国家が武装して新ソビエト政権に干渉し、一九四一年にはヒトラーがソ連に侵攻した。第二次世界大戦後、米帝国主義は蔣介石の内戦を支援、続いて朝鮮戦争とベトナム戦争を起こした。うまくいかなければすぐに「平和的転覆」の手を打ってくる。今年一月に見たある資料が印象深かったので、最近調べたら、米紙「クリスチャン・サイエンス・モニター」の情報だった。いわく、米国の外交専門家は政府に対して「大胆で、先々まで見通した政策」を採用し、「ソ連集団国家」を「西側に併合」し、欧州を「一九一八年以前の状態」に戻すよう求めているという。当時はブッシュが大統領選を争っている時期で、彼も東欧が自身にとって「チャンスにあふれた地域だ」と述べていた。彼らは中国に対してもこのような見方をしているのだ。ここ数年来、国外、海外の敵対勢力による「平和的転覆」の手段はひどくなる一方で、金銭による買収、思想や文化の浸透、スパイの派遣、情報窃取、デマの散布、動乱の挑発、わが国内部の敵対勢力の養成など、直接的な軍事介入を除くあらゆる手段を使っている。

天津市共産党委員会書記兼政治局員の李瑞環は叫んだ。

はっきりさせなければならないのは、われわれのような国家が社会主義の道を進まなければ、ただほかの国の属国となるしかないということだ。

国内の学生や知識人を悪者扱いし、外国勢力の影響を誇張する一方、これらの勝利した保守派たちが、政権を揺るがせた本当の問題からは目をそらしていることがうかがえる。すなわち、インフレ、官僚腐敗、特に学生や知識人、台頭する中間層と党の時代遅れの政治的管理手法とのズレは直視しなかった。

二　二つ目の教訓――イデオロギーを掌握せよ

一方、発言者は危機が去ったとは考えていなかった。彼らは、趙紫陽の前任者である胡耀邦の指導下で、イデオロギーの深刻な衰退が始まったとの認識で一致していた。一九八二年から一九八七年、鄧小平の「改革開放」政策で対外貿易や外国投資が始まり、民間企業や市場の需要と供給による価格決定を部分的に認めた時期に、胡耀邦は共産党総書記を務めた。記者、作家、学者、学生、新規参入の経営者から一般大衆に至るまで、西側諸国の影響を受けやすい環境が生まれ、胡耀邦はその流れを阻止することができず、それが理由で一九八七年に総書記を解任された。保守派の指導者は趙紫陽が胡耀邦の後を継いで総書記に就任した際、胡耀邦の誤りを是正すべきだったと見なしている。しかし反対に、保守派が非難するには、趙が経済改革に専念し、イデオロギーの掌握に注意を払わなかったため、共産党はすんでのところで世論のコントロールを失い、市民らからの挑戦を受けやすくなってしまった。

王晨は「世論宣伝の主導権の多くがブルジョア自由化の連中に掌握されたか、彼らの深刻な影響を受けた。新聞業界、理論界、文芸界の邪気が正しい気風を圧倒した」と述べた。

中央顧問委員会副主任の宋任窮は「ダレス〔米国務長官〕は四十年前に、中国復活の希望を次の第三世代、第四世代に託すと語っていた。いま、一部の若者の思想や政治状況は憂慮すべきものであり、われわれは決してダレスの予言の正しさを証明してはならない」と憎々しげに言った。

宋平は、危機は「わが党の大衆からの離脱が非常に深刻である」ことを示していると考えた。まさに王晨がこう指摘した通り。

胡耀邦同志の処分問題の教訓を受け継がなければならない。ブルジョア自由化に反対する姿勢に一貫性がなく、胡耀邦は政治局にとどまり、病没後に国葬を行ったことが、自由主義者に「〔胡耀邦の〕名誉を回復せよ」と騒ぐきっかけを与え、動乱の導火線となり、階級闘争を爆発させた。趙の問題の本質は胡よりもさらに深刻だ。

三　三つ目の教訓——党を分裂させるべからず

趙紫陽は軟禁中に記した回顧録 *Prisoner of the State*（二〇〇九年、中国語版『改革歴程』、邦題『趙紫陽　極秘回想録』光文社）で、自ら体験した八〇年代の党内の厳しい政策と権力闘争を描いた。鄧小平は改革を実現しようと胡耀邦と趙紫陽に実行を迫ったが、陳雲、李先念ら保守勢力は改革が速くて範囲が広すぎると主張。鄧は妥協せざるを得ず、路線が不明確になった。天安門事件の危機で、趙は平和的な対話を通じて学生に天安門広場から撤収するよう説得したかったが、李鵬ら保守派は厳しく対処するよう要求。上層部が分裂していたため、広場や全国でデモの規模が拡大、その要求は多様化し、一部は極端化した。政治局拡大会議の参加者はすべての問題の責任を趙に押しつけた。

長老たちが特に非難したのは、危機的状況で趙が行った二つの発言だった。五月四日の北京でのアジア開発銀行理事会総会演説と、五月十六日に訪中したソ連指導者、ゴルバチョフと会談した際の発言だ。会議の出席者は、趙が公開で行った発言が、大衆に党中央指導部に分裂があると気付かせ、学生が強硬姿勢を貫くことを鼓舞する結果となったと認識していた。

九十歳の聶栄臻元帥は「趙紫陽同志は投降したのみならず、不意打ちを食らわせ、政治的陰謀と野心をむき出しにした。怒りが収まらない！」と述べた。別の元帥である八十七歳の徐向前は「私は、彼（趙）が中国の「民主化運動」の領袖になろうとしていたとみている」と指摘した。

一部の人たちは趙が民主化運動を利用して鄧の座を奪おうとしていたとまで言った。前国家主席の李先念はこう考えた。

事態がこれほどまでに深刻になった根本的な原因も趙紫陽同志にある。彼が陰に陽に動乱を鼓舞、支持し、党内に分裂を生じさせ、矛先を鄧小平や党中央指導部の大多数に向け、自身だけが事態を収拾できるという状況をつくりだし、動乱を通じて自身が望む目的を達成しようとした。

全国人民代表大会（全人代）委員長の万里は「彼（趙）は鄧小平同志に対してどんな態度を取っていただろう？　自身が領袖になるという欲があったのか？　心から小平同志を支持していたか？」と問い掛けた。

鄧小平に忠誠を誓い、すべての責任を趙紫陽に押しつけると同時に、多くの保守派は鄧小平の改革開放政策に対する強い不満を表明した。例えば、李先念は長きにわたり鄧小平の政策に不満があり、趙への批判を通じて自身の懸念を訴えた。

彼（趙）は重要な全体のバランス調整や農業と基礎工業の発展に注意を払わず、「赤字無害論」「インフレ有益論」を称賛、鼓舞し、マクロ経済は制御不能となり、長期的な経済過熱をもたらし、総供給と総需要のバランスは深刻に失われた。大企業、中規模企業を中心とする生産事業に精力を注がず、民間経済の盲目的な発展を夢中で訴え、必要なマネジメントを行わず、結果的に多くの「大規模倒産」「小規模倒産」を招き、空取引、贈収賄、脅し、税金の不正に手を染めた人物が財をなした。北京の状況を見ると、こうした人物は少なからず今回の動乱に積極的に参加したか、支持していた。

王晨は鄧小平のお墨付きを得た経済改革が中国と西側社会の融合を促しているとの懸念を示したが、批判の矛先は鄧ではなく趙だった。王晨は言った。

認識しなければいけないのは、鄧小平同志が訴える改革開放と、趙紫陽同志の言う改革開放は本質的に異なるということだ。鄧小平の改革開放は、国家主権・民族の尊厳を堅持、社会主義の道を堅持、計画経済と市場調整の混合を堅持し、刻苦奮闘の創業精神を引き続き守り、投資の方向性は基礎工業と農業を強化することだった。趙紫陽同志の改革開放は、資本主義の道を進み、消費を促し、浪費と腐敗現象を生んだ。趙紫陽同志は決して鄧小平同志の改革開放方針の実行者でないばかりか、歪曲し、破壊していた。

彭真は別の点で鄧小平の政策に不満を表明した。

ここ数年来、階級闘争意識が薄くなった。実際に、わが国の社会主義制度を敵視、破壊しようとする国内外の敵対勢力はわれわれとの闘争を一日も休まず、わが国の転覆を図る活動を一日も休まずに続けていた……それなのに長年にわたり、わが党は系統立って、深く、全面的に思想や組織、風紀を正していなかった。

退役した元帥、聶栄臻の主な関心事は軍隊の名誉回復だった。これは間違いなく鄧小平の責任だった。なぜなら、軍の管理は趙紫陽の総書記としての職権を完全に超えていたからだ。

近年、国際情勢の緊張が緩和し、ブルジョア自由化の思想の影響で一党独裁の意識が薄まり、思想政治工作がおろそかになり、多くの同志が軍隊は重要ではないとの誤った考えを持つようになった。そのため軍人を罵り、軍と人々の関係が緊張する事件が後を絶たない。また、わが軍隊の一部の同志は部隊の仕事を不安がり、除隊して故郷に帰り、地方で花を咲かせたいと考えるようになっている。これは大きな誤りだ。私は今回の血の教訓から、これらの同志の頭をはっきりさせたい。銃を手放してはならないのだ！

拡大会議で表明された発言から、高級指導者たちの中国の経済や政治問題を解決する能力は乏しかったことがうかがえる。彭真が示した回答はこうだ。

党人気質を強化し、派閥を取り除く。派閥は党の団結を壊し、党と人民の根本的な利益を損ない、党組織を深刻にむしばむ。徒党を組む者は必ず私欲に走り、縁故関係だけで任用し、党の原則と規律を破壊する。

聶栄臻に至っては、一九五〇年代の精神に立ち返ることが回答だった。

いまこそ五〇年代の思想政治工作の経験を総括し、党の優れた伝統を発揮し、党の気風を徹底して正し、大衆を団結させ、民族精神を奮い立たせ、愛国主義の思想を発揚しなければならない。

政治局拡大会議と四中全会の目的は、天安門事件の鎮圧後に進むべき方向性でコンセンサスを得ることだったが、コンセンサスは始めから脆弱だった。五〇年代に回帰するのは現実的でないし、改革をさらに加速させることもできそうにない。鄧小平が支持した、注意深く改革を継続するという方針は、依然として保守派の妨害を受けていた。

間もなく総書記に就任する江沢民は、鄧小平と保守派の対立を曖昧にしてバランスを取り戻そうと試みた。彼は鄧小平が思想規律をおろそかにしたことはないと訴えた。

七九年から八九年にかけて、鄧小平同志は何度も四つの基本原則への支持を堅持しなければならないと訴え、ブルジョア自由化の教育と闘争に反対していた。しかし鄧小平同志のこうした重要な意見は実際、徹底されなかった。

江は、趙紫陽がやっていない方法で全党を統一させると約束した。

鄧小平同志は幾度も演説し、新たな中央指導部へ切実な期待を込めた。私は今後の仕事をしっかりとやらなければならず、まず党内の民主を十分に発揚し、中央指導部の智慧と能力、全党員と幅広い大衆の支持と監視に必ず寄り添わなければならないと深く感じた。

こうした約束がなされたものの、八十一歳の前政治局員、薄一波は新指導部が反対派の圧力に引き続きさらされることに懸念を示した。

今回の全体会議で誕生した新たな中央指導部は必ず全党、全国人民の支持を得なければならない。しかしおそらく、一気呵成にはできないだろうし、非常に多くの大変な細かい作業をまだ続けなければならない……政治局常務委員は必ず民主集中制に従って仕事し、常務委員の中に核心を打ち立てなければならない……胡耀邦同志の問題でも反省し、きょう趙紫陽同志の問題でまた反省している。まさかもう一回反省しようとしているのか？　歴史はそれを許さないと思う。歴史の教訓を必ず生かし、しっかりと仕事し、同志諸君にも深く反省してもらいたい。

四　四つ目の教訓——党には「核心」が必要

全員、悲劇の根本的な原因は趙の仕事の仕方が至らなかったためだという認識では一致していた。楊尚昆は趙の仕事ぶりを総括した。彼は、鄧がもっとも信頼する部下であり、中華人民共和国主席の職務に就いていたため政治局常務委員会議に出席する権利があった。楊は言った。

振り返ってみれば、趙紫陽同志が総書記に就任して以来、常務委員会には核心がなかった。趙紫陽同志は常務委員に多くの意見があることを知っていながら、生活会議を一回開いただけで、委員が述べた意見を聞き入れず、まじめな自己批判もしなかった。それどころかほかの同志を自ら遠ざけ、独断専行が目立ち、中央常務委員の仕事は事実上の分業となり、集団指導の実態はなかった。集団指導という最高組織の原則に深刻に違反していた。

ではどうやって核心をつくるか？　伝統的な中国共産党の論法で、彭真は説明した。

党内であれ、人民同士であれ、必ず十分な、真実の、高度な民主を実施しなければならない。ある問題について議論する際は、何を言っても良いし、正しい者の意見を聞けば良く、真理の前に人々は平等だ。良いことだけを報告して悪いことを言わない、異なる意見を聞かないということではいけない。議論の結果、意見が完全に一致しなければどうするか？少数が多数に従う。こうしてこそ、四つの基本原則は堅持され、全党が一致し、人民は一致できるのだ。

こうした指導手法は実現可能なのか？　李瑞環は実践する意義を説明したが、同時にその難しさも示した。

李先念同志が天津駅に立ち寄り、駅まで挨拶に行ったときのことを覚えている。私が……政治局員となってから、趙紫陽同志は他人に意見を言わせてくれないと話した。この二年間で、政治局会議でまじめに皆に意見を語らせたことが何回あっただろうか、と率直に言った。北京に来るたびに大体半日間の会議を開くが、江沢民さんや私はいつも、会議が始まって資料を積み上げ、一通り演説すればもう十一時過ぎで、あと何を議論できるのだろうかと感じていた。五月十日の政治局会議で、ある同志は動乱の沈静化がもっとも切迫した重大な政治問題で、これを議論すべきだと考えていた。しかし、議題はただ中ソ関係とあるだけだった。皆、会議の前は盛んに議論したので、私は会議で取り上げないことはないだろうと言った。私は会議ではおそらく別の問題から議論を始め、大体話し終わったところで十一時ごろに趙紫陽同志が学生運動の問題に触れ、それを話し終わったところで会議終了の時刻となるだろうと予想した。そうすればこの問題を議論したことになるし、議論したとはいえ、ほかは話す時間がないまま散会となる。私が予想した時間は正確ではなく、趙紫陽同志は十一時十分ごろから話し始めた。彼は先に、同志たちに八日の政治局常務委員会議の状況を報告すると述べ、いわゆる、後に漏れ伝わったいくつかの意見、一、二、三、四、五、六……と六つの問題について語った。李鵬同志は、この件は常務委員で議論していないので、私たちはまだ意見を言わない、これはあなたの意見だと言った。私はこのとき、常務委員会議を開いても趙紫陽同志はこの調子なのだと知った。趙紫陽同志は、それが正しい意見であっても、意見を取り入れることはまれだった。

趙は自身と異なる意見を聞かず、信頼を置く顧問グループの提言をより好んで聞いた。宋平は非難した。

趙紫陽同志は仕事上、党組織を軽んじていた。今回の学生運動は主に北京で起こり、北京市共産党委員会は最前線で非常に苦労をした。〔北京市党委書記の〕李錫銘同志によれば、趙紫陽同志は北朝鮮から帰国後、全く彼らに状況を聞かなかった。一方で自身と親しいブレーンの人物と会っていた……指導者としてブレーンは必要だが、人選は慎重にやらなければならず、党の事業に忠実で、実践経験が豊富で、才能と学問知識がある人物を選ばなければならないし、異なる意見にも耳を傾けなければいけない……マルクス主義の素養が劣っており、しっかりした専門知識がなく、中国の国情を理解しない者が西側の論法で導き出した浅薄な主張を軽率に信じてはならない。

万里は極めて鋭い攻撃的な言葉で、趙が鄧小平の名を借りて反対派を攻撃したと非難した。

昨年十二月に趙紫陽同志は党政治局の民主生活会議を開いた。私はてっきり、過去の教訓を受け入れ、折良く生活会議を開いたのだと思っていた。生活会議なのだから当然、趙紫陽同志の一連の仕事に対する助言や意見、批判を唱えることがメーンであるべきだった〔中国共産党の民主生活会議は、批判や自己批判を通じて党員と幹部が思想交流する場とされている〕。ところが拍子抜けしたのは、彼は初めに挨拶をした際に、自身の批判を促すことをしなかった。その後、李鵬同志がとてもやんわりといくつかの重要な問題を取り上げ、江沢民同志や田紀雲同志がそれについて意見を述べた。私も話す準備をしていたが、楊尚昆同志も話さなければならず、時間が足りなくなって散会した……予想だにしなかったことだが、李鵬同志とほかの同志が意見を述べた後、趙紫陽同志は一言も話さず、意見を歓迎する、といったことさえ言わなかった。何も話さないだけならまだしも、さらに悪質なのは、鄧小平同志に李鵬同志とほかの同志の彼に対する意見を報告したのだ。その後、彼はまた生活会議のすべての参加者を集め、鄧小平同志がいかに自分を支持したかをひとしきり語ったのだ……これは鄧小平同志を利用した民主の抑圧だったのではないか?

特設機構、中央顧問委員会の引退した幹部指導者からの訴えもあった。委員会副主任の宋任窮によると、年寄りたちは趙の注意を引こうと試みたが、いつも無視された。

私たちは趙紫陽同志は総書記に就任してから少し変わったか、あるいはだいぶ変わったと感じていた。中央顧問委員会の同志たちの多くは彼に不満を持っていた。かなり厳しい意見を持つ者もいた。党総書記として党の建設について聞いてこないし、思想政治工作や人事面の問題を重視していなかった。私たちは正式なルートで意見を伝えたが、彼はほとんど取り入れず、明らかに面倒くさがっているときもあった。

宋は、党規約第二十二条の規定に基づく、顧問委員会メンバーを招いた政治局会議の審査を、趙が拒んだと非難した。また趙が顧問委員会が一九八八年中旬から五月下旬に提出した三十九の「閲覧ファイル」を無視したと批判した。そのうちの三件は当時の動乱の情勢に対する発言を整理したものだった。これらの一連の批判は、なぜ中国の指導者が独裁的な権力を自身に集中させ、統治を行わなければならないのかを証明している。トップがそうしなければ、板挟みに陥ることになり、問題を解決する一方で、自分に反対する年寄りやライバルとも団結しなければならない。こうした困難に対処する唯一の方法は、すべてのライバルを排除し、自分に従う人物だけで集まることであり、これこそまさに習近平がここ数年歩んでいる道なのだ。

五　習近平と天安門事件

知っての通り、習近平は一九八九年に福建省寧徳区（現在の寧徳市）党委員会書記を務めていた。当時、彼が北京で起きた悲劇に対して何を考えていたのかは分からない。しかしはっきりしているのは、天安門事件の教訓をしっかりと学んだということだ。

もっとも肝心なのは、党に核心が必要という論理を学んだことだ。江沢民は自ら核心となったが、本当の意味での核心的な権利を掌握できなかった。胡錦濤は核心という名前すら付かなかった。習近平は反腐敗運動で意見の異なる勢力を淘汰し、自身に近い人物を政治局、軍事委員会に配置、強大な核心的権力を確固たるものにした。三つ目の教訓も学び、実行している。すなわち、共産党を分裂させない。習の統治下で、すべての党員は無理やり思想を一致させており、いかなる異なる意見も聞こえてこない。習は二つ目の教訓、イデオロギーの掌握も実践している。メディアは党を名乗り、インターネット上は〔厳しく規制されて〕抜け穴がなく、大学の先生は監視下に置かれ、七項目について語らず〔大学などで①西側民主、②普遍的価値、③市民社会、④経済の新自由主義、⑤西側メディア観、⑥党の歴史の否定、⑦改革開放政策への疑問――の七項目を「誤った思想」と断定し、議論や普及を禁じている〕、中国は指導者が誰の意見も聞かない状況となっている。一つ目の教訓も生かされ、習はどこにでも敵対勢力を見いだす。国際人権活動、海外メディア、国内の少数民族、宗教、民間社会などを敵視するほか、共産党員にすら自由に考えさせない。彼らが誤った考えを持つことを恐れているのだ。

第十三回四中全会の参加者が直面した核心を巡る苦境は、その後も中国の政策に影響している。技術の近代化とグローバル経済への参入によって権力と繁栄を手にするほど、学生、知識人、台頭する中産階級は一九五〇年代のような思想統一を受け入れなくなる。第十三回四中全会から三十年、一九八九年の鎮圧が一九八〇年代の改革が放った自由化のエネルギーに対するリアクションだったように、習近平の党と社会に対する抑圧はまさに、近代化の過程で放たれた自由化エネルギーに対する反動なのだ。

当時の聶栄臻の懸念は的外れではなかった。

いま、反革命動乱は沈静化された。しかしブルジョア自由化の思想はまだまだ粛清されておらず、今後、思想戦争は相当に苦しい闘いになるだろう。持久戦の覚悟を決め、幾世代、何十年も掛けて打ち勝つための準備をしなければならない！

既に三十年が過ぎたが、習近平率いる中国共産党は今も天安門事件後の持久戦を闘っている。あとどれだけ闘うのか、どれだけ闘えるのかは、いつか歴史が告げるだろう。

第二章　「六四」が中国を変え、世界をも変えた

胡平
及川淳子訳

一

今年は「六四」三十周年である。

三十年前、中国では空前絶後の平和的な民主化運動が勃発した。この運動は、中国において自由と民主が極少数の異見人士の追求にとどまらず、幾千万の民衆にも共通する願いであることを力強く証明した。抗議者たちは天安門広場に民主の女神像を打ち立てたが、それは明らかにアメリカの自由の女神を模していた。このことは、抗議者たちがまさにアメリカを模範としていたことを証明している。当時、自由と民主は普遍的価値であり、西洋に適用されるだけでなく、中国においても同様に適用されると誰もがみな固く信じていた。

鄧小平をはじめとする中国共産党の強硬派は、世間の人々の想像を超える残虐な手段によって民主化運動を鎮圧し、中国の多くの民衆に激しい驚愕と義憤を抱かせ、国際社会の一致した譴責を招いた。その後、ベルリンの壁が崩壊し、ソ連と東欧に巨大な変化が起きて国際共産陣営は瓦解した。アメリカは世界唯一の超強国となった。自由と民主の力が有史以来もっとも輝かしい勝利を獲得したのだ。あの時、中国共産党の独裁政権が崩壊するのは間もなくだと、人々はみな信じていた。

しかしながら、三十年が過ぎ去っても、中国共産党の独裁政権は全く崩壊しなかった。それは足場を固め、しかも以前よりも強大になって、とりわけ経済が急速な発展を持続したことは人々の予想を超えていた。おそらく、中国共産党当局自らの予想も超えていただろう。さらに予想を超えていたこと、しかし実際のところは予想内のはずだったのは、中国共産党政権が経済改革を深化させると同時に政治改革を開始させるのでもなく、経済的に莫大な成功を収めたことで、さらに温和にも寛容にもならなかったことだ。特に習近平が政権に就いてから、中国共産党政権は以前にも増してより専制的かつ横暴になった。しかも国際問題では、もはや韜光養晦〔才能を隠して外に表さないという意味の成語で、鄧小平が外交政策に用いた〕を掲げるのではなく、さらに声高に勢い込み、人をたじろがせるほどになった。同時に、アメリカを含む民主国家も様々な問題に直面している。わずか三十年という短い時間の中で、人類の歴史上極めてまれで驚異的な逆転が全世界において発生し、専制的な中国の勃興がこれまでの普遍的価値に対するもっとも重大な挑戦をしていることを私たちは目撃したのだ。三十年後の現在、私たちは「六四が中国を変え、世界をも変えた」と言わなければならない。

二

人は往々にして、観念というメガネをかけて世界を観察するものだ。中国の問題を観察する際に、もっとも流行しているメガネは、いわゆる民主近代化論である。この理論に照らせば、経済成長に伴って中産階級が強くなり、経済的な実力を備えた中産階級が必然的に政治参加の権利を要求するようになり、それによって政治改革が促され、民主化が促される。民主近代化論というメガネで中国を見る人が多いが、中国では経済発展から民主に向かっていないのだと気づいた時、それはメガネの問題と考えるのではなく、中国の問題だと考える。民主近代化論に普遍性がないとは考えないが、民主には普遍性がないと考えるのだ。

民主近代化論は中国に適してはおらず、その他の共産国家にも適してはいない。ソ連と東欧諸国が民主に転換した当時も、経済発展と中産階級の成長に基づくものではなかった。特に、モンゴルがそうだ。一九九〇年、モンゴルは一党独裁の廃止を宣言し、多党制を実行したが、当時のモンゴルには市場経済などなく、中産階級などいくらもいなかった。しかし、モデルチェンジをすると言えばモデルチェンジを実現し、しかもあれほど平和的かつ順調にモデルチェンジを成し遂げたのだった。

共産国家における民主への転換の動力は、市場経済の発展や中産階級の成長によるものではなく、旧体制の徹底した失敗による。強権体制のもとで大規模かつ残虐な政治的迫害が行われ、その反面から政治の自由化という衝動がかき立てられ、経済体制の硬直化と非効率も逆の面から経済の自由化という衝動をかき立てたのだ。

中国の改革は毛沢東の死去と四人組の崩壊に始まった。物事は極点に達すれば必ず逆の方向へ転化するものだ。まさに、毛沢東時代に犯されたこの上ないほどの大きな罪が、改革の強大な動力となったのである。

三

現在、中国の改革を語れば、人々は往々にしてまず経済改革について言及する。だが、それは間違いだ。中国の改革はまず政治改革であり、民間における「民主の壁」運動や政府側の思想解放運動、冤罪の名誉回復、「二つのすべて」〔毛沢東の死後、権力を継承した華国鋒が提唱した政治スローガン。「すべての毛主席の決定は断固守らねばならず、すべての毛主席の指示には忠実に従わなければならない」という意味〕の批判、個人崇拝の批判などを含む自由化運動なのである。

一九八〇年代に高まった自由化の波は、もとより中国共産党が鎖国を終わらせ、対外開放を実施して、西洋の思想を再び国内に取り入れたことと関係があるが、しかし真っ先に、そして主要だったのは内部の自発的な運動であり、まさしく文革に対する反発というところが大きい。アメリカの政治学者でハーバード大学教授のジュディス・シュクラーは、「恐怖のリベラリズム」(The Liberalism of Fear) と題したとても有名な論文を執筆した。論文が指摘しているのは、近代西洋のリベラリズムがポスト宗教改革のヨーロッパを起源とし、残酷な宗教迫害に対する恐怖を生み出した点である。十六世紀、宗教改革家のカルヴァンは、プロテスタントの思想を広く宣伝したために、ローマ教皇庁から非情な迫害を受けた。しかし、プロテスタントが勢いを得た後は、権力を手にしたカルヴァンがローマ教皇庁よりもさらに厳しい思想統制を行い、異端派や異教の迫害はなんとローマ教皇庁よりもさらに残酷だった。物事は極点に達すれば必ず逆の方向へ転化するものだ。まさしく、不寛容な理念の影響をもっとも強く受けた国が、寛容な思想を実現した自由な国家へと欧州でもっとも早く驚くべき変貌を遂げたとおりである。政治の自由という理念は、まさしく個人の自由を必死に扼殺したカルヴァンの思想体系の中から進展変化したものだ。オランダ、イギリス、アメリカなどカルヴァンの思想体系の影響をもっとも早くから受けていた国々は、まさに、自由と民主を建国の理念とするのにもっとも熱心だった。

現在の中国におけるリベラリズムの発生過程が、かつての西洋リベラリズムの発生過程と多くの類似性があることは容易に見て取れる。中国共産党が政権を樹立してから、かつての西洋よりもはるかに徹底した政教一致を打ち立て、伝統的な専制よりもはるかに厳しい専制を実施し、まずは思想を統制して、様々に異なる各種の政治的見解に対して残酷な迫害を行った。平民から高官にいたるまで、多くの人々が恐怖の中で生活したのだ。文化大革命の災難は、それらすべてを史上かつてないほどの極みにまで発展させた。このことから、一部の人々、ひいては中国共産党の老幹部を含む人々にまで、政治的迫害に対する強い恐怖から、多かれ少なかれ自発的にリベラリズムの理念が芽生えるよう促した。ここで、西洋の既存のリベラリズム思想は、マルクス主義における古典的なリベラリズムの要素や中国の何世代も前のリベラリストの思想も含めて、たとえわずかな言葉であっても、しばしば歪曲された方法で理解されたにもかかわらず、貴重な思想の資源を私たちに提供し、貴重な示唆としての役割を果たした。

広範かつ徹底的、残酷で頻繁に繰り返し変化する専制の圧迫という共通の経験から、少数の人々にリベラリズムの信念を芽生えさせ、多くの人々にその信念を受け入れる基礎を備えさせた。そういうわけで、文革の十年の暗黒時代が終わると、一九八〇年代の中国は、自由化の時代を迎えた。中国共産党当局がひとつまたひとつと反自由化運動を発動したが、いずれの運動も竜頭蛇尾の状態だった。反自由化の逆流を制止する共闘の中で、リベラリズムのパワーが次第に勇ましくなり、自由化の波が徐々に高まり、一九八九年の民主化運動で頂点に達したのだった。

四

中国の経済改革について。

中国の経済改革は中国共産党のトップレベルが設計したわけではなく、低層の民衆による自発的な行動から始まった。

一般的に、中国経済改革の起点は安徽省の小崗村と考えられている。一九七八年十二月、小崗村の十八名の農民が秘密裏に血判状を結び、個別生産請負制を実施した。だが、『大逃港』の著者である陳秉安によれば、その起点は広東省沿海の宝安県だという。深圳の川を越えて三十年にわたり百万人もの「大逃港」〔香港への大逃亡〕が続いたことが、中国の改革開放の誕生を促進させた。作者は深圳(元宝安県)の庶民が語った「資本主義でも社会主義でも、俺たちは足で一票を投じる!」という言葉を引用している。実は、一九七九年に中国共産党が経済特区の創設を決定するよりも前に、中国の内地とは異なり、ある種の「特殊経済政策」を実行する開放地区がすでに存在していたのだ。

これは、中国の経済改革がまず民衆の自発的な行動から始まり、しかも始まるとすぐに中国共産党当局から一貫して強敵と見なされてきた資本主義を明確に指向していたことを証明している。中国共産党の上層部の改革派が民衆の自発的な改革を認可した時、それは彼ら自身が何を改革したいのかということが当初から明確だったということをも証明している。

一九七九年、袁庚は命を受けて広東省深圳の蛇口に赴き、中国初の経済特区——蛇口工業区を創設した。袁庚は深圳の出身で、彼は三十年前に人民解放軍砲兵団長の身分で兵を率いて深圳を「解放」した。蛇口に着任する前、袁庚の息子が彼にたずねた。「三十年前に兵を率いて深圳を占領し、私有制を公有制に変えたのに、三十年後にまたそこへ行って特区を作り、公有制を私有制に戻す。それでは、父さんは何をしているのですか」。袁庚は長いこと考えこんでいたが、「ああ、いずれにしても中国人をこんなに貧しいままにしておくことはできないのだ」と答えた。

一九七八年から、中国は市場化の傾向を有し、資本主義の傾向を有する経済改革に着手し始めた。この改革は効果が立ちどころに現れ、中国経済の発展を大きく促進した。しかしながら、それと同時に、そうした改革は共産党の革命と共産党政権の正統性に対する自己否定を招くことにもなった。

なぜなら、共産党の革命の宗旨は、資本主義を消滅させ、社会主義を建設することであり、共産党が一党独裁を実行する目的は資本主義の復活を防止することだからだ。いま、中国共産党自身がまたしても逆行して社会主義をすっかり変えてしまい、資本主義を復活させたことは、当時の革命は間違いだったと言うに等しいではないか。いわゆるプロレタリア独裁、すなわち共産党の独裁にはどのような存在理由がまだあるというのか。したがって、この経済改革は共産党の革命と一党独裁を自ら完全なものにするのではなく、根本的な自己否定なのである。

かつて鄧小平は、「改革は第二の革命である」と語った。では、何が第一の革命だったのか。当然ながら、一九四九年のあの革命を指している。つまり、改革とは何かほかのものを改めるのではなく、一九四九年のあの革命を改めるということだ。鄧小平は、共産党がいま改めなければならないものは、以前、自分たちが革命によって打ち立てたもので、共産党がいま打ち立てなければならないものは、以前、自分たちが革命によって打ち倒したものだということをはっきりと分かっていた。

この点について、当時、理解していた人も多かった。一九八〇年代半ば、中国共産党の中堅幹部が、「辛く苦しかった十数年、一夜にして解放前に戻る」と語っている。鄧小平が提起した有名なスローガン「一部の人から先に豊かになれ」について言えば、山西省の年老いた農民が、「解放前、俺たちの村には地主が一戸、富農が二戸あったから、すでに一部の人が豊かになっていた。早くからそうだと知っていれば、これまでのことは必要だったのだろうか」と語っている。

一九八〇年代、経済改革の問題を巡り、中国共産党内部は改革派と保守派の二大勢力に分かれた。さらに考察すれば、当時、経済改革を主張した役人のほとんどすべてが、政治改革も主張していたことが分かる。これは論理に自然と合うもので、彼らが経済面で社会主義を改め、資本主義を復活しようと主張する以上、彼らは政治面においてもおのずから一党独裁を放棄し、自由と民主を実行しようと道理に適う主張をすることになる。同時に、経済改革に反対する役人たちは、ほとんどみな政治改革に反対した。これも論理に適うものだ。実際のところ、保守派が経済改革に反対したのは、主に経済改革による政治的な結果を憂慮したためだった。彼らは経済改革によって共産党がその独裁的な地位を喪失するのではないかと懸念した。彼らは政治で一党独裁を擁護しなければならないため、経済での資本主義の復活を拒絶したのである。

一九八八年秋、中国の経済改革は岐路に立っていた。若い経済学者たち数名が中国のもっとも重要な経済学の刊行物に長文の文章を発表し、今後の経済改革は「伝統的な社会主義における若干の基本的仮説と中国の特殊な政治、経済、文化の構造に抵触する」と指摘した。それまでの経済改革は、本来の社会主義をすでに大きく変えたが、本来の基本的な枠組みにはそれほど触れていなかったので、当局は屁理屈をこねて、中国は依然として社会主義を堅持しており、まだ「初級段階」の社会主義なのだと言い張った。しかし、今後の改革はその大きな枠組みを改めなければならず、ひとたび実行すれば、中国はまだ社会主義だなどと言えなくなってしまい、経済面でひとたび社会主義を放棄すれば、政治面でも共産党の独裁はすぐに立脚点を失ってしまうのだ。

このため、党内改革派と保守派の闘争が大いに激化した。改革派は経済改革の深化を要求すると同時に政治改革も要求した。聞くところによれば、当時、改革派は憲法から「四つの基本原則〔社会主義、プロレタリア独裁、共産党の指導およびマルクス・レーニン主義、毛沢東思想〕の堅持」を取り除こうという構想まで練っていた（「四つの基本原則の堅持」の重点は、党の指導を堅持し、社会主義を堅持することだ）。なぜなら、いわゆる社会主義か資本主義か、というタブーを打ち破らなければ、今後の改革は実行できないと彼らは気づいたからだ。保守派は経済改革のさらなる深化に断固として反対した。保守派の元老であった李先念は、直接鄧小平に向かって「趙紫陽は社会主義をやらないのだから、彼を失脚させるべきだ」と指摘した。経済改革をこれ以上継続することはできず、続ければ大胆不敵にも資本主義になってしまい、共産党の一党独裁も堅持できなくなってしまうと気づいたからである。

まさに、こうした背景の下で胡耀邦が死去し、一九八九年の民主化運動を誘発した。

五

胡耀邦の死去が一九八九年の民主化運動を誘発した。そして、一九八九年の民主化運動が中国共産党の集団内部にかつてないほどの分裂を招いた。分裂をもたらした原因はとても単純で、趙紫陽をはじめとする穏健派が武力による鎮圧に賛成しなかったからだ。彼らは、民衆が民主と反腐敗を求めるのは正しいと分かっていたので、人民に対して暴力を用いるなどということは、自分自身を納得させられなかった。さらに言えば、共産党は自由と民主を抑圧してきたが、唯一の宝刀といえば、相手に「ブルジョア自由化をやっている」、「資本主義の復活だ」という罪名をかぶせることだった。現在は、中国共産党自身がブルジョア自由化で、資本主義の復活をしているのだから、民主化運動を鎮圧するどのような理由がまだあるというのか。

しかしながら、鄧小平は軍隊を使い残酷にも民主化運動を鎮圧した。一九八九年六月九日、戒厳部隊の幹部に接見した際の講話で、鄧小平は六四の虐殺について抗弁した。彼は一九八九年の民主化運動に「反革命動乱」という罪名をかぶせた。鄧小平は、「今回の事件の性質は、ブルジョア自由化と四つの堅持の対立だ」、「その核心は共産党を打倒し、社会主義制度の転覆である」と述べた。

注意すべきは、鄧小平は依然として「ブルジョア自由化」、「社会主義制度の転覆」というような罪名を一九八九年の民主化運動にかぶせて、六四虐殺の理由としていることだ。なぜなら、鎮圧のために出兵するには正当な理由が必要で、「社会主義の堅持」、「資本主義反対」、「ブルジョア自由化反対」という言葉を出さなければならないと、彼はよく分かっていたからだ。

続いて、鄧小平は改革開放について弁解した。改革開放は社会主義に背理しているのではなく、資本主義をやっているわけではないと語るしかない。なぜなら、もし彼が、いまの中国共産党はもう社会主義をやっていない、資本主義をやっているのだと認めたら、彼が行った鎮圧が完全に根拠を失ってしまい、共産党の専制的な統治も完全に根拠を失ってしまうと、よく分かっていたからである。

鄧小平の解釈は当然ながら屁理屈だが、それでも当時はまだいくらか人を惑わすところがあった。なぜなら、中国共産党の経済改革は、当初から明らかに資本主義の性質を備えていたが、しかし一九八九年の民主化運動前には、そうした改革がまだ十分ではなく、社会主義制度の基本的な仮説に抵触することもなく、もともとの社会主義制度の基本的な枠組みにはまだ大きな抵触もなかったため、当局はまだ屁理屈をこねることができ、中国は依然として社会主義を堅持していると言い張ることが可能だったからだ。

「六四」以後の一、二年のうちに、ソ連と東欧の巨大な変化を目の当たりにしたために、中国共産党当局は非常に恐れ、慌てふためいた。政権を守るため、新たな指導者は「和平演変」〔平和的手段によって社会主義体制を崩壊させること〕にさらに反対しなければならず、政治面で資本主義に反対するだけでなく、経済面でも資本主義に反対するようになった。そこで、資本主義の傾向を持った経済改革は停滞に陥り、ひいては後退が見られるようになった。

しかし、一九九二年春、鄧小平が南巡講話を発表すると、経済改革の歩みが加速し、社会主義か資本主義かということは問わなくなった。

これは、見たところとても奇妙なことだ。そのわずか二年余り前、鄧小平は社会主義を堅持し、資本主義に反対すると強調していたのに、どうして今になって、社会主義か資本主義かと問わなくてもよくなったのか。

道理はとても簡単だ。以前は社会主義か資本主義か、という問題を強調していたが、それは自由化に反対し、民主化運動を鎮圧するための口実で、共産党の専制的な統治の正統性に上着を着せ、世間をだますためので、自らを欺き人をも騙すというものだった。事ここに至り、銃も発砲し、人も殺したのだから、共産党の統治の正統性などすでに跡形もなくすっかり消え去って、信じる人などいない。現在、共産党は暴力によって統治しているに過ぎず、人々が反抗しないのは、彼らに反抗する力がないだけだからだ。さらに、ソ連と東欧の激変によって、かつての社会主義イデオロギーはすでに完全に破産してしまい、社会主義を語ったところで信じる人もいなくなってしまった。そうした時に、またしても、社会主義か資本会主義かと強調したところで、あの穴だらけの社会主義の上着を繕おうとしても、その可能性はなく、必要もなく、意味もない。却って自分自身の手足を縛るだけだ。暴力統治には暴力統治のよいところもあり、イデオロギーというパッケージがなくなると、イデオロギーによる束縛も免除される。もともと、経済改革をやりながら資本主義だと言われるのを恐れ、社会主義の名分と名義に気兼ねしていたのが、いまとなってはその必要もなくなったので、さらに大手を振ってやることができるようになった。

党内の保守派の迅速な転向もこの点を力強く証明している。本来、陳雲を代表とする党内保守派は一貫して鄧小平の経済改革と衝突し、足を引っ張っていた。しかし、一九九二年の南巡講話の後、保守派は迅速に転向し、皆で改革に参加しようと、身を翻して誰もが改革派になった。これは、彼らがもともと資本主義の傾向を持つ経済改革に反対していたのは、主として資本主義に反対していたのではなく、それによって引き出される政治的な結果を懸念していたからであり、社会主義の信念の破綻を懸念し、民主のパワーが誘発されることを懸念し、共産党統治に危害が及ぶことを懸念していたからである。いまのところ、党内および民間の民主のパワーはいずれにせよすべて打ちのめされてしまい、もはやそれほど懸念する必要もなくなったので、彼らも経済改革を積極的に支持しているというわけだ。

そこで、鄧小平の一九九二年の南巡講話以降、中国の経済改革は、すでに至るところでほころびが出た社会主義という窮屈な服を投げ捨て、身軽になって登場したが、再起動しただけでなく、以前よりもさらに速く、さらに遠くまで走ることができるようになった。

本来、共産国家が経済改革を行うと、致命的なジレンマに陥る。社会主義を堅持し、大胆に思い切って資本主義を導入する勇気がなければ、経済を振興させることはできない。経済振興のために強力に資本主義を導入すれば、社会主義を放棄せざるを得ない。共産党が一党独裁を行う理由のすべては、社会主義を行い資本主義の復活を防止することなので、資本主義を復活させ、社会主義を放棄すれば、共産党の独裁も維持出来なくなってしまう。簡単に言えば、共産党の独裁と資本主義、この二つは共存することはできないのだ。しかし、六四の虐殺、一九九二年の南巡講話によって、中国共産党は不可思議で華麗な転身を遂げ、事もあろうに水と火のように相容れないものをひとつにした。中国では、事もあろうに共産党独裁による資本主義が出現したのである。

六

一九八九年の民主化運動は、偉大なる非暴力の抗争だった。抗議者は、一度は大きな進展を得たが、残念ながら潮時を見て引き下がることができず、もっとも成功に近づいた時に、もっとも重大な失敗に見舞われてしまった。一九八九年の民主化運動が血なまぐさい鎮圧によって失敗したために、多くの人々は非暴力の抗争に対する自信を失ってしまったのだ。高度に近代化された武装兵力の中国共産党政権を前に、一般大衆にしてみれば、暴力革命の操作性も十分ではなかった。そこで、大多数の人々はこの上もない憤怒のあまり、気落ちし、消沈し、それゆえに抗争を放棄した。抗争を堅持し続ける少数の人たちは、孤軍奮闘の境地に陥り、強大なパワーを形成することができず、政治改革の効果を推進する役割を果たせなかった。そこで、人心を失った政権はあらためて足場をしっかりと固めた。同時に、趙紫陽を代表とする党内リベラル派が徹底的に粛清された。大規模な自由化運動と政治改革の波は、突如として止まってしまったのである。

「六四」は中国の政治改革を遮断しただけでなく、中国の経済改革に対しても極めて甚大かつ重大な変化をもたらし、「六四」は中国の経済改革を岐路に引き入れた。

共産国家の経済改革は、つまるところ公有制を私有制に変えるということで、つまり、名目上は全人民が所有する公共の資産を個人資産に変えるということでもある。おおよそのところを言えば、ロシアや東欧などの国が主に採用した方法は「分配」で、あらゆる資産を金銭に換算して株式に変え、それからすべての人民がひとり一株という具合に分配した。こうした方法の良いところは、とても公平で、誰もがみな受け入れる点だ。全人民という名目で、資産は全人民のものだと掲げているのだが、もっとも合理的な私有化の草案とは、つまり、すべての人民に平均的に分け与えることだ。これを、大衆私有化という。

しかし、このような方法には大きな問題がある。それはつまり、資産の過度な細分化を招き、株式の所有権があまりにも分散するために、企業の経営管理には非常に不利益だ。全国のすべての人が一株所有しているわけだが、誰もが一株だけしか持っていないため、企業の経営や収益に強烈な関心を抱くはずもなく、その結果は必然的に、誰にもどうしようもないということになる。これはもともとの公有制と何の区別もなく、相変わらず、その企業に対して責任を負う人がいないということだ。そこで、一定期間、このような大衆私有化の方法を取れば、経済の発展を促進できないばかりか、経済収益の急激な下落も招いてしまうだろう。一定期間が過ぎた後、市場の機能によって株が集中して資本家が生まれてこそ、資本主義が機能し、経済が発展するのだ。

中国は全く異なる方法を採用した。六四のために、党内と民間の民主勢力は押さえつけられ、中国の私有化は最低限度の民主的な参与と公共の監督が不足する状況で行われることになり、そのために権貴私有化〔威勢をふるう既得権益集団による私有化〕を免れることができず、共産党の役人が私有化してしまった。役人たちは上から下まで、改革という名目で全人民のものであるはずの公共資産をやりたい放題に自分の私有財産にしてしまった。私有化の改革は一気に達成され、役人たちはさっと身を翻して地主や資本家になったのだ。

そこで、もっとも荒唐無稽な出来事が私たちの目の前で発生した。中国共産党はそもそも地主や資本家を打倒することで始まったのに、いまや自分自身が最大の地主、最大の資本家になってしまったというわけだ。以前、中国共産党は革命という名目で、すべての平民の私有財産をいわゆる全人民の公共財産としたが、今度はまた改革という名目で、全人民の公共財産を彼ら自身の私有財産に変えてしまった。はじめは革命という名目で略奪し、今度は改革という名目で取り分を山分けした。二つの相反する悪事は、そのすべてがなんと同じ党によって六十年余りの時間のうちに行われたのである。

七

中国の権貴私有化は、もとより道義的にもっとも恥知らずで、もっとも劣悪だが、しかし経済のモデルチェンジという意味では、おそらくもっとも効果的かつもっとも敏捷だろう。なぜなら、中国の権貴私有化はロシアや東欧諸国に現れたような資産の過度な細分化を免れ、ロシアや東欧諸国に現れたような経済の衰退を免れたからである。資本主義システムの奨励によって、中国の経済は成長を続けることができた。

簡単にいえば、「中国モデル」の成功要因は、以下の点である。中国は一党独裁の鉄腕によって経済改革を推進しているため、役人たちは改革というチャンスを頼りに大もうけすることが可能だと気づき、改革を大いに支持するようになった。政府の役人は悪知恵と力で奪い取り、公共の資産を自分のものとして占領し、私有化を一挙に成し遂げてしまった。党委員会書記はさっと身を翻して資本家になってしまい、そうして彼らは以前よりもさらに企業の収益に関心を抱き、経済の発展に熱心になった。ほかにも、権力と金の癒着は、大きな権力を持つ人ほど短期間のうちに膨大な資本を蓄積することが可能で、これは大企業の設立あるいは従来の国営大企業を私有化する上で有利であり、経済全体の発展に有利である。

また、中国は一党独裁を堅持し、政府は独断専行で公衆の圧力を意に介さないため、改革したいものをやりたいように改革し、政府が物価を上昇させようとすれば上昇させ、リストラしようと思えばリストラし、国営企業が売りたいものは思うままの価格で売り、融通しようと思う人に融通するという具合だ。社会には反対や牽制のパワーが不足しているため、政府は強大な鎮圧能力があり、自身の政策決定を貫徹する能力がある。

中国は一党独裁を堅持しているため、「すべての不安定要素を初期状態で消滅させる」(例えば、独立した労働組合や農民協会を禁止する) ことで社会を高度に安定させている。また、政府は挑戦を受けることがなく、交替することもないので、経済活動に対して非常に強い制御力を有し、政府の行動にはさらに強力な一貫性と予測可能性があるため、外国からの投資を大量に引きつけることが容易になり、同時に、国際経済の振動が国内に影響を及ぼすのを比較的強力に防止することが可能だ。

中国は一党独裁を堅持しているため、多くの領域——主に政治の領域——において、タブーが列挙され、これによってより多くの人が経済の領域に身を投じざるを得ない状況になっている。さらに、精神的な真空状態の出現によって、人々の貪欲さと物欲は空前絶後の解放を経験し、これも疑うまでもなく経済発展に対して火に油を注ぎ、煽り立てる効果を発揮している。そうした権貴私有化の中で利益が深刻に損なわれる下層の民衆については、現行の制度では正義を取り戻すことなどできないため、諦めて自分で何とかしてはじめからやるしかない。中国の労働力はもともと安価で、政治の高圧的な状況の下で奴隷同然となり、おのずとさらに安価になった。それが、中国のグローバルな競争における最大の優位性となったのだ。

まさしく、清華大学の秦暉教授が次のように述べているとおりだ。いわゆる中国モデル、あるいは中国の奇跡というものは、主にその特徴として「低賃金、低福祉」という伝統的な優位性のほかに、中国はさらに「低人権」という「優位性」によって四大要素（マンパワー、土地、資本、非再生資源）のコストを人為的に低く抑え、価格交渉を許可せず、交易の権利に関する多くの規則を「交易コストの低下」のために制限ないしは取り消すなどして、民主を拒絶し、参加を抑圧し、思想を軽視し、信念を軽蔑し、公正を蔑視し、物欲を刺激するやり方で、人々のエネルギーをあたかも蜃気楼のような富を単純に求める衝動へと集中させ、それによって自由市場国家あるいは福祉国家のいずれにおいても見られないような驚異的な競争力を見せつけて、「漸進」あるいは「ショック療法」のいずれを採用するにしても、民主を軌道修正しようとする国々を驚かせ、はるかに遅れをとって後から見つめるだけの状態にさせている。

中国経済のめざましい発展は、中国が経済のグローバル化に加わる上で大きな助けとなった。私たちは、経済のグローバル化に関する理論の基礎は比較優位の理論だと知っている。比較優位の理論は、二百年前にイギリスの経済学者、デイヴィッド・リカードが提起した。比較優位の理論に照らせば、仮にすべての国が自分たちの比較的優位な製品を生産、輸出し、比較的劣位の製品を輸入することに集中すれば、最終的には交易を行う双方が自分の利益を拡大することが可能になる。しかし、リカードの比較優位の理論は、一連の理論の前提の上に成り立っている。その中でとても重要な一点は、生産要素は国内でのみ自由に流通することが可能で、二国間の間では流通できないというものだ。リカードの時代は、国と国の自由貿易は製品にのみ限られていた。当時、資本と個人企業は移動せず、本国に留まっていた。今日の経済のグローバル化は、製品が自由に移動するほかに、資本と個人企業の自由な移動もある。人の移動も増加したが、人の移動には各種の障害があるため、いつも緩慢で、限界がある。一方、資本の移動は手のひらを返すように容易で、非常に素早い。比較優位の理論が成立するための前提に重大な変化が生じた以上、もともとの比較優位の理論によって導き出される結論がまだ成立するとは限らない。

改革開放前の中国は、人口が多く貧しくて、経済状況もとても楽観できなかった。ところが意外にも、ひとたびグローバル化に参加すると、これが中国の最大の優位性となったのだ。中国は、膨大な量の良質かつ廉価な労働力によって、また中国政府がすべての資源を独占することで、様々に優位な条件を提示し、外資企業の誘致と外資の導入を可能にした。そこで、先進国の資本と工場がまるで潮のように中国に押し寄せて入ってきた。中国は瞬く間に巨大な世界の工場となったが、それは血と汗の工場でもあった。そして、大量に廉価な商品を生産し、先進国の市場にダンピングした。西洋の企業の多くは生産と加工を労働力の安価な中国に移転したため、自国の産業空洞化を招き、失業率は急速に上昇し、福祉制度も大きな打撃を受けた。多国籍企業は巨額の利益を獲得したが、その一方で本国の貧富の格差は日増しに拡大するという状況を招いた。中国において最大の受益者は政府であり、政府はまるで親方のようで、最多の利益を占有するだけでなく、廉価な労働力という優位性を維持するために、人為的に労働者の収入を低く押さえ込むことまでしている。中国における労働者の収入の伸び率は、政府の財政伸び率の速さに遠く及ばない。二、三十年が過ぎれば、中国政府は世界でもっとも金持ちの政府になるだろう。政府の大幅な補助によって、新たな技術については盗んででも学び、中国はいくつかのハイテクとハイエンドの分野において、猛スピードでレースのコーナーを駆け抜け、後発でも追いつき追い越すほどの発展を遂げた。新たな状況の下で経済のグローバルは驚くべき結果を生み出し、中国経済は急速に勃興したばかりか、従来の先進国の多くを見劣りさせたのである。

八

中国の経済改革と発展は、もちろん人の目をくらませるほどだが、しかし、致命的な弱点がひとつある。それは全体的に正統性を備えていないことだ。ここで、現在の中国に特有のある問題にふれておこう。古今東西いずれも前例がないために、今日に至るまで多くの人々がこの問題に対して十分な理解が不足している。

中国の状況とロシアや東欧はすべてにおいて大きく異なる。ロシアと東欧諸国の私有化改革と経済発展はどれほど問題があろうとも、いずれも公共の監督と民主的な参与という前提の下で行われていたため、基本的な信頼性と正統性には疑う余地はなかった。二十数年来、これらの国々では何度も政権交代が行われたが、財産権の配置の結果は公認を得たもので、「再調整」あるいは「一段落した後での総決算」という問題がなかったのだ。ところが、中国の状況はまさしく反対だ。中国の私有化改革は公共の監督と民主的な参与という前提がない中で行われているため、そのような私有化の結果は世間の人々から承認を得られるはずもなく、そうして形成された財産権の配置には正統性がない。

例えば、中国の驚異的な貧富の格差について、税収の強化によって社会保障システムを創設すれば解決できると考えている人が多い。しかし、そのような方法の前提は、富める人々が持つ財産が基本的に正統で、その出所が潔白であることだ。しかしながら、誰もが知っているように、中国では先に豊かになった人々、とりわけ権力集団の中で先に豊かになった人々の財産は基本的に非合法で、出所も潔白ではない。現在の中国における貧富の格差は、その程度がもっとも深刻であるだけでなく、その性質が特に劣悪なのだ。なぜなら、中国の富豪の巨額な財産の大部分は、歴史的な蓄積や継承によるものでも、市場の自由な競争によるものでもなく、権力によって悪知恵と力で奪い取ったものだからだ。こうしたことから、なぜ中国では、経済改革のさらなる発展が政治改革を促進しないのか理解できる。事実はまさしく逆なのだ。中国の経済改革は権勢を持つ者が独裁という鉄腕に保護されて公然と略奪しているだけなので、そのような改革が進展すればするほど、権勢を持つ者は政治改革を実行しようとは思わず、その勇気もなくなるのだ。

二〇一二年十一月、『環球時報』は「もし中国で政権が交代すれば、社会全体が大きく動揺するだろう」と題した社説を発表した。社説は、「政権交代が中国において根本的に不可能である理由は、西洋の政権交代が権力の交替だけなのに対し、中国ではひとたび「交替」がなされれば、その利害が抵触するのは決して権力だけにとどまらず、社会全体が天地を覆さんばかりの再調整と大きな動揺に見舞われる」と述べた。『環球時報』の社説は語るに落ちるというもので、中国共産党当局の心やましさと大きな恐怖を述べており、彼らの人権と民主に対する強烈な敵意をも述べている。そもそも彼らは銃を手にして奪い取ったのだから、ほしいものを手にした今となっては、その銃を下ろす勇気などあるものか。

二〇一〇年十月八日、ノルウェーのノーベル平和賞委員会は劉暁波に平和賞を授与する公告を発表した。公告は、「過去十数年来、中国の経済は世界の歴史上、まれに見るめざましい進歩を遂げた。中国共産党は現在世界第二位の経済規模を有し、億万の人民がすでに貧困ラインを脱し、政治参加の範囲も拡大した」と記した。一方、公告は、「中国は自ら署名した国際条約および自国の法律における政治的権利の規定に違反し続けている」とも指摘した。ノーベル委員会のロジックは、あなた方中国政府は経済発展でそれほど良くやっているのに、どうして人権問題でそれほどまでに悪い状況なのか、どうして人権問題でももっと良くやることができないのか、というものだ。だが、彼らは中国政府のロジックを理解していない。中国政府の考え方は以下の通りだ。私たちの経済発展はまさに人権抑圧の上に成り立っているのだから、人権抑圧をどうして放棄することができるだろうか、現在私たちがこれほど「良く」出来ているのは、私たちが「悪い」からで、もし私たちがこれほど「悪く」なければ、これほどまでに「良く」はならなかっただろう、というものだ。

いわゆる中国モデル、中国の奇跡というものは、六四の虐殺を礎にして成り立ち、最大の極悪非道、不公平と不義を礎にして成り立っている。このような罪深い方法で成り立った強大な国家は、さらに自信を深め、さらに横暴で強大な独裁政権になるほかなく、人権、民主、正義などの価値に対してさらなる蔑視と敵視を強め、人類の自由と平和に対してさらに大きな脅威となるに違いない。

六四から三十年が過ぎた今日、私たちはこの点について必ずやはっきりと意識しなければならないのだ。

第三章　天安門事件の歴史的意義

王丹
大熊雄一郎訳

一　ある歴史上の仮説の問題

「天安門事件」の歴史的意義について語るとき、ある仮説を立ててみると良いかもしれない。もし一九八九年の民主化要求運動が成功していれば、中国はどうなっていただろうか？　歴史にイフ（if）はない。しかしこうした議論は絶えることがない。そのため、私自身の考えを述べてみたい。

　この問題に答えるなら、まず天安門事件に至った民主化要求運動の「成功」とは何かを定義しなければならない。民主化要求運動に対する最大の誤解の一つは、「あなたたち学生らが政権を取れば、中国共産党よりもましだったのか」という問いだ。このもっともらしい問いは、実は全く誤った設問だ。なぜなら、運動に参加していた学生は、共産党に取って代わり自分たちが政権を取ろうと主張したことなどはないからだ。さらに運動がどう進展しても、いわゆる学生のリーダーが国家指導者になるようなことは起こりえなかった。こうしたありもしない臆測を、疑念を差し挟む根拠とし、道徳的に大所高所から歴史を批評する人たちがいるが、極めて荒唐無稽だ。

成功とは、それが目指す目的を指す。民主化要求運動の政治的な主張は、一九八九年四月十八日に私を含む学生代表が人民大会堂で中共中央と国務院（政府）陳情局の指導者と面会した際に「七項目の請願」として提示した。共産党総書記だった胡耀邦同志の功労と誤りを正しく評価すること、「精神汚染の一掃」、「ブルジョア自由化反対運動」を徹底的に否定し、運動で不公正な中傷を受けた市民の名誉を回復すること、国家指導者の年収やすべての収入を公開すること、民主的な刊行物の発行や報道の自由を認めること、報道の規制を解くこと、教育費を増やすことなどだった。運動が進展するに従って、さらなる政治的な主張が次々と出てきたが、大旨は「七項目」と似たり寄ったりだった。ただ民主化要求運動の成功が何かを確かめるのであれば、五月十三日の学生のハンガーストライキでの二つの要求を基準にすべきだろう。なぜならハンガーストライキは学生運動が全国の民主化運動に発展する契機となり、その後、政府に学生のハンガーストライキの要求を受け入れるよう迫る声援が全国から寄せられたためだ。すなわち、民主化要求運動の成功とは、政府が最終的にハンガーストライキをした学生の二つの要求を受け入れることを指すと考える。

二つの要求とは、第一に、政府がすみやかに北京の大学対話代表団と実質的で、具体的、対等な対話を行うこと。第二に、政府が今回の学生運動の名誉を回復し、公正な評価を加え、愛国的で民主的な学生運動であると認めることだった。

すなわち、「天安門事件に至る民主化要求運動が成功していたら」を議論するのであれば、政府が学生と対話を始め、学生運動の愛国的な特徴を認めていれば、中国の将来の発展にどのような影響を与えたかを検証する必要がある。最大の影響は次の三点だと考える。

第一に、民主化要求運動が成功していれば、趙紫陽・共産党総書記を代表とする党内の改革派の力が確実に強固なものとなっていた。周知の通り、趙紫陽は中国共産党の指導部の中でもっとも市場経済改革の志向が強く、もっとも開放的な指導者だった。仮に趙紫陽が政策決定の力を持っていれば、経済改革面で中国の市場化改革を一段と進めていただろう。こうした傾向は、一九八八年に「破産法」を推進したことからもうかがえる。言い換えれば、民主化要求運動の成功は、中国を混乱に陥れるどころか、経済改革の歩みをより確かなものとしていたはずだ。

第二に、民主化要求運動が成功していれば、一九八八年に既に着手していた政治体制改革が自然と世論の強い支持を受けながら進められていたであろうし、それには報道の自由も含まれていた。つまり、経済改革は健全な世論の監督を受けながら進められたことになる。いま、中国共産党ですら世論の監督を強めてこそ全国的に蔓延している腐敗を有効に抑止できると認めている。言論の自由が一九八九年から模索されていれば、今日、中国の制度を救いようがないほどむしばんでいる腐敗はここまで深刻になっていなかっただろう。

第三に、民主化要求運動が成功していれば、政府と社会の対話の先例をつくったことになる。実際、中国共産党第十三回党大会の政府活動報告で、趙紫陽総書記の秘書を務めた鮑彤氏が中心となって社会協商対話を改革の重点に置く方向性が打ち出されていた。学生が対話を提示したのは、こうした政治体制改革の主張に呼応する動きだったのだ。今の中国では、政府と人民が心を一つにする光景は永遠に過去のものとなっている。人民の政府への信頼は消え去っており、このことが多くの社会矛盾が最終的に極端な形で噴出する主な原因となっている。改革が政府と社会の利益について協議する段階に入ったとき、社会の安定を確保するには政府と社会がしっかりとした対話のルートを持つ必要があり、それでこそ双方が力を合わせて平和的にモデルチェンジを図れるのだ。台湾の経験が最良の手本だ。そのため、民主化要求運動が成功していれば、改革のための社会環境がより安定していたと想像できる。

もちろん、民主化要求運動が成功していれば、中国の政治、経済、社会の多方面の発展にもっと多くの影響をもたらしていたはずだが、それはゆっくりと明らかになるだろう。少なくとも以上の三点は短期的に想像できる流れだ。端的に言えば、民主化要求運動が成功していれば、中国はより速やかに市場経済発展の軌道に乗り、その経済発展は政治的に民主的な枠組みの下で進められ、民主化が進展すれば当然、今日噴出している社会の不公正な問題はこれほど深刻になっていなかった。こうした社会の発展は、政府と社会の絶え間ない対話によって進められ、市民社会の成長を促していたはずだ。このような中国こそ、私たちがみたかった姿ではないだろうか？

二　現実的な視点から下せる三つの判断

一つ目の歴史的意義は、一九八九年の民主化要求運動は行動面での啓蒙だったということだ。一九八〇年代の中国は理想主義の時代だった。当時の多くの知識人は中国の民主化を進めるために啓蒙運動を起こし、社会に民主主義の理念を拡散しようと尽力した。啓蒙活動は、文章の執筆、演説、インタビュー、海外の社会科学の書籍の翻訳などを通じて行われた。啓蒙運動（五四運動と対比して「新啓蒙運動」としても良い）は一九八〇年代末にピークを迎え、最高潮に達したのが一九八九年の民主化要求運動だった。

最高潮の特徴は実際に行動することで民主化を追求し、行動で近代社会の市民としての責任を果たした点だ。一九八九年の民主化要求運動では、学生の先導と各階層の人民の支持の下で民主化の理念が最大規模に拡散され、全人民の共通の要求となっていった。だからこそ、当局は一九八九年の民主化要求運動を最終的に血なまぐさく鎮圧しながら、その後の統治で民主や人権の旗を掲げたのだ。一九八〇年代の当局の言説では、民主とは西側諸国のブルジョアの特権で、疑わしい概念だった。一九九〇年代に入ると、「人権」といった言葉は憲法にすら書き込まれた。中国共産党がこのように変化を迫られたのは、一九八九年の民主化要求運動で表面化した強い民意の圧力と直接的な関係がある。

二つ目の意義は、将来の中国の市民社会の発展と、次の民主化の波に向けて人材を育てたことだ。

一九八九年より前、中国で異なる政治的見解の持ち主は滅多に表に出なかった。一党独裁体制に不満を持つ者は多かったが、当時は自分の立場を明確にすることはできなかった。一九八九年の民主化要求運動で民主化に向けて尽力した人たちは反体制派としての立場を明確にし、天安門事件の精神を自身の個人的な理念として継承してきた。一九九〇年代になると異なる政治的見解を持つ人が現れるのは珍しいことではなくなった。

ここ数年に至るまで絶えず行われている人権擁護運動に携わる人権活動家の多くは一九八九年の民主化要求運動の参加者だ。つまり、一九八九年の民主化要求運動は新たな現代市民の政治的な力を育成したと言える。将来の中国の民主化に向け、市民社会の形成は極めて重要な基本的任務となるが、一九八九年の民主化要求運動の精神に感化された世代が、市民社会形成の根源的な力となるだろう。

三つ目の意義は、政治文化、政治的な心理面で中国の民主化の土台を築いたことだ。

伝統的に中国が民主化に向かう上で障害となっているのが、私たちの政治文化が「清明政治」

に過度に依存していることだ。つまり、個人が国家に依存しすぎており、自身を国家の主とは考えず、すべての望みを本来ならば大衆に奉仕すべき国家に託してしまう。その直接的な代償は、個人と国家に距離がなくなり、国家権力が容易に個人の権利を侵害してしまうことだ。個人と国家が極度に緊密になれば、市民社会の発展の余地もなくなる。

一九八九年に学生らが街頭に出た行為は、ある意味で伝統的な政治文化の延長線上にあり、公車上書〔一八九五年に日清戦争の講和条約に反対して康有為らが提出した上書〕に似たやり方で国家に改革を迫ろうとした。しかし、当局は民主化要求運動に対して血なまぐさい弾圧を行い、個人と国家の関係を徹底的に変えた。一九八〇年代に開明的に見えた政府も、その地位が脅かされると感じると、自分たちの統治を維持するためにすべてを顧みず、再び暴力統治のかつて来た道へと戻ってしまうということに、誰もが驚きを持って気付かされた。当局への信頼の喪失は一九九〇年代の政治的な無関心につながり、今に至っている。こうした現象は一定程度、政治に携わる集団の政治的な心理の進化でもある。少なくとも国家はもはやイデオロギーで政治的な動員を行うことは困難となり、個人と国家の距離は広がり始めている。これこそが将来の中国の民主化への移行の土台となる。そのため、私は一九八九年の民主化要求運動を、中国に市民社会が形成される本当の起点だったと捉えている。

当然、以上の三つの意義のために中国人民は重たい代償を払っている。中共の民主化要求運動に対する血の弾圧は民族の歴史に深い傷跡をつくっただけでなく、民主的に強権に反抗する勇気を最大限度に押さえつけた。一九八九年以降、政治改革への呼びかけは完全に抑圧され、中国の民主化への歩みはほかの発展途上国に比べて大幅に遅れている。これらはすべて一九八九年の民主化要求運動が鎮圧されたマイナス面の影響であり、そのことを忘れてはいけない。

一九八九年は中国現代史の分水嶺だったことにも注目しなければならない。一九八九年以前の中国は、今の中国と多方面で全く異なっている。一九九〇年代以降に発展した中国の国家と社会には、過去と全く異なる三つの特徴がある。私は、これらの特徴が一九八九年の当局の人民に対する暴力的な鎮圧の直接的な代償だと考える。これらの代償は中国の発展の方向に深刻な影響をもたらしている。

一つ目の特徴は、経済至上主義の蔓延だ。アヘン戦争以来の中国は、戦乱と暴力的衝突が社会の主軸だった。中共の政権樹立以降は、毛沢東の指導下で階級闘争が発展の重点に置かれた。鄧小平の執政時、政治改革は経済改革と同列と見なされた。中国の百年余りの発展の歴史で、経済発展が完全な単一軸となって進められ、そのほかのすべてを圧倒してしまったのは一九八九年以降だけだ。経済的合理性を基準にしてすべての政策決定や価値判断を行う。こうした特徴は中国の発展の不均衡をもたらし、不均衡な発展が社会の不安定化につながっている。

経済発展至上主義に基づく社会発展の直接的な原因は、一九八九年の鎮圧後、民間の政治改革のエネルギーが抑え込まれ、政府も臆病になって政治に関するテーマに触れることを避けるようになったためだ。

二つ目の特徴は人民だ。特にエリートグループが集団的な諦めの境地となってしまったことだ。一九八九年以前、知識人から市民に至るまで、誰しもが国の発展を注視し、関心を抱き、国家と社会のために見解を表明したがった。大学生が街頭に立ったのも、こうした「国の興亡は個人の責任」という集団心理があったからだ。しかし一九八九年の鎮圧とその後の政権の悪質な発展により、国家と社会は疎遠になり、人民は政治的な無関心に陥り、エリートグループの関心事は国家の発展よりも個人の利益に移っていった。こうした集団的な諦めの状態はアヘン戦争以降滅多になかった。こうした集団心理は当然、国家の暴力と潜在的な抑圧と関係がある。

三つ目の特徴は、社会の道徳とモラルが地滑りを起こし、常識的な道徳やモラルの基準ですら公に議論されなくなってしまったことだ。「経済発展のためなら二十万人殺害しても価値がある」といったような人道上の一線を越えた考え方ですら、ある程度受け入れられてしまう。様々なしらけた心理や見方が蔓延している。こうした状況が起きたのも、一九八九年の鎮圧のマイナスの影響の一つだ。理想主義が壁にぶつかれば、シニシズムが強まり、社会が自暴自棄の心理状態となる。

一九九〇年以降の中国に現れた以上の三つの新たな特徴は、今日の中国の発展と将来の可能性に深刻な影を落としている。これも別の角度からの「天安門事件」の歴史的意義であろう。

三　私は後悔しない

最後に言わなければならない。一九八九年に起きたことは、私個人の生命に決定的な影響を及ぼした。この歴史があるからこそ、今の私は、社会進歩という理想の推進や誰かの期待を引き受けるといったような、完全に自分で選択できないものを抱えている。もし私が普通の学生であれば、個人の生活や大衆としての生活を選択できただろう。しかし、私には選択肢がない。大衆の目にさらされながら生きるしかない。幸せか不幸かはなんとも言いがたいが、向き合って受け入れるしかないと考えている。仮に同じことが再び起きれば、やはり後には引けないと思う。なぜなら、青春時代に抱いた社会への理想は、理性的に選択した結果ではなく、ある種の感性がもたらした必然だからだ。こうした感性は美しく、意味があると言わなければならない。年を重ねて、こうした若い頃の衝動を感じることは難しくなった。人生には限りがある。私は当然、自分の命の体験を国家の前途、社会の理想と結び付ける機会を手放すことはしない。たとえ人生がどんなに短くても。だからこそ、私は自身が払った代償を決して後悔はしない。これは私自身の命の選択なのだ。

補遺——二〇一九年六月一日のシンポジウムにおける発言

きょうは六四・天安門事件に参加した学生リーダーの一人として、この出来事をいかに評価するのか、私自身の考えを皆さんと共有したい。この事件について、私は三十年間ずっと考え続けてきたのです。

まず第一に、三十年前の出来事を「六四」という言葉だけで表現するのは不適切です。厳密にみると、一九八九年には大きな出来事が二つありました。一つは学生が発起し主導した、民主化を求める政治運動です。そしてもう一つは、それに対する共産党政権による弾圧・虐殺です。この二つを「六四・天安門事件」とひとまとめにするのはどうか。なぜこの二つの出来事を区別するのが重要なのでしょうか。中国はすでに一九八〇年代に改革開放の途を歩んでいます。政治改革も議論されていました。そのプロセスを止めたのは、一部の人曰く、「六四・天安門事件だ」という。この立場に立つと、学生も政治改革のプロセスを止めた一定の責任を負うことになってしまう。こうした帰結は、二つの出来事をひとまとめにした結果であり、私はそうでないと考えます。

学生の民主化を求める政治運動には全く落ち度はありませんでした。八二年に成立した中華人民共和国憲法の中に言論の自由は保障されており、デモの権利も認められていました。天安門広場を占拠したこと自体もデモの行使に含まれると考えると、憲法上の根拠があると考えられます。それだけ学生の運動には正統性がありました。

結局、問題は、政府がこうした社会運動にどう対処するのかという点に帰結するでしょう。社会運動に直面するのはどの国の政府も同じです。中国政府には当時、趙紫陽が主張したように民主主義と法治に基づき学生と対話するという選択肢がありました。もう一つは鄧小平が決断した軍の暴力による鎮圧です。

したがって、強調したいのは、改革開放の途を変えて、いまの道を歩ませたのは、学生の求める民主化運動ではなくて、政府による弾圧の結果です。二つの出来事をはっきり区別してどちらに責任があるのか明確にする必要があります。

第二の問題はネイサンの指摘とも重なります。六四直後の会議で中国共産党の指導者たちが「この事件は欧米の関与があったもので、西洋思想が幹部の考えを腐食してしまった」と言っていますが、この考え方はいまでも中国政府が繰り返し提起しています。若い学生に対する教育において、天安門事件は外国勢力の干渉であって、西洋の指示があったと言われる。私のところにも若い人たちが「正直に言ってください、当時のあなたたちの背後には外国の力があったのではないですか」と聞きに来ます。「外国のコントロールも指示も受けていない」と私が言っても、納得しない若者も出てきます。だから私は共産党の言葉で説明したいと思います。

六四以降、私を含む学生リーダーは全員逮捕されて、秦城監獄に一年半閉じ込められ、取り調べを受けました。私が書いた日記は全部コピーされ、知り合いは全員取り調べを受けました。

論理的に考えてください。一年半の取り調べを行った警察のかたがたは私よりも私のことを知っていました。私が忘れてしまったことも彼らは把握していた。となると、われわれが少しでも外国とつながりがあれば、それは起訴状に書かれるでしょうし、判決書にも示されるはずです。

　関心のあるかたはぜひ起訴状や判決書を確認してみてください。そこには外国とのつながりは一切書かれていません。彼らは私を徹底的に調べたんですから、書かれていないということは一切それについて証拠がなく実証できなかったから書かなかったということです。そう考えると、当時の中国の大学生は全く外国の干渉を受けることなく、思想面でも当時の西洋思想の影響はほとんどなかったわけです。

　では、当時の学生が何に基づいて行動していたかというと、それは五四運動です。五四運動は今年百周年ですが、中国では新民主主義運動として位置づけられています。当時の学生はその延長線上にあって、中国の過去の伝統を継承した最後の運動だったと考えるべきです。

　こうした考え方に基づいて当時の学生は運動に身を投じた。一番影響が大きかったのは伝統文化だったわけです。士大夫の考え方に基づいて学生は行動した。士大夫は古代中国の知識人層のことであり、伝統的に知識人は国の進路に責任を負います。

　ただ、伝統文化の影響は良い面だけでなく、悪い面もあります。伝統文化において知識人はいろいろ意見を出すことは可能なんですが、良い皇帝がいて話を聞き入れて、国を変えていく形になる。当時の学生たちは共産党こそ良い皇帝であり、共産党に対する信頼があり、共産党はわれわれの言いたいことを聞いてくれると信じて行動を起こした。共産党に対する期待が根底にありました。反対に今の学生はもはや政権のことを信じてないので、昔のようにデモに参加する人はいないでしょう。だから、伝統文化に基づいて学生は民主化を求める運動を発動したのであり、欧米の影響ではないのです。そしてこの点こそわれわれが学生運動について反省すべき点なのです。

第三は、これもよく言われることですが、学生の行動が過激であったから政府は暴力を使わざるを得なかったのではないか、という物言いに関してです。私は歴史を勉強してきましたが、当時の学生は人類の歴史上に前例のない平和的な運動を行ったと断言できます。

なぜそう言えるのか。それは学生たちが実際に求めていたものを見れば分かります。三千人の学生が天安門広場に集まり、ストライキをしました。求めていたのは微々たるものです。一つは政府と対話する機会をくださいということ。もう一つは人民日報の社説がこの運動を「動乱」としたことに対して修正してほしいということ。この二点しか求めていません。

われわれは対話を求めましたが、対話の方針を打ち出したのは実は第十三回党大会でした。共産党が自ら打ち出した方針に従ってわれわれがそれを実現してくださいと要求したに過ぎないのです。これほど過激でない要求がほかにあるでしょうか。まさに学生は共産党を信じて共産党が示した方針通りに行動しているに過ぎないわけです。このことをぜひ認識してほしいと思います。

そして四月二十六日の社説の修正を求めたのですが、この社説については趙紫陽も間違っていると考えていて、しかも中国共産党には社説を修正する前例はたくさんありました。社説や政策を変えることは日常茶飯事で、学生の要求は難しいことでもなんでもなかった。

そして、われわれがハンガーストライキを始めたのは五月十三日、実際に銃弾が発射されたのは六月三日でした。この二十日間のあいだに多くの市民もデモ行進に参加しました。北京市だけでも毎日百万以上の市民が参加しています。全国的には延べ一億以上の人が参加したと考えられます。そういう規模でデモ行進が行われたのにもかかわらず、北京市内では損害を受けた店は一軒もありませんでした。ガラスが割られたところも一箇所もなかった。これだけ平和的な市民運動がほかにあるでしょうか。

中国では尖閣諸島の国有化のあとに反日デモが各地で起きました。その際には多くの店、特に日本企業が経営している店が被害を受けました。そして日本車を運転する中国人が暴行を受けて植物状態になった事件もありました。しかし、反日デモの規模は数十万です。われわれとは比べ物にならない小さなデモです。しかも、この小さなデモの背後には政府がいてコントロールしていた。そんなデモでさえもこれだけの被害を出した。それと比べると、われわれの運動がガラス一枚も割っていないことを考えると、圧倒的にわれわれの運動は平和的だったと言えるでしょう。全然過激ではありませんでした。

三千人の学生が自分の命を投げ出してまで求めたのは二つの小さな要求だった。しかし政府は三十万の軍隊を動員し実弾を発射して人を殺して鎮圧した。どちらが過激かは一目瞭然でしょう。

「あなたたちはなぜ広場から撤退しなかったんだ」と問う人もいます。私はいち早く学生は広場から撤退すべきだと主張しました。そのせいで私は学生リーダーのグループから出ることになりました。学生に対して影響力を発揮することもできなくなった。しかし今から三十年前を思い返せば、たとえリーダーが撤退を主張しても、それは無理だったと思います。

私も一部の学生に説得を試みました。しかし彼らの反論に私は何も言えませんでした。「情勢が悪くなったから撤退というのはおかしい」と言われてぐうの音も出なかった。そういう当時の状況を振り返ると、政府は三千人の学生が餓死してもいいと思っていて、やがて戦車で鎮圧に乗り出す。一方、学生の要求は平和的なものでかつ小さなものだった。両者を比較すると、学生の責任はゼロで政府の責任が百パーセントだと思います。

四点目の問題はなぜ実弾を発射したのか、銃を撃ったのはなぜなのかということにかかわります。政府に銃を撃つ必然性はなかったのではないか。

一九七六年四月五日、第一次天安門事件が起きました。周恩来の死を機にたくさんの人が天安門に集ったのです。当時、毛沢東はまだ生きていました。人を殺すのになんの躊躇もないこの権力者でさえ銃を使えとは命令しなかった。民兵を動員して棍棒で暴行はしたが、それによって民衆は駆逐され、負傷者は出たものの死者は出ていません。毛沢東の時代に起きた第一次天安門事件さえも死者は出していない。銃を使っていない。なのになぜ一九八九年の六四・天安門事件の際にはそれをやったのか。これは考えないといけない問題です。

天安門広場にある人民大会堂の地下には大型車両が走れる非常に広い地下道があって、その地下道は北京郊外の西山の下にある核シェルターにつながっています。核戦争の際にこの地下道を使ってシェルターに退避するためです。もちろん逆の使い方も可能であって、学生が広場でハンガーストライキを始めたときにすでにその地下道を使って人民大会堂に軍隊が集結していた。学生が知らないうちに軍隊が天安門広場を包囲する準備を整えていて、実際に数日のうちに人が見えないところで包囲は完了していた。

六四・天安門事件の直後に最初にテレビで放送されたいわゆる「暴動」を鎮圧する映像を見ると一目瞭然です。軍隊は最初どこから来たのか。人民大会堂から大挙して出てきたわけです。人民大会堂と学生のあいだは道路ひとつしか挟んでいません。非常に近い。軍隊は長安街から来たわけではなかったのです。しかし、死者が出たのは長安街でした。ではなぜ軍隊が天安門広場の情勢をコントロールしたあとに長安街で発砲したのか。

戒厳令が出されたのは、天安門広場での集会は認めない、天安門広場を奪回するということでした。実際に軍隊が人民大会堂から出てきて、学生を駆逐して広場を掌握した。もう戒厳令の目的は達成された。しかし、天安門広場ではなく長安街で九十パーセント近い死者が出た。それはなぜなのか。戒厳令の目的が達成されたことを考えると、発砲する必要性は全くないわけです。これは大きな問題です。

もう一つ例を挙げましょう。中国体育大学の方政のことです。彼は、戦車に両足を切断され、今はアメリカに亡命しています。彼は当時、天安門広場から撤退して、自分の大学に戻る途中、長安街の西の端まで歩いたところで、自分の背後から戦車が追いかけてきて、そこで轢かれた。一部の人が主張するように、学生が過激化してやむを得ず政府が軍隊を動員したということなら、こうした撤退して大学に戻ろうとしている学生を後ろから攻撃する理由は一体何であろうか。

三十万の軍隊を動員する。これはもう戦争を起こせる兵力です。そんな必要は全くなかったし、発砲をする必要もなかった。それにもかかわらず、なぜそうしたことが起こったのか。

第一は、中国共産党はレーニン主義の政党として、政権奪取から統治に至るまで、ずっと暴力を使ってきた。彼らにしてみれば、暴力以外の方法はうまく運用できない。それではなぜ暴力を使わなければならないかというと、これは全体主義の根本に関わります。こうした統治を維持するためには、人々に恐怖を与える必要がある。共産党に対する恐怖こそがその統治を維持してきた根本的な原因であり、経済成長ではないのです。しかし、八九年の時点では学生はもう中国共産党を恐れていない。鄧小平はこのことを許せなかった。

あれから三十年が経ち、そのうち十年を私は牢獄の中で過ごしました。今も海外亡命して中国に帰ることはできず、親に会うことも不可能です。「後悔しているのか」と聞かれることもあります。私は「後悔していない」と答えます。なぜ後悔しないのか。われわれは非常に大きな代償を支払いましたが、しかし、中国人に対する世界からの敬意を集めることができました。

天安門事件のあと一部の学生や知識人はフランスに逃れた。ちょうどフランス革命二百年の記念式典が行われていて、世界各地から人々が集まった。そのときのパレードの一番先頭を歩いていたのは、中国から来た亡命学者、亡命学生でした。これは世界中の敬意を中国人が獲得した瞬間だったと思います。

三十年前の出来事は二つのことを示しました。一つは中国人が自由と民主主義を欲していることを世界に示した。一部の人が考えるように、中国人は食事にありつければそれで満足であるというような人間ではない、と。二点目は中国人は勇気を持ち、犠牲を厭わないということです。自由と民主主義を獲得するためにわれわれは大きな代償を払ったが、いまでもそれを求めて代償を払い続けている人がいます。中国人は勇気のあり、小心者ではないことを示しているのです。

第四章　三十年後に見る天安門事件

張博樹
大熊雄一郎訳

三十年が過ぎたが、天安門事件はまだ終わっていない。

この事実が、本稿の執筆にある種の寂寞感や悲壮感をもたらしている。

事件を体験し、参加した者として、三十年前に天安門広場で心を一つにし、拳を突き上げて戒厳令に抗議したあの光景を、今でもありありと目に浮かべることができる。そのことが歴史の本来の意義を見失わず、決して独裁者に屈しない筆者の精神を支えている。とはいえ、学者として個人的な感情や体験、認識の限界を超え、できるだけ「客観的に」歴史を研究し、歴史が移り変わる過程で絡み合い、複雑に結びつく重要な歴史の構成要件を整理し、歴史がなぜそうなったのか、という深層の原因を洞察し、民主化要求運動の成否に対する学術的な検証を深めなければならない。いわば観察者と参加者という立場の融合、経験による分析と普遍的な理解を融合させるということだ。
本稿は六つのパートに分かれる。

①大局的な歴史の視点から見た天安門事件
②学生のハンガーストライキ
③鄧小平について
④趙紫陽について
⑤米国政府と天安門事件
⑥天安門事件と今日の紅い帝国〔中国共産党統治下の中国〕

第一節と最終節はマクロな視座に立ち、その間の四節は具体的な参加者と歴史の細部に注目した。学生のハンガーストライキ、鄧小平、趙紫陽、米国政府の天安門事件への影響を「歴史の細部」の検証対象としたのは、まさにこの四つの問題を巡る論争が絶えず、また三十年を経たことで、より多くの資料を用いて歴史の真相に迫ることができ、注意深く歴史の得失を検証し、歴史的な評価を下すことができるようになったからだ。

一　大局的な歴史の視点から見た天安門事件

政治用語としての天安門事件は相前後して起きた二つの事柄を指す。一つは中国共産党の改革派指導者だった胡耀邦・元党総書記の死去後に起きた一カ月半にわたる学生や市民の民主化要求運動（北京が主な舞台となったが、起きたのは北京に限らない）。もう一つは中国共産党当局による学生や大衆、平和的な抗議運動に対する血なまぐさい鎮圧行為だ。

前提として、天安門事件の際に起きた民主化運動はもともと、一九八〇年代の中国政治の近代化プロセスを構成する重要な要件であり、改革開放以来の一連の政治社会の深化の結果として起きたことだ。悲惨な鎮圧は必然的な結果ではない。それどころか中国が民主化に向かう新たな局面を切り開くきっかけとなる可能性だってあったし、少なくとも何らかの変化をもたらす新たな条件となったはずだ。残念ながらそうした機会は歴史的に失われた。もっと正確に言えば、葬り去られた。筆者は哲学を研究しており、歴史がつくられるものであると信じている。社会の進歩には大きな流れ、文明の進歩という流れがある。しかし具体的な歴史のプロセスは様々な偶発的要因の影響を受け、相互に作用し合い、曲折や暫定的な後退は常に起こり得る。現実の歴史の変化は、網羅的につながる因果関係の連鎖、ある動態、各種の作用が合わさるフィールドに現れる。行動を起こす者にある種の積極性があれば、どんな要件も歴史的変化を構成する力となる。あるいは同時に、そのほかの要件の制約を受けて構成されるものもある。彼（彼女）がある種の歴史的な局面に立ち、網羅的な因果関係の連鎖の核心的な場所にぶつかり、歴史に変化をもたらす力が合わさるフィールドに逆向きのリアクションや相互作用を起こしさえすれば、取るに足らない「小人物」でも歴史の流れを変えることだってあり得る。政治的に核心的な、あるいは重要な地位を占める権力者でも、実際は様々な力の制約を受ける。彼らは従来の根本原則に基づく思考回路で情勢に対する基本的判断を下すが、様々な要件が合わさるフィールドから来る刺激が、ある出来事に対して強い反応を引き起こし、場合によっては心理・行動の両面で対処方法を変化させ、最終的に後戻りできない結末に向かっていくこともある。

まず「社会が進歩する大きな流れ」から見ていこう。

大局的な歴史的意義の上では、天安門事件の際に起きた民主化要求運動は改革開放期に中国政治が転換する重要な一歩であり、そもそも改革開放自体が中国現代史上、政治の近代化が大きく変化し、揺れ動き、大きく変形した後のダイナミックな修正の始まりだった。「大きな変形」とは何か？　筆者がこれまでの論考で何度も指摘してきた通り、仮に一九一一年の辛亥革命を中国で百年続く共和の歴史の起点とすれば、革命が志向する憲政という目標は近代中国の合理的な選択ということになる。それならば一九四九年の共産革命は共和革命の歴史的な変形ということになる。(1)この変形は「大きく」、徹底していたため、それを修正する「絶好の機会」あるいは「大チャンス」を迎えるのに丸三十年待たなければならなかった。その好機は次の側面に如実に現れた。
政治面では、まさに毛沢東の動員型の全体主義[2]と文化大革命で極まった個人独裁により、中国の官界エリート（「資本主義の道を歩む実権派」）、知識分子（「反動的な学術権威」）、「思想改造されていない」各政治賤民（「地主、富農、反革命、悪質分子、右派分子」）は総じて破滅的な迫害を受けた。この迫害があったからこそ、文革後の社会に強固なコンセンサスが形成された。それはつまり、党や国の標準に照らしても荒唐無稽でこんな野蛮な時代には別れを告げなければならないというコンセンサスだった。鄧小平が幹部の終身制の撤廃を強く訴えたのは、文革の大災難に深く感じるものがあったためだ（本人も文革で辛酸をなめている）。これにより、中国共産党の権力掌握の歴史上まれなことだが、党・政府内部からの自己反省と刷新が促されたのだ。民間で叫ばれた「第五の近代化」のスローガンは、中国共産党の専制体制の急所をずばり指摘していた。[3]
経済面では、まさに毛沢東が文革で人間性を動揺させ、「精神を物質に変えよう」と試み、「革命をとらえて」「生産を促し」、経済の後退と国民的欠乏をもたらしたことで、小崗村の農民は延命のための賭けに出たし、[4]中南海〔中国政治の中枢〕は商品経済、価値法則と利益誘導を、恥じらいながらも認めることができた。何はともあれ、経済特区が設立され、企業の活力増強を主眼とする都市経済改革が起きたのだ。これらはすべて、文革期や文革前には考えられなかったことだ。なぜなら、毛沢東式ユートピア社会改造の原則を根本から否定することになるためだ。
社会の整理統合面では、まさに文革の十年間と一九四九年以来の三十年間の知識人に対する相次ぐ粛清、全国民への執拗な洗脳、文革の失敗を背景に形成された巨大な反動で、人々はそれまでの認識のすべてに対する考えを改め、深刻に疑うようになり、七〇年代末から八〇年代初めに思想の解放運動が起きたのだ。自由は、久しく待ち望んでいた甘美な露のように、社会全体の目標となった。単位制度[5]はある程度瓦解し、「個人経営者」が現れ、勇敢に単独飛行する自由な精神に新たな動力が注がれていった。

以上の三つの側面で起きたことが明示していたのは、まさに人類社会の進歩と近代政治文明の大きな流れではないだろうか？

もう一つ重要な要件を指摘しておかなければいけない。国際環境だ。毛沢東の文革は誰からも恨まれたが、毛は文革中に一つだけ良いことをした。ニクソン米大統領と握手し、米中関係を雪解けさせたことだ。米中の歩み寄りは、地政学的な要因、すなわち双方がソ連に対抗しなければならない事情を抱えていたことが背景にあるが、いずれにせよ中国の国際社会への復帰につながった。この毛沢東の遺産が文革後の中国にどれほどの利益をもたらしたか！　一九七九年に米中は国交を樹立し、一九八〇年代は米中関係の蜜月期といえ、この時期に日本や欧州との関係も大幅に改善した。中国は経済面で米国を必要とし、米国に近づいていった。米国の政治家や学者の一部は自由で開かれた中国の可能性を夢見ていた。中国からすれば、こうした国際環境は非常に貴重だった。さらに、隣国ソ連はゴルバチョフがグラスノスチ（情報公開）とペレストロイカ（改革）を推進しており、中国の敵国としてのソ連の色合いは薄れていた。大局的な歴史、このロジックから考えれば、これほど歴史の発展と変革のチャンスに適した状況があるだろうか？

もちろん、変革の政治学の角度から見れば、すべては始まったばかりで、明らかに過渡期の特徴もあった。一九八〇年代の中国改革は少しずつ民主化に有利な条件をつくりつつあったが、その条件はまだ脆弱で、改革の前途には暗礁があり、いつでも座礁し、転覆する可能性があった。

例えば、幹部の終身制撤廃という大原則の下では、多くの中国共産党の年寄りが権力の舞台から「退出」しなければならなかったが、そのプロセスは非常に困難だった。そこで「第二線」システムがつくられた。退いた老同志（長老）は中顧委（中央顧問委員会）に入り、「余力を残しながら「第一線」の地位を働き盛りの指導者に明け渡した。鄧小平は率先して手本となるべく、党の総書記にはならず、中顧委の初代主任となった。一九八二年のことだ。それでも一九八七年の中国共産党第十三回党大会前、鄧が自身と陳雲、李先念、彭真ら数人の主要長老の「一人完全引退、三人半引退」を提案した際[7]、大きな抵抗に遭い、最終的に陳雲が同意して無理やり押し通した[8]。

イデオロギーの分野では、よりおおっぴらに、激しい闘争が繰り広げられた。本質的には、鄧小平や陳雲ら共産党員と毛沢東の間に大差はなく、いずれもレーニン主義の信徒だが、ある党員はより理想主義となり〔毛のように〕、ある党員はより実務的になった〔鄧、陳のように〕。鄧と陳にも考えに違いがあり、経済改革の問題で、鄧はより大胆かつ開放的で、「見定めれば大胆に試す」タイプだが、陳はどちらかというと保守的で、従来の計画経済を放棄することを嫌った。しかし鄧、陳は共産党の権力とイデオロギーを守るという点では全く一致していた。だからこそ、二人は胡耀邦総書記の「ブルジョア自由化に対して軟弱すぎる」という「欠点」を容認できず、結局胡を失脚させた〔一九八七年一月〕。八〇年代全体が「自由化」と「反自由化」闘争がせめぎ合い、絶えず争っていたと言える。しかし歴史のいたずらで、鄧は胡耀邦の後任に趙紫陽を据え、党内では改革派が権力の中枢に居座る状態が続いた。趙は左派の鄧力群を追い落とした上、第十三回党大会で政治体制改革計画案の責任を担った。

八〇年代中・後期になると、経済に深刻な変化が現れた。改革の初期の盛り上がりは去り、経済改革に比べて政治改革を遅らせたツケが明るみになってきた。「双軌制」〔計画経済と市場経済を併存させるシステム〕は価格改革の必要性から導入されたものだったが、想定外にも「官倒」〔官僚が地位を利用して得た権益を横流しして不正に利益を得る行為〕の横行、腐敗の氾濫が人民の強い不満を招き、権力構造を再編する緊迫性が高まった。趙紫陽が主導した政治改革案は鄧の引いたボトムライン〔西側の三権分立は採用しない〕を突破することはできなかったが、社会協議、新聞出版法の実施、選挙制度改革など多くの重要な政治改革の議題を設け、ロードマップを描いていた。当時、政治改革設計に携わった呉偉の言葉を借りれば、「この政治体制改革は、中国の民主政治にとって小さな一歩に過ぎないかもしれないが、踏み出しさえすれば、この小さな一歩が、中国が民主化に向かう大きな歩みとなり」、ゆくゆくは党内の年寄りは「歴史の舞台から退出せざるを得なくなる」。(9) 一九八七年十一月二日の第十三回党大会の閉幕後のパーティーで、趙紫陽と政治局常務委員の新メンバーは国内外の記者と面会した。スーツ姿の趙は会場を歩き回って乾杯を繰り返し、その自信に満ちあふれた様子は周囲に深い印象を残した。

民間社会でも葛藤しつつ現状を打開する動きがあり、重大な進展があった。七〇年代末からの「民主の壁」や八〇年代初期の大学選挙、八〇年代中・後期の「叢書熱」、大きな社会的反響を呼んだドキュメンタリー「河殤《かしょう》〔一九八八年に中国国営中央テレビが放映したドキュメンタリー。中華の伝統文明を批判的に取り上げ、西側文明を評価した〕」まで、知識人の学業と社会活動が広範囲にわたり連鎖反応を起こした。北京では陳子明により「社経所」(北京社会経済科学研究所)が設立された。同所は早い段階で「経済を基礎、文化を形態、政治を魂」とする形態を打ち出しており、中国の政治に影響を与えたのは明らかにこうした若者の努力と目標だった。(10) 当局の「三所一会」(中国経済体制改革研究所、農研センター発展研究所、中信国際研究所、北京青年経済学会)は政府内外の各種の改革の力をつなぐのに多くの功績があった。

結局、八〇年代末になると、中国政界の上層部と末端、官界の内外の改革派が連携して改革を推進する局面が形成されつつあり、その実現は時間の問題だった。変革の政治学の観点から言えば、「四つの勢力が牽制し合い」大国が次第に進化し、平和的に変革する最良の構図ができていた。[11] 当然、変革の反動も顕在化した。一九八八年に価格改革に失敗し、指導部内で「趙紫陽打倒」の風潮が巻き起こった。上層部の政治バランスを揺るがせようとしているかのように、一九八九年初めには民間から相次いで政治改革を呼び掛ける意見書が出され、中国政治情勢の変数となった。[12] まさにそのとき、胡耀邦が一九八九年四月十五日に死去、歴史の変化に新たな重要な節目が加わり、天安門事件に至る民主化運動を発生させた。

もう一度強調するが、胡耀邦の追悼から起きた学生運動は、八〇年代の中国の民間の自由化プロセスの一環であった。ただ、歴史的な力が合わさる特殊なフィールドの中で起きたため、各方面の行動者の認識、情勢への判断、それぞれの行動、およびこれらの行動が複雑に絡み合い、事件の推移に深刻な影響を及ぼし、その後の歴史の方向性を決定付けていった。この大規模で激しい民主化運動が大きな成功を収めたと言っても問題はない。なぜなら運動は多くの大衆の政治参加への情熱を刺激し、為政者が旧習に固執し、愚かで無知であることを暴露したのだから。最終的に「失敗した」と言うこともできる。なぜなら結果的には発起人たちの当初の目標と反対の結果を招いてしまったためだ。いずれも正しい。当然、運動が「失敗」したからといって民主化運動の歴史的な本来的意義を否定することはできない。むしろ当時の歴史の細部を検証し、事実を明らかにし、経験と教訓を総括し、将来の中国の民主化への備えとすべきなのだ。

二　学生のハンガーストライキ

学生の民主化運動については「ハンガーストライキをすべきだったのか」を巡り最大の論争が起きた。当時も論争があったが、この問題は天安門事件後に民主化運動史を総括する上で重要な課題となっている。胡平は、学生は「潮時を見計らって引く」べきだったと考え、政府が一定の譲歩をした時点で段階的な妥協をし、「自分たちが勝ち取った陣地を固めていれば、結果的に限定的な成功を勝ち取っていた」と見なす。(13) 李偉東は胡の主張に反論し、学生は何ら「良い結果」を得ていなかったのだから、「引く」余地はなかったとしている。李竜は、学生によるハンガーストライキが趙紫陽に「迷惑を掛けた」という主張には賛同せず、学生はむしろ中国共産党の改革派を助けたのに、改革派が軟弱だったため、成功まであと一歩のところで失敗したと強調している。(14)

改革派が「軟弱」だったかどうかはまた別の機会に分析するとして、まず学生のハンガーストライキの重要な節目を振り返り、筆者の判断を下したい。

まず、「四・一七」(一九八九年四月十七日、以下同)に学生が天安門広場に入り胡耀邦を追悼、胡の功罪の再評価、精神汚染除去運動の否定、指導者の財産の公開、民間による新聞の発行の許可など七つの要求を掲げた。胡耀邦の追悼式典後の「四・二二」大規模デモまで、学生は先手を打って主導権を握り、初戦は勝利した。「四・二六」に人民日報が社説で「旗幟鮮明に動乱に反対せよ」と訴え、学生運動の気勢を抑え込もうとしたが、かえって学生側を刺激し、「四・二七」の大規模デモを引き起こした。筆者は中国社会科学院研究生院の「古い学生」として（われわれ博士の年齢はマスターや本科生よりも遥かに上だった）この二つのデモに参加し、市民の熱烈な支持を目の当たりにした。その光景は非常に感動的だった。こうした状況で政府は学生との対話に同意せざるを得なかった。共産党の権力掌握の歴史で全く前例のないことだった。しかし「四・二九」対話での袁木スポークスマンら政府の役人の醜いパフォーマンスは劣悪な印象を残し、学生は政府に全く誠意がないと認識した。「五・三」には学生の代表が全国人民代表大会〔全人代＝議会〕、国務院と中国共産党中央に「請願書」を提出し、政府との対等な対話や、運動の中でつくられた学生組織、北京市大学生自治連合会の承認を要求、愛国主義運動「五・四運動」の記念日に再度デモを実施した。

まさにこのとき、趙紫陽は訪問先の北朝鮮から帰国して「五・四運動七十周年記念式典演説」「アジア開発銀行理事会総会演説」[15]を発表し、「民主と法律制度に基づく問題解決」を打ち出した。学生の内部にも意見の食い違いがあり、一部は学生運動のピークは去り、今後は主に校内の民主建設に尽力すべきだと主張した。[16]一方、一部の学生は授業のボイコットと街頭での運動の継続を訴えた。彼らは共産党による「仕返し」を恐れており、当局から正式に学生は「動乱を起こしていない」という「言質」を引き出さなければならないと考えていた。実際、柴玲のような比較的過激な学生でも、当時、鄧小平と直接会って学生が何をしているのかを説明したいと考え、「そうすれば鄧だって私たちの民主改革に対する真の動機と願いを知り」、「鄧は私たちの考えに同意はしなくても、少なくとも学生たちが鄧やほかの指導者に対して悪意がないことを分かってもらえる」と認識していた[17]。しかしこうした努力は実を結ばなかった。若い学生の間には次第に「ハンガーストライキ」の考えが頭をもたげ、より決然とした態度で権力者に譲歩を迫ろうとした。柴玲の言葉を借りれば、「私たちがゴルバチョフの訪中前にハンガーストライキを行えば、中国の指導者に対話の口実を与えることができる」[18]。

しかし、学生も自ら認めたように、彼（彼女）らは当時、中南海の指導部の状況について「何も知らなかった」[19]。仮に学生たちが、後に研究者が「双周維新」[20]と総括する趙紫陽の努力を知っていれば、異なる選択をしていたかもしれない（「双周維新」とは、趙紫陽が五月頭から五月十三日の約二週間に党・政府内部の改革・改善に向けて各種の工作に奔走したことを指している）。

趙の「双周維新」を簡単に振り返ってみよう。

四月三十日、趙紫陽は北朝鮮から北京に戻り、経由地の瀋陽で末端の人々の「四・二六」人民日報社説への不満を知る。

五月一日、趙紫陽は中国共産党中央政治局会議を主宰、李鵬、姚衣林ら常務委メンバーの保守派に対して「学生たちが求める憲法の擁護、民主の推進、腐敗反対のスローガンは、党・政府の主張と基本的には一致している」、「党は必ず新しい時代と新たな状況に適応し、民主と法律による新たな方法で問題を解決することを学ばなければならない」と述べる。[21]

五月一日〜五月五日、趙紫陽は陳一諮・中国経済体制改革研究所長、杜潤生・農研センター発展研究所主任、許家屯・新華社香港支社長、民主党派の責任者、費孝通、孫起孟、雷潔瓊、丁石孫・北京大学長、許嘉璐・北京師範大副学長らと別々に会見、各界の学生運動に対する反応や意見を聞いた。趙はまた鄧小平の秘書、王瑞林に電話し、鄧と会って直接意見交換し、鄧の理解と支持を得ることを望んだ。しかし成果はなかった。[22]

五月六日、趙紫陽は楊尚昆国家主席を訪ね、「鄧小平同志から急いで学生運動への定義を変えることへの同意を得たい」、「あなたと小平同志は古い戦友だ。あなたから伝えれば、より効果的だろう」と述べた。[23]

五月八日、趙紫陽は再び政治局会議を主宰し、北京市党委員会の学生運動に関する報告を聞き、重ねて「広範囲の青年学生の愛国への情熱」を肯定しなければならないと強調、大衆の求めに応じ、「クリーンな政治を政治体制改革の重要事項とし、民主的で、法律に基づき、公開され、透明性が高く、民衆の監督を受け、民衆も政治参加できるクリーンな政治を行う」と述べた。また「次官級以上の高官の収入を公開」、「八十か七十五歳以上の中央政治局員への特別待遇を取り消し」、「全人代常務委員会に専門委員会を組織し、高官やその家族に関する通報について独立に調査する」、「幅広い議論を踏まえ、新聞法とデモ行進法を制定する」ことも提案した。[24]

五月九日、千十三人の記者は署名入りの請願書を中華全国新聞工作者協会に提出、中央政府の宣伝部門の指導者との対話を求めた。

五月十日、趙紫陽は政治局会議を主宰、社会の各界との対話を強く主張し、「学生、新聞記者と各形式の対話を行うだけでなく、労働者と話し、声に耳を傾けるべきだ」と述べた。[25] 会議に出席した政治局員、全人代常務委員長の万里は全人代常務委に清廉政治委員会の立ち上げを提案した。この日午後の全人代常務委員長会議で、六月二十日ごろに第七回全人代常務委第八回会議を開き、新聞法の起草状況について報告を聞き、デモ行進法草案について審議することを決定した。

五月十一日〜十三日、胡啓立、芮杏文、王忍之らは中国青年報、人民日報、光明日報、新華社などでデスク、記者の意見を聞いた。胡啓立は「新聞改革は、改革せざるを得ない時期に来ている」と認めた。[26]

五月十三日午前、趙紫陽は楊尚昆とともにようやく鄧小平と面会、最近の状況を報告し、その場で学生運動への見解と主張を述べた。天安門広場での学生によるハンガーストライキに懸念を示した鄧小平に対し、趙は自信たっぷりに「多くの学生は大勢をわきまえ、大局を顧み、ゴルバチョフの歓迎式典に余計な問題を起こすことはないと信じている」と述べた。鄧小平は

「学生の感情はひとたび過激化すれば深い思慮ができなくなる」と述べた。[27]

実際、鄧の判断の方が正確だった。趙、鄧が面会したまさにその日、同じ午前中に、北京大、北京師範大、政法大などの大学に「ハンガーストライキ宣言」が貼り出され、午後には第一陣として約二百人のハンガーストライキに参加する学生が天安門広場に入った。


陽光が燦々と降り注ぐ五月に、私たちは絶食する。

どれほど気が重く、どれほど悔しいか!

国家は人民の国家だ、
政府は私たちの政府だ、
私たちが叫ばなければ、誰が叫ぶ?

私たちがやらなければ、誰がやる?

さらば、人民! こんなやり方で忠誠を尽くさざるを得ないことをどうか許してほしい。

命と引き替えに宣誓する、必ずや晴れやかな共和国の空が広がるだろう![28]

このような「ハンガーストライキ宣言」を読めば、誰でも心を動かされてしまう。

実際、学生の絶食行動は瞬く間に大きな反響を呼び、社会を動かし、学生運動は社会全体の抗議の波に発展した。五月十三日に学生が絶食を開始し、五月十四日に各大学で授業の再ボイコットが宣言され、一部の教師はストライキを宣言した。五月十五日から天安門広場で多くの市民や知識人がデモを行った。天安門広場と各大学病院の間を慌ただしく行き来する救急車は、人々に学生の生死への不安を抱かせ、いらだちが充満していった。同時に、長安街〔北京中心部の幹線路〕にいる数百万人の抗議者は「歴史をつくっているという衝動」を経験し、専制政治との闘いにこれまで味わったことのない快感を覚えていた。

しかし、絶食という決然とした行動は、同時に大きなリスクもはらんでいた。中国政治の牽制のバランスを形成していた各勢力の力を揺るがし、元に戻ることを不可能にした。当時の状況は、趙紫陽を代表とする中国共産党の改革派と李鵬を中心とする第一線の保守派が、学生運動の性質を巡って鋭く対立していた。鄧、陳を代表とする元老派はもともと李鵬を支持していたが、鄧自身は趙を追い落とすかどうかについては留保し、最終的な決断をしていなかった。趙は急いで鄧の支持を取り付け、引き続き「双周維新」、すなわち「新しい政治」を推進しなければならなかった。学生のハンガーストライキは完全にこの可能性を断った。保守派は学生の行動を理由に、背後に中ソ会談の破綻を狙う「悪人」がいると見なした。絶食は改革派にも難題を突き付けた。趙紫陽は弁解できず、受動的な立場に追い込まれた。絶食行動は空前の反響を呼び、保守派の本能的な恐怖心を呼び覚ました。ある意味で、社会全体がハンガーストライキへの支持一色に染まったことによって、その反動で最終的に強硬手段に訴える鄧の決意を促したと言える。五月二十日に始まった戒厳令、六月四日早朝の虐殺——絶食した学生たちはこれらの結果を全く予想していなかった。当時、社会科学院の同級生たちと毎晩集まり、情勢を分析していたことを覚えている。絶食行動が鎮圧に遭い、中国は空前の暗黒時代を迎えると懸念している者も少なくなかった。このことはその後、歴史によって証明されることになった。不吉な予感が当たったのだ、なんと悲しいことだろう！

厳密に言えば、ハンガーストライキを引き起こした学生は個人の行動であり、組織されたものではなかった。絶食の決議そのものは、北京市大学生自治連合会の支持を得ていなかった。しかし強く阻止もしなかった。(29) この細かい経緯の中で多くの歴史的因果関係を連想できることに注目してほしい。学生と学生組織がもう少し成熟していれば、天安門広場での民主化がもたらす負の結果をもう少し十分に警戒していれば、ハンガーストライキが起きていなければ、起きたとしても、適切な時期に「撤退」していれば、もしかすると事態は異なる流れに発展していたかもしれないし、趙紫陽の新たな政治は完全に中断されなかったかもしれない。天安門事件に連なる民主化運動や中国全体の改革は別の結果を生んでいたかもしれない。歴史の無情はまさにここにある。当然、このことで当時の学生に過酷な責任を負わせるべきではない。彼らは二十歳そこらに過ぎなかった。親の目にはまだ子供だった。さらに情報が非対称で、不透明な状況で、学生は指導部内の事情を知り得なかったし、政治情勢を判断する経験も不足していた。学生だけでなく、年長の知識人でもそうだったのだ。当時、人徳のある知識人も天安門広場で学生を指導し、絶食をやめるよう促したが、効果は薄かった。なぜなら知識人もこうした場面に遭遇するのは初めてだったし、彼らの内部でも分裂が起きていたためだ。[30] 後から振り返れば、これらから総括すべき教訓は多い。

ある友人はハンガーストライキも含め、学生の行動には「歴史的正義」があったと強調する。[31]私も全く同意見だ。しかし二つの異なる命題に分けて考えるべきだ。歴史の発展の大きな流れを代表する行為は歴史的正義を体現しており、これは歴史哲学の価値論の命題だ。一方、行動者の対処が不適切で、複雑な逆向きの相互作用を生じさせ、最終的に本来目指していたことと全く反対の結果をもたらせば、これは政治学と転換理論の戦略論の命題になる。両者は反証し合うものではない。言い換えれば、行動者の行為が歴史的正義を体現していたからといって、行動の過程における戦略や戦術面に反省や批判、批評を加えることを拒否してはならない。逆もまたしかりで、行動者の戦術やテクニカルな面でミスがあったからといって、すべての行為の歴史的正義の側面を否定することはできない。

学生のハンガーストライキについて述べておきたいのは以上だ。

しかし、鄧小平は早くから趙紫陽の追い落としを図っていたのであり、学生の過激な行動が歴史の悲惨な結果をもたらしたのではないとの見方もある。これは歴史のプロセスの因果関係に対する別の解釈であり、こうした判断をしているのは一般の観察者ではなく、重要な歴史の当事者なのだ。次節ではこの問題を議論しよう。

三　鄧小平について

私の尊敬する鮑彤先生〔趙紫陽共産党総書記の秘書〕は、天安門事件のために大きな犠牲を払った指導部内の反逆者だ。彼は李南央との対話をまとめた「鮑彤がもう一度天安門事件を振り返る――鄧小平の政変」を二〇一八年五月二十三日付の米紙ニューヨーク・タイムズ中国語ネット版に掲載し、高い関心を集めた。

鮑彤はこう指摘する。鄧小平が学生を鎮圧したのは、党を守り、党を救うためだったという人が少なからずいるが、それは誤りだ。「鄧小平は自分自身を守ろうとしたのであり、自身の死後に中国のゴルバチョフが現れ、地位や名誉が奪われないようにするためだった。それゆえ、党を木っ端みじんにし、党の名の下で一般市民に発砲することにもためらいはなかった。ただそれだけのことだ。天安門事件は鄧小平が自身の利益のために個人で決定して発動した、民衆をターゲットにした軍事行動だった」。それでは鄧にとって「中国のゴルバチョフ」とは誰だったのか。趙紫陽だ。その根拠は、一九八九年四月十八日の政治局常務委員会議で胡耀邦〔同十五日に死去〕の評価と葬儀の格について協議した際、趙紫陽がハイクラスのものにすべきだと主張し、十万人規模の追悼集会を開き、追悼文には「偉大なマルクス主義者」と明記するよう訴えたためだ。さらに学生の追悼式典への参加を認めるべきだとし、「わが党が胡耀邦を哀悼しているのだから、学生に哀悼させせない理由はない」と主張した。このことが鄧の警戒を招いた。「学生に胡耀邦を哀悼させるのは、学生に私、鄧小平を平手打ちさせるのに等しい。なぜなら胡耀邦は私が失脚させたからだ」。鄧小平は容認しかねたが、趙紫陽は容認した。鄧は気づいた。趙紫陽はゴルバチョフだ。将来私が死ねば、私を密告する。あいつを追い落とさなければならない、と。つまり天安門事件は、鄧小平と学生の確執ではなく、鄧小平と趙紫陽の確執なのだ。[32]

鮑彤は鄧が「四月十八日に趙紫陽を追い落とすことを決意した」とみている。そしていくつかのステップを踏んだ。「十九日にまず手始めの行動に出た。趙紫陽の追悼の規模に関する四月十八日の常務委員会の決定を否定し、追悼文「胡耀邦同志死去の前後」の発表を認めなかった。[33] これが第一弾。第二弾は、四月二十三日に趙紫陽が北朝鮮を訪問した際、この機会を捉えて同日夜に李鵬と面会し、趙紫陽が四月二十二日の追悼会で常務委員の同意を経た三つの意見(大意は、対立を解消し、事態を沈静化すること)を否定した、これが第二弾」。「二十三日夜、鄧小平は李鵬に手の内を見せていた。学生の行動を「動乱」と位置付けたのだ。二十五日、北京市の報告を聞いた後に、重ねて「動乱」と述べた。そのとき、学生の大半は学校に戻っていたのだから、動乱なんてことがあるだろうか? 学生のほとんどが学校に戻った後に「動乱」と呼ぶ。これはどういうことか? まさに天下が乱れることを望み、学生を怒らせようとしていたのだ。事態が大きくなるほど、その元凶として趙紫陽の追い落としをやりやすくなる。これが第三弾だ」[34]。鮑彤は、鄧があるルートを使って北京市共産党委員会に、学生運動の脅威を誇張して中央に報告するよう指示していたとさえ考えている。特に「中央に黒幕がいる」と強調させていた。同時に、鄧は趙の目を欺くよう仕掛けていた。趙が訪朝する前に「帰国すれば軍事委員会主席のポストを譲る」と約束していたのだ。これは趙を油断させるためで、「趙紫陽を疑い、不満を持ち、追い落としを決め、さらに油断させていた」[35]。この分析を聞いた李南央は思わずこう述べた。「全く毛沢東のやり方だ、毛沢東そのものだ！」[36]。

「それならば、鄧小平の私邸で、軍隊を動員して学生を排除する問題を議論した例の会議はなぜ五月十七日まで開かれなかったのか？　それは五月十五〜十六日にゴルバチョフが訪中したためだ。仮に四月二十四日に趙紫陽の処分を行っていれば、ゴルバチョフが来ることはなかった。鄧小平は自らの手で中ソ関係の正常化を実現し、歴史的な功績を残したかったのだ。四月に趙紫陽の追い落としを決めたが、五月十六日にゴルバチョフが帰国するのを待って、私（鄧小平）が十七日に常務委員による会議を開き、戒厳令を決める。鄧は趙紫陽が同意するはずがないと知っていたため、趙が辞職をせざるを得ない状況に追い込む――鄧が失脚させたわけではなく、あくまで趙が自ら下りた、という形にする。つまり、天安門事件は鄧小平個人の謀略で、趙紫陽をターゲットにした政変だったのだ。政変の目的は、鄧小平自身が正真正銘のボリシェビキという歴史的な地位を守ることだった。このイメージを守るため、党を捨てることも構わなかった。私からすれば、これが天安門事件の経緯だった。」[37]

鮑彤は重要な歴史の当事者として天安門事件のロジックに真新しい解釈を提唱した。しかし詳細に検証すると、このロジックには問題点が多い。

まず、「四・二二」大規模デモ後に学生が学校に戻ってから、北京市共産党委員会が「上の意向を汲んで」学生運動を誇張して宣伝したと言うが、史実に合わない。事実はといえば、「四・二二」に李鵬との面会を求めた陳情が拒否されたことへの学生の不満が最大限に膨らみ、また大規模デモを通じて、学生たちは市民が自分たちを支持しているとの思いを強くし、学校に戻ってから授業ボイコットの計画をはじめ、学生自治組織を整備し、学校間の連絡体制を一段と強化した。[38] 北京市共産党委員会は四月十八日、四月二十日に連続して共産党中央に報告を行っていた。同委員会は、一部の者が学生運動に乗じて「好き勝手に主張しており、政治的な主張をする者も少なくなく」、「公然と反政府的な言動を展開し」、「鄧小平、趙紫陽、李鵬ら中央指導者に向けて反政府的なスローガンを叫ぶ」者もいる、と報告していた。「中南海を襲撃し、火を放て」と学生を扇動する者もいるとも訴えていた。[39] 李錫銘北京市党委書記や陳希同北京市長ら左派の北京市党委の指導者は「上の意向を汲む」必要などなく、学生運動の「暗黒面」を誇張する十分な動機があった。それこそが彼らの自衛の手段だったのだ。

また、さらに重要なのは、鮑彤は文革前に毛沢東が劉少奇に抱いた猜疑心と、鄧小平の趙紫陽に対する疑念とを重ね合わせて深刻さを強調しているが、考えが浅い。鄧がどれだけ「正真正銘のボリシェビキという歴史的な地位」に拘泥していたかどうかは深掘りしないが（筆者は鄧がそれほど大それた願望を持っていたとは考えていない）、仮にそうだったとしても、鄧が趙に疑念を抱くのがやや早すぎる。鮑彤は指導部内のベテランで、中央政治局常務委員の秘書であり、「趙が鄧に抜擢され、天安門事件前まで鄧は趙に全幅の信頼を置いていた」ことをよく分かっていたはずだ。李南央との対談でも、鮑彤は陳雲、李先念は鄧小平に対して何度も趙紫陽を交代させるよう迫ったが、鄧小平は「いまは人がいないじゃないか。替えられないだろう」と述べていたことに言及している。この言い方は非常に微妙で、鄧は「君らの意見に同意できない」とは言わずに「君たちの意見は実行できない――今、誰が趙紫陽に取って代わるのだ？」と述べた。(40) そうであるなら、鄧はなぜそれほど簡単に趙の追い落としを決めたのか。趙がハイクラスの胡耀邦の追悼式典を主張しただけで？　それですぐに趙紫陽が「密告」すると結論を出した？　毛が当時、劉が「中国のフルシチョフになる」と疑ったのだって、何年も観察した上での結論だった。鄧は趙に不満を持っていたとはいえ、たった一つの事案でそこまで距離を置くということはないだろう。理屈に合わない。

それならば、実際の鄧と趙の関係（特に天安門事件の期間における二人の関係の変化）はどうだったのか？　ここ数年出てきた大量の資料に基づき、ロジカルな分析と心理面での分析を加え、筆者は次のような手順で鄧の行動を描写するのが合理的だと考える。

もともと、鄧は趙に全幅の信頼を置いていた。文革後期の一九七五年に趙が四川省共産党委員会の第一書記に任命された際、北京で職務に就いていた鄧小平は「思う存分に大胆にやれ。還郷団〔共産党革命の際、国民党が組織した地主の武装組織〕と言われても気にするな」と言って趙を激励した。間もなく鄧が再び失脚に追い込まれても、趙は「還郷団」の発言について告発しなかった。これにより鄧は趙が「信頼に足る」と見なした。[41] 一九八〇年、趙紫陽が北京で名誉なことに国務院総理に就任すると、鄧が推進した経済改革のもっとも有力な担い手となった。趙は実務面で有能で、鄧の意図をよく汲み取り、仕事の進め方も鄧に近い部分があり、自然と鄧の評価を受けた。趙はイデオロギー面の態度は控えめで、比較的保守的だったことも鄧を安心させた。胡耀邦がまだ権力の座に就いていた際、鄧は趙紫陽を政治改革案作成の責任者として指名した。しかし、趙が胡を引き継いで総書記になると、保守派の元老が期待したような「自由化反対」を進めず、鄧力群ら左派のアジトというべき「中央書記処研究室」に手を付け、陳雲夫人の于若木らですら追いやった。[42] そのため保守派老人の反感と警戒を招いた。こうした中、鄧は陳雲、李先念の圧力を受けながらも、趙の仕事を支持した。一九八八年に価格改革に失敗し、現役で前線にいる保守派の李鵬、姚依林は失敗の責任を趙紫陽になすりつけようとし、元老の陳雲、李先念が後方で「趙紫陽打倒の風」を起こし、趙こそが「正真正銘の走資派だ」と主張した。[43] 前線で趙紫陽と李鵬、姚依林が対立し、背後で鄧小平と陳雲、李先念が対立している構図だった。鄧からすれば、趙は自陣の人物であり、李鵬、姚依林は陳雲、李先念の陣営だった。こうした微妙な人間関係は中国共産党上層部の政治を理解するのに非常に重要で、鄧の心理を理解する上でも大変重要だ。鄧は自身が「二代目」の共産党指導部のリーダーだと自任しているが、一言ですべてを左右できるほどではなかった。経済改革の問題では陳、李の牽制を常に受けており、鄧にとってはやりにくく、それもあって趙紫陽を必要としていた。鄧は内心、趙が断固として自由化反対を打ち出さないことに不満を感じていたが、それでも陳、李による趙の交替の訴えに対し、二年前に胡耀邦を交替させたときのようには応じなかった。当時とは事情が違った。鄧は趙紫陽を必要としていたし、それに交替させる人物がもういなかったのだ。

ここからも分かる通り、一九八九年春夏の歴史的な局面で、鄧が最終的に泣く泣く趙を切り捨てたのは、繰り返し思慮を重ね、苦しくて複雑な思考のプロセスを経たことは疑いようがない。「四・二二」追悼式典で、趙による胡の追悼計画に鄧が不満を感じていたのは間違いない。だからこそ葬儀の格下げを命じた。鄧がこれによって趙の忠誠心に疑念を抱いた可能性もある。鄧にとっては苦しいことだっただろうが。しかし鄧と趙の特殊な関係性と、これまで述べてきた複雑な上層部の人事背景により、鄧が趙の切り捨てを決断するのは難しかった。一九八九年に鄧はもう八十五歳だった。高齢の鄧はそれよりも安定した体制下で、鄧の望む事業を実現したかっただろう。それは中国経済の発展の促進であり、もともと趙紫陽を抜擢したのは、これを実現させるのに不可欠な人物だったからだ。鄧は何度も、趙に「総書記を二期やらせる」と言っていた。中央軍事委員会主席のポストを譲るとさえ言っており、これはおそらく嘘ではなかった。「四・二三」に趙紫陽の訪朝前夜に鄧が再び「帰国後に軍事委主席をやらせる」と言ったのは、趙の忠誠心を確かめる意図はあったかもしれないが、「油断させせ」ようとしたわけではない。筆者が考えるロジックでは、鄧が趙を「油断させる」必要性は存在しない。

鄧の「四・二五」講話（あるいは「四・二三」講話）(44)で、鄧は拡大する学生運動に最新の解釈を加えた。こうした「敵対思想」は鄧の本音であり、当時の中国共産党の年寄りのコンセンサスでもあった。趙紫陽の「五・四」アジア開発銀行理事会総会演説と「敵対思想」は一致しておらず、自然と鄧のさらなる警戒を招いた。趙が第二の胡耀邦かどうかを見極めるため、わざと十日間趙に会わなかった。「五・一三」に鄧は趙と面会し、直接趙紫陽から「学生運動の本流を肯定する」との見解を聞き、失望が深まった。そのために「好き放題やらせてはならない」と忠告したのだ。(45)ただ、このときに鄧は完全に趙への信頼を失っていたのだろうか？　まだ疑問が残る。なぜならこれまで、趙は一度も鄧の意見を直接否定しておらず、ただ問題解決の力点が違い、趙は調整による解決を望んでいたというだけだ。鄧は水面下で、万一に備えて軍隊の動員を含めた準備を進めていた。しかしこれが趙の切り捨てを決意していたことにはならない。

本当の転換点は「五・一六」に起きた。その日、趙紫陽はゴルバチョフと会談し、公の場で鄧小平こそが中国を背後で操舵している人物だと述べたのだ。趙は事実を述べたに過ぎないが、鄧と鄧の家族は激怒し、「恩を仇で返した」と趙を罵った。(46)これは深刻な非難で、鄧は趙に深く傷つけられた。高齢の鄧の行動のロジックは明確で、実際は単純だった。第一に、共産党の指導を堅持し、動揺させないという観念は一貫しており、共産党を批判する者は誰であれ敵である。第二に、中国を「乱してはならない」、乱れれば経済発展は不可能で、それ故に学生運動は抑え込まなくてはならない。第三に、鄧の個人的権威に挑戦してはならない。鄧は実は非常に名誉を重んじており、一九八四年の国慶節にデモ隊が「鄧小平こんにちは」という標語を掲げていたことを覚えていたはずだ。それは経済改革の成功に対する人々の心からの賛美だった。しかし五年もたたず、事態は大きく変わり、学生はハンガーストライキを実施し、趙紫陽は公然と鄧をあげつらい、鄧を打倒する暴風雨が吹き荒れていた。しかもそれを起こしたのが趙紫陽なのだ！　これこそが鄧が容認できる限界を突破した。認識だけでなく、感情的にも一線を越えた。鄧は泣いて馬謖を斬らざるを得なかった。

「五・一七」に鄧の私邸で政治局常務委員が会議を開き、鄧ははっきりと趙の主張を否定し、戒厳令を発動して北京の情勢を抑え込むと唱えた。趙は戒厳令の発動は「非常に難しい」と明言した。二人は事実上決裂した。

鄧はその後、趙は学生運動に対して「極めて抑制的」と述べた。いわゆる「抑制的」とは、「何も対応を取らず」北京が一カ月余り乱れることを許したことを指している。(47)ある意味では、鄧も趙に対して「極めて抑制的」で、最後まで趙紫陽を引きずり下ろさず、趙が自ら「病気のため休みを取り」仕事を投げ出した。これこそが晩年の毛と重なる点で、毛も当時、非常に「抑制的」に鄧のやり方を容認した。毛は文革の残務処理をしなければならず、「安定と団結」が必要だったためだ。四五天安門事件（第一次天安門事件）がなければ、鄧の職務を再び解く必要はなかった。これこそが歴史の類似点だ。

「五・一九」に北京で戒厳令が布告され、鄧は楊尚昆を私邸に呼びつけて本音を吐露した。

分かっていると思うが、この事件が起きてから、私は党内で非常に大きな圧力を受けた。趙紫陽のアジア開発銀行理事会総会演説の後、李先念は私にこう言った。これはわれわれと異なる別の司令部による発言だ、あなたが声を上げなければならない、と。その後、陳雲、李先念らが私に電話を掛けて何度も意見交換をし、彼らの意見に従って、学生が天安門広場に向かったのは中央政府が容認した結果なのだから、対応措置を取らなければならないと〔趙紫陽に告げた〕。趙は全く協力せず、協力する意思すらなかった。私はこうするしかなかった。あいつはどんどん離れていった。(48)

鄧は明らかに感傷的になっていた。

このロジックからすれば、鄧が天安門事件後の一九九〇年、一九九一年に二回、趙を「再び下山」させると話したという噂もあり得ないことではない。(49)

四　趙紫陽について

趙紫陽に移ろう。

趙を巡り、ここ数年で二つの論争が起きた。「権力闘争論」と「軟弱論」だ。

「権力闘争論」を始めに提唱したのは阮銘、別の古参の党内反逆者だ。一九九二年、天安門事件から三年を待たず、亡命中の阮銘は台湾で『鄧小平帝国』を出版し、鄧と趙、天安門事件への見解を詳述した。阮銘は趙紫陽に強い権力欲があったと主張。一九八四年に趙が鄧小平への手紙で胡耀邦と協力して仕事をするのは困難だと訴えたのは、胡を排除し、自身がそのポストに取って代わる狙いがあったと考えている。また一九八七年一月の胡耀邦の失脚は陳雲グループと趙紫陽が結託した結果だと指摘。(50) 趙紫陽が総書記になると、盟友だった陳雲ら元老はライバルとなった。なぜなら彼らは李鵬を支持しており、趙にとって脅威となったためだ。趙はこうした試練に対処するため、鄧に近づくと同時に、青年エリートを集めて「新権威主義」を唱えさせ、自身に有利な流れをつくろうとした。「中国の新権威主義者が描いた美しい光景」はこうだ。一人の英明な領袖を担ぐ。彼らにとってそれは趙紫陽であり、鄧小平ではなかった。鄧小平による「西太后のような背後で干渉する政治」は終わらせるべきだと考えていた。英明な領袖と「あうんの呼吸で協働する」権力エリートこそ、趙紫陽の幕僚たちである。その幕僚たちによる専制独裁体制を来世紀半ばまで継続させ、その後政治を大衆に返還する。[51] しかし趙と権力エリートたちは二つの誤りを犯した。一つは、指導部内の改革の力を努力によって勝ち取らなかったこと、もう一つは知識人を味方に引き入れず、独立知識人に対して警戒感を抱いたこと。このため、趙とその小規模なエリート集団は、「自己中心の孤立した新権威主義」となった。[52]

阮銘は、天安門事件に至る民主化運動はもともと、趙紫陽に「風前のともしびだった新権威主義に折良く息を吹き込み、民主改革を支持するポジションを獲得する」チャンスを与えたと見なした。当時「趙は学生との対話の主導権を握り、マスメディアの主導権を握り、国家機構の主導権を握っていた（全国人民代表大会常務委員会委員長、副委員長の万里と習仲勲は趙紫陽を支持していた）」、「情勢を安定させることは可能だった。そうすれば軍隊が発砲する理由はなかったし、鄧小平も現状を認めざるを得なかった」。「しかし趙紫陽はそうはせず、民主化運動と党内の民主勢力との連携に本気で取り組まなかった。趙が考えていたのはもっぱら党内の権力闘争で、学生の民主化運動を使って李鵬と権力闘争を展開する中で自身の権力基盤を強化しようとしていた。そのため、融和的な講話を発表する一方（党内が一枚岩ではないことを誇示）、李鵬と李鵬の部下に学生対話を促し、学生の怒りを絶えず刺激し、緊張を持続させた。趙は対話の主導権を放棄し、鄧小平が新たな選択をするのを待った。すなわち、鄧小平が李鵬では情勢を収拾できないと考え、鄧が李鵬に与えた権力を趙に譲らせ、趙に民主化運動の収拾を担わせるのを待っていた。しかし趙紫陽はこの点を見誤った。鄧小平は趙紫陽のこうした態度を趙が鄧から権力を奪おうとしていると見なした。趙紫陽の鄧小平に対する判断ミスは、自らの失脚を招いた」。確かに、鄧小平と鄧の親族は趙を「下品だ」と非難した。いわゆる「下品」とは、当然、趙が鄧の権力を奪おうとしていたことを指す[53]。

この権力闘争のロジックに従えば、「もっと悪く」趙紫陽を描くこともできる。阮銘は趙紫陽が李鵬と権力闘争をしていたと述べているが、鄧の最高権力をうかがっていたとは見なしていない（趙のエリート集団がこうした考えを持ち、鄧や鄧の親族がこうした疑いを抱いていたとしても、趙本人が野心を持っていたことにはならない）。しかし趙の天安門事件進行中の振る舞いを、趙が鄧を罠に陥れようとしていたと解釈することは難しくない。特に「五・一六」のゴルバチョフとの会談で趙が公然と鄧を売った振る舞いは、鄧を死地に追いやって自らがその地位に取って代わるということではなかったか？　陳子明は天安門事件を振り返る文章で次のように指摘している。「長きにわたり、趙紫陽のブレーンが一九八八年末に香港で「倒鄧保趙〔鄧小平を打倒し、趙紫陽を擁護する〕」を仕掛けていたとの見方がある。一九八九年二月に「いよいよ趙が失脚させられるとの情報が伝わった」。学生運動の爆発的な広がりは趙紫陽に政治生命を引き延ばす機会を与えた。そのため、趙は北朝鮮から帰国すると「党内の対立を公開することを決定し、自ら進歩派カードを切った」。聞くところによると、五月十六日夕、「危険人物」の趙紫陽はテレビ中継で、政治という舞台で大きな賭けに出ることを決定し」趙は公然と鄧を売った[54]。

これはもう「陰謀論」に近い。鮑彤が描いたロジックの本質が鄧小平の趙紫陽に対する「陰謀論」なら、阮銘と彼の観点から導き出された分析は、趙紫陽の鄧小平に対する「陰謀論」だ。方向性は違うが、行き着く結果は同じだ。しかし、私からすると、この二種類の「陰謀論」はいずれも成立しない。

鄧の「陰謀論」が成立しないことは既に述べた。趙の「陰謀論」が成り立たないのは、まず阮銘の理論の前提に問題があるためだ。一九八四年に趙紫陽が胡耀邦に取って代わろうとしたとの見方があると言うが、その根拠は同五月二十六日に趙紫陽が鄧小平に宛てた手紙に過ぎない。趙は手紙で、古参党員が健在のうちに「わが党のために必要な指導制度を制定し、自ら実行に移し、慣行とし、気風をつくり、人事によって変わることがないようにし、次世代まで伝えていってほしい」と望んでいた。[55]手紙では胡耀邦には言及していない。もちろん一九八四年の時点で胡と趙の関係に足並みの乱れはあった。党総書記だった胡耀邦は経済政策に時々口を出し、地方視察の際に「激励」や「口約束」をして国務院（政府）はその対応に追われた。総理だった趙紫陽は胡耀邦が大衆運動を通じて経済を行うことには賛同していなかった。つまり趙紫陽が鄧小平に宛てた手紙の真意は、仕事を円滑に行うため健全な「指導制度」をつくってほしいということだった。胡と趙は同じ中国共産党指導部内の改革派指導者だったが、それぞれ自身の「グループ」があった。胡の「グループ」の多くは趙の手紙に不満があった。さらに趙は一九八七年一月に胡を追い落とすために開かれた「党生活会議」で胡を批判する発言を行ったため、早くから胡に取って代わるとの野心があったと疑われるのも無理はなかった。阮銘はかつて、共産党の幹部教育機関、中央党学校の理論研究室副主任を務めており、胡の「グループ」に属していたため、こうした考えを持っていたのもおかしくない。しかし趙「グループ」はこうした判断に同意しない。彼らは趙の行動に不適切な部分はあったものの、趙が胡に取って代わろうとしていたわけではないと見なしている。例えば、蔡文彬は趙の古い部下だが、著書『晩年の趙紫陽』で、趙は一九八四年にあの手紙を書くべきではなく、一九八七年一月の「胡を批判する党生活会議」での「鶴の一声で人を動かすことを好み、組織の制約を受けない胡のやり方はいつか大きな問題になる」といった発言も不適当だったと指摘した。しかし蔡は趙の真意が胡耀邦を失脚させることではないと見なしている。「完璧な人間はおらず」、胡と趙はそれぞれ限界と遺憾な点があった。しかしいずれも改革時代の偉大な指導者であり、両者は総じて団結していた。[56] 私は蔡のこうした分析がおおむね公平で正当だと考える。

新権威主義について、阮銘は趙紫陽のブレーンが生み出した概念で、趙の権威を確立する狙いがあったと強調する。しかし、中国現代思想の流れを理解している者は知っている通り、八〇年代の新権威主義の吹聴者の多くは趙紫陽の政治改革研究室のメンバーではなく、蕭功秦、呉稼祥ら大学の教授や中南海〔中国政治の中枢〕の「出向者」で、いずれも趙紫陽「グループ」ではなかった。彼らが唱えた新権威主義の真意は、彼らが考える合理的な中国政治転換への道筋を論証しようとするもので、豪腕指導者の手を借りて改革の障害物を取り除き、まず経済の自由化を実現し、市民社会の発展を促し、最終的に政治的な民主化を実現させるということだった。蕭や呉ら学者が指している「豪腕指導者」はむしろ鄧小平であり、趙紫陽ではなかった。鄧が実権を握っていることは誰の目にも明らかだったためだ。二十年後に、蕭、呉ら新権威主義者が習近平に望みを託したのも同じ理屈だ。もちろん、蕭、呉はただの「片思い」で、当時の鄧小平も現在の習近平にも全く「民主化」の考えがないのは同様だ。鄧は強権政治が経済発展に有利という意味で新権威主義を肯定したことがあるに過ぎない。趙紫陽も同様だ。少なくとも一九八九年以前に限っては。趙が軟禁された後、一九九四年十月に宗鳳鳴が訪れて「あなたが新権威主義に賛同しているという人がいるが、そうなのですか？」と尋ねた。趙は「呉稼祥が新権威主義を提唱したと聞いたが、新権威主義が何か知らないし、呉稼祥とも面識がない。ただ、台湾のある学者が数人の青年に対して、台湾がどのような道を歩んできたのかを理解すべきだと話し、台湾が、強権政治による安定期を通じて経済を発展させていなければ、今日の民主はなかったと伝え聞いたことがあった。その後、私は鄧小平に対して、ある種の新権威主義という言い方があり、強権政治による情勢の安定化で経済を発展させる考え方だと言及したことがある。鄧は、それはまさに私の主張だが、別に新権威主義と唱える必要はない、と言った。この問題について、私は賛成もしないし、反対もしない。ただもっともだ、と思うだけだ。遅れた国、途上国には矛盾が多く、権威のある人物に率いてもらう必要があるためだ」[57]。

趙が内心、権力への渇望がなかったとは、もちろん言えない。人間の本性であり、特に趙は既にあれほど高位に就いていた。しかし私たちがいま把握できる資料からは、趙が単純に権力に恋々とし、権力闘争の虜になっていたのではなく、責任感や使命感に燃えた指導者だったと見なすことができる。特に鄧の権力を狙っていたというのはあり得ない。こうした類推をしたことが趙の「陰謀論」の最大の失敗だ。なぜか？　なぜなら、陳雲や李先念ら元老が皆、趙を攻撃していた際に、鄧は趙の最大の盾であり、鄧の庇護が必要不可欠だったためだ。趙は、指導部内の官僚、軍の高官、知識人らによる自身の陣営を持たなかった（この点で阮銘の批評は正しい）。このことはまさに、趙が鄧を頼り、鄧を「中国最大の政治」と見なしていたことを意味し、鄧の権力を奪うことは、自ら死地に向かうに等しかった。さらに、天安門事件の学生運動が爆発するまで、趙は鄧が自身を信頼していると信じていた。このため、趙は李鵬を自分の権力を奪う実質的な脅威とは思わなかった。

阮銘は趙が「融和的な講話を発表する一方（党内が一枚岩ではないことを誇示）、李鵬と李鵬の部下に学生対話を促し、学生の怒りを絶えず刺激し、緊張を持続させた。趙は対話の主導権を放棄した」と指摘するが、これは史実と合わない。「五・四」のアジア開発銀行理事会総会演説の後、趙は社会各界との対話を積極的に計画し、「五・一三」の学生のハンガーストライキの後もわざわざ閻明復ら学生代表を指定して対話を行った。むしろ疑うべきは、なぜ趙は「四・二三」に一週間にも及ぶ訪朝を断行し、情勢をコントロールする主導権を事実上放棄したのか？

筆者は、天安門事件に至る学生運動の期間中、趙に二度の不適切な振る舞いがあったと考える。一つ目は「四・二三」の訪朝を強行し、そしてそれを軽い失敗だと言ったことで、これは重大な誤りだった。趙は訪朝強行について「予定されていた公式訪問を簡単に変更すれば、外国に対して国内で政情不安があるとの印象を与えてしまう」と釈明した。[58]もっともに聞こえる。しかし「四・二二」に至るまで、学生運動はすでにこれまでと異なる兆候が現れており、社会はもう乾燥した薪のように、一気に燃え広がる一触即発の状態だった。趙紫陽は事態に反応する敏感さに欠けていたのか？　それほど問題が起こらないという自信があったのか？　ここで別の臆測をせざるを得ない。趙には「下心」があり、学生運動と保守派の自身への攻撃が盛り上がる中で、一時避難し、保守派に弱みを握らせず、同時に学生運動の行方を見極め、自身が動ける余地をつくりだそうとした。陳小雅の言い方を借りれば、「これは原告と被告の「縮小化」であり、保守派と学生運動を互いに消耗させ、さらに趙を打倒しようとする保守派に「正常な手続きを踏まない更迭」の口実を与えない狙いがあった」。[59]しかし、この行動により、結果として前線で主導権を握る機会を失った。仮に趙が北京に残り、学生運動に自ら対処し、鄧と直接意思疎通を維持していれば、「四・二六」に社説を発表し、「動乱」と結論付ける必要は必ずしもなかったことは想像に難くない。むろん、鄧は学生運動に「悪人がいる」という基本的な判断を変えることはなかっただろうが、趙の「〔情勢を取り繕う〕接着能力」が卓越していれば、保守派を勢いづかせ、あのような結論を下す文章を発表させることはなく、情勢が好転する余地はまだあっただろう。趙はこの手の情勢への対処で成功したことはなかった。残念ながら、趙は自らその機会を放棄した。その後の歴史の変遷を振り返っても、これは大きな誤りだった。なぜなら趙の不在が李鵬にチャンスをもたらし、鄧の敵対思想のロジックをたきつけ、誇張して騒ぎを大きくしたことで、「四・二六」社説が生まれたからだ。「四・二六」社説、「動乱」定義の撤回が学生の核心的な要求となり、それが実現しなかったためハンガーストライキ、そして悲惨な結末がもたらされた。鄧が「六・四」の鎮圧の惨劇の元凶であることは言うまでもないが、趙の撤退や不明さも因果関係の鎖の一部分であり、挽回することは不可能で、ため息を禁じ得ない！

趙の二つ目の不適切な振る舞いは、「五・一六」のゴルバチョフとの会談の際に公の場で「鄧を売った」ことだ。趙はゴルバチョフに対して、鄧小平と会談してこそ、中ソ両党の関係復活のシンボルになるとはっきりと伝えた。なぜなら、中国共産党で決定権を持ち、重大な問題では鄧小平同志の操舵が必要なのだ、と。既述の通り、この談話は鄧と鄧の親族を激怒させた。趙自身は後の回想で何度も無念さを示し、鄧の感情を傷つける意図はなく、当時の状況では言わざるを得なかったと釈明している。なぜなら、趙の前にゴルバチョフと会談した鄧は、「両党の指導者の会談は両党関係の復活を意味する」と曖昧に述べただけだったので、ソ連側の誤解を招く恐れがあり、趙は鄧が明確に述べていなかった部分を補足する必要があり、ゴルバチョフと趙ではなく、ゴルバチョフと鄧の会談こそが、両党関係の正式な復活を象徴しており、そうすると、趙ではなくて鄧こそが、中国共産党の最高意思決定者だと説明せざるを得ない。[60] この理屈なら、趙の無念さも分かる。それに外国の指導者にこうした状況を説明するのは初めてではなかった。それならば、なぜ鄧が怒り、多くの人が趙の談話を「鄧を売る」言動と見なしたのか？　その原因は、タイミングと談話の伝え方にある。「五・一六」に趙とゴルバチョフが会談した際、天安門広場ではハンガーストライキが激化し、国中の人々の批判の矛先はもはや李鵬だけでなく、鄧に集中し始めていた。まさにそのときに、趙は談話を発表し、しかも「中継」させた。これこそが問題点なのだ。鄧は怒りをあらわにしたことで、内心びくびくしていたことを暴露し、自身のやり方が支持を得られないことを知ってしまった。趙紫陽はまさか、大衆が怒り狂っているときに、傀儡政権の真の実力者が鄧だと公表することが、社会の火に油を注ぐことになると全く予想していなかったのだろうか？　たとえ補足する必要があったとしても、中継しなければ悪い結果をもたらさずに済んだのではないか？　どおりで、趙の「陰謀論」を唱える人たちは、趙が何をたくらんでいるか分からず、衝動を抑えきれずに鄧を打倒して権力を奪おうとしていたと断言するわけである。

しかし、筆者はそれでも趙が公然と鄧に宣戦布告し、鄧と決裂をしようとしていたとは考えない。理由はやはり、趙は鄧を必要としていたからだ。当時もその後も、趙は鄧を中傷する意図は持っていなかった。呉偉は「趙紫陽の真意は中国共産党第十三回党大会で打ち出した「指導機関の活動の透明性を高め、重大事は人民に知らせ、重大な問題は人民の討論を経る」という原則を徹底することにあった。こうした情勢で見当違いな結果となったことは、歴史的「誤解」と言わざるを得ない」と指摘している。(61)

「歴史的誤解」かどうかはともかく、事実として、趙は鄧をもっとも必要としており、学生運動の定義を見直すよう鄧を説得したいと望んでいたときに、愚かにも「傀儡政権の親玉」を大衆の前にさらし、鄧を批判の矢面に立たせてしまった。趙が発信したシグナルは強烈で、自由派知識人は直ちに行動を起こし、現代中国の「西太后」に宣戦布告した。厳家其が起草した「五・一七」声明はこう記す。

清王朝が滅びて七十八年が過ぎた。しかし、中国には皇帝の肩書を持たない皇帝がおり、年老いた愚鈍な独裁者がいる。昨日午後、趙紫陽総書記は、中国の一切の重大な政策決定は、すべてこのもうろくした独裁者を通さなければならないと公然と発表した。この独裁者が声を上げなければ、四月二十六日の人民日報社説は撤回されないのだ。中国人民はもう独裁者が誤りを認めるのを待つことはできない。いま、同級生諸君を頼り、人民自身を頼るしかないのだ。個人独裁を打倒せよ！　独裁者に良い結末はない！(62)

この声明は、まさに当時の知識人に共通する思いを代弁しており、趙紫陽を完全に「謀反を起こした」者として扱っている。しかし、中国の現実的な権力構造の中で、趙紫陽が本当に「謀反」を起こす力があると考えたことはあるだろうか（あるいは、事後に顧みたことはあるだろうか）？しかも、厳家其が政治改革研究室に携わっていたことがあり、趙紫陽側の人物と見なされていたことを鑑みると、この声明は保守派に何を想起させただろう？

当然指摘しなければならないのは、たとえ「五・一六」に公然と「鄧を売る」ことがなくても、趙と鄧による事実上の対決（趙が鄧に謀反を起こしたわけではない）は既に避けられない状況だった。どうしてそうなったのか？　学生のハンガーストライキから四日が過ぎており、趙はもう後回しにできないと考えていた。「五・一六」の趙とゴルバチョフの会談後の晩餐会で、興奮した趙は何杯も杯を重ねた。その後に開かれた緊急政治局常務委員会議で、趙は「四・二六」社説の学生運動への定義を撤回し、学生の意見を認め、ハンガーストライキを終わらせるべきだと提案した。これは趙が長い間、心に秘めていたことだが、正式に唱えたことはなかった。なぜなら、趙はこう主張すれば鄧に挑戦することになると分かっていたためだ。趙は自身がすべての責任を負うと述べて鄧が責任を免れるようにしようとしたが、趙の提案は李鵬、姚依林ら保守派常務委員に拒絶された。会議の結論は、事態の緊急性を鑑みて、翌日に鄧ら年寄りの判断を仰いだ。(63) しかし「五・一七」会議で、鄧とほかの中共の長老は「引くに引けない状況」、「これ以上妥協したら中国を学生らに譲り渡すことになる」と見なした。鄧にいたっては「一部に下心のある者がおり、彼らのスローガンは二つある。一つは打倒共産党、一つは社会主義制度の転覆だ。彼らの目的はまさに西側の資産階級共和国に従うことだ。この根本的な問題を分からなければ、本質がはっきりしない」と強調した。[64] このように、鄧と趙の間には、これほど鋭い立場の対立があり、しかも認識が異なり、全く相いれなかった！　趙と鄧の決裂はもう、避けられなかった。

ここで、趙への二つ目の批判を取り上げる。すなわち、趙紫陽は「軟弱すぎ」たため、歴史の瀬戸際で陣頭指揮を執って時代の潮流となり、歴史の流れを転換させることはできなかった、というものだ。李偉東は大著「六四の再考――十大争点の新解釈と今日の中国の道」で、次の見解を示している。「この革命が失敗したのは、改革派が民衆の支持を捉えて保守派と最終決戦をしなかったためだ」と。「五・四」から「五・二〇」まで、改革派は繰り返し譲歩したが、「趙紫陽が率いる改革派が闘いに臨んでいれば、革命は成功していた可能性が高い」。例えば、どうしてこう考えないのだろう。趙紫陽が「五・一九」の朝に天安門広場を訪れて学生を見舞った際に、広場に残っていれば、広場は直ちに民主派の戦闘の拠点となった。趙紫陽は合法的な中共総書記で、党の求心力、民心は彼の側にあり、軍隊も寝返ったかもしれず、結末は完全に異なっていた。残念ながら、改革派は軟弱で、自ら暗澹たる様で敗退し、残された学生と無防備な大衆は完全武装の軍隊と対決し、革命は血の海の犠牲となった。これが天安門事件の真実の歴史だ。[65]

そう、どのみち決裂したのなら、なぜ命がけでもがき、食うか食われるかの闘争をしなかったのか？

ただ、筆者からすると、これは趙紫陽への過分な要求だ。次の二つの理由により、趙は「死にものぐるいでもがく」ことはできなかった。まず、彼の認識に原因がある。一九八九年の趙の認識は、まだ中共体制を徹底的に否定するところまで至っていなかった。彼の政治改革のデザインはどのように「党の指導を堅持し、党の執政方法を変えるか」ということだった。趙が推進した社会協商対話は、社会民主主義の範囲内だった（ゴルバチョフとの活発な会話で意気投合し、酔っ払うまで飲んだのは、考え方が似通っていたからだろう）。趙は鄧の敵対思想を打ち砕くほどの理論武装が十分にできていなかった。堂々と鄧に反論し、学生の中に「悪人がいる」と疑うロジックそのものが、共産党の一党独裁ロジックであり、必ず「敵」と「自陣営」を明確にし、批判者は皆、自分を打倒しようとしていると認識する、これこそが鄧とすべての中共の保守派の元老が陥っている致命的な思考の欠陥だと指摘することができなかった。趙はまた、鄧や元老の「退路がない」という恐怖を和らげ、取り除くことができなかった。客観的に見て、学生運動と知識人の要求が最終的に共産党専制体制の否定に向かうのは明らかだったためだ。ただ、体制の解体は必ずしも政党としての共産党の下野を意味しない。しかし当時の趙は両者を区別できておらず、解体が大勢なのだという歴史の流れを理解し、その先頭に立つという自覚を持っていなかった。簡単に言えば、一九八九年の趙紫陽は一九五六年のイムレ・ナジ〔ハンガリー元首相〕でもエリツィン〔ロシア元大統領〕でもなかった。ハンガリー動乱で、改革派のナジは道義的に後戻りできなかった。なぜなら、共産党の一党専制を終わらせ、多党政治を打ち立て、ワルシャワ条約機構から脱退するという非常にクリアな転換のロードマップを持っていたからだ。そのため、毛沢東はハンガリーで「反革命事件」が起きたと認識し、フルシチョフに武力鎮圧を促したのだ。ソ連の「八・一九」事件でエリツィンが戦車に乗って拳を振り上げてソ連共産党のクーデターの粉砕を訴えたのは、彼の認識がゴルバチョフよりも遥か先を行っており、憲政民主体制こそがロシアが将来に向かって進むべき方向性だと見なしていたためだ。一九八九年の趙紫陽はまだこの域に到達していなかった。その後の軟禁中に大きな悟りを開き、認識を昇華させた結果、その境地に達したのは数年後（大体一九九四年、一九九五年ぐらい）だった。[66] こう考えると、趙を「軟弱」と言うのは不正確だ。はっきりと認識していながら行動に移す勇気がない場合を「軟弱」と呼ぶのであり、趙ははっきりと認識していなかった。

次に、仮に趙がそうした認識を持っていたとしても、彼には「死にものぐるいでもがく」ための組織力に欠けていた。阮銘の趙批判に戻るが、趙は上層部に自身の派閥をつくらず、またあえて独立知識人と距離を置いた。実際、「五・一九」には北京でも全国でも、趙紫陽はもう何も言わなくても、本当に天安門広場に残りさえすれば、学生や知識人、大衆の熱烈な支持を得ることができた。しかしながら、もっとも重要なファクターがある。軍隊だ。軍隊は趙を支持しただろうか？　中国の現実的な状況から判断すると、残念ながら、答えはノーだ。中共の最高権力者が軍隊を管理下に置くことは、共産党の政権を維持するのにもっとも重要で、もっとも成熟した経験の一つだった。鄧が党総書記のポストに就かず、中央軍事委員会主席をやりたがり、軍を掌握したのはこのためだ。中国軍の幹部は政治面で保守的で、「五・一九」の戒厳令布告で、「八上将〔八人の軍幹部〕」が反対を表明したものの、少し内部工作をしてすぐに収まった。(67) このときの状況は一九九一年のソ連とはまるで異なる。ソ連軍が「八・一九」事件でソ連共産党保守派を支持せず、集団でボイコットしたのは、ゴルバチョフがグラスノスチ〔情報公開〕とペレストロイカ〔改革〕を推進して以来、改革はソ連軍内部にまで深く浸透し、各指揮官もだいぶ自由民主の価値観に染まっていたためだ。このことが、「八・一九」事件でソ連軍が集団で命令に背き、人民への発砲を拒絶する判断と認識の基礎となった。(68) しかし中国軍に全くこうした基礎はなかった。戒厳令が布告された後、人民解放軍の部隊は百万の北京市民によって郊外にとどまり、双方は半月にわたり対峙したが、命令を受けた軍人は最終的には学生と市民に向かって発砲した。これは何を意味するか？　中共の軍隊への洗脳と掌握が成功したという以外に、どんな説明ができるだろうか。

歴史の無情さに再びため息を禁じ得ない。学生運動が爆発する前、鄧が軍事委員会主席のポストを趙に譲ると約束していたことを忘れてはいけない。しかも本稿は、それが虚言ではなかったと分析している。時期尚早だったとしても、趙が本当に鄧から軍事委員会主席の大権を引き継ぎ、趙の民主化への認識が成熟し、中共の年寄り世代が自然消滅して歴史の舞台から去れば、中国の命運や前途には全く別の景色が開けたのではないだろうか？　歴史のそのときを振り返れば、民主化に向かう積極的要素が急速に育ち、結集しつつあったが、「煮詰まって」おらず（認識、組織が民主化に必要なレベルに到達していなかった）、まだ「シュートを決める」体勢が整っていない段階で、歴史は「勝負」を急ぎすぎ、「孵化」の余裕を与えなかった。「勝負」した結果、民主化を阻む力が刺激を受け、膨張し、最終的に歴史の主導権を左右する要因となり、天安門事件の血なまぐさい結末をもたらした。中華民族は再び歴史のミステリーに深くはまってしまった。深くため息をつくしかないではないか!?

もう一度繰り返すが、これらの総括により様々な因果関係や仮定を示してはいるが、歴史や歴史の中で行動した人を非難しているわけではない。歴史から学び、後世の人たちにもっと賢く、成熟してもらいたいのだ。

歴史の正義という角度から見ると、天安門事件の民主化運動に参加した学生に過度な要求をすべきではないし、中共総書記だった趙紫陽を責めるべきでもない。彼らはできる限りのことをやった。学生は天安門広場で踏ん張り、怖いもの知らずの犠牲の精神を示した。趙紫陽は官職を失い、投獄されてでも、学生運動を鎮圧した総書記にはならなかった。これは素晴らしい精神で、永遠に語り継ぐ価値のある歴史だ。本当に責めるべきは鄧小平、李鵬や中共保守派の元老だ。鄧は最終的に発砲を命じたことで歴史の罪人となった。ただ鄧も根っからの虐殺者だったわけではない。あれほど長い時間をかけて虐殺の命令を出したのは、一線を越えれば歴史にどう記録されるか十分に分かっていたからだろう。それでも鄧はやってしまった。共産党保守派のロジックでは、彼らにほかの選択肢はなかったのだ。

五　米国政府と天安門事件

話題を変えよう。米国政府は天安門事件後になにをしたか。

どのような観点から論じようと、北京での天安門事件は軍による市民の大量殺害であり、文明世界では許されぬ行為で、当然のごとく西側諸国の非難に遭った。米国も例外ではない。たった一カ月で、米国政府と議会は四回にわたり声明を出し、あるいは決議を採択し、両国の高官の相互訪問中止、武器売却停止、国際機関の中国への融資禁止など一連の制裁措置を宣言した。また米議会は米国に残ることを望むすべての中国人留学生に米国永住権（グリーンカード）を発行する決議を採択した。これらの支援や措置は国内外の自由を追求する華人を励ました。しかしこのときは誰も知らなかった。虐殺の惨劇から間もなく、米国の行政当局は北京と秘密裏にコンタクトを取っていた。ジョージ・ブッシュ大統領に至っては、自ら発出した高官の相互訪問禁止令を破り、特使を秘密裏に北京に派遣していた。いったいどういうことだろうか？

米側の動機をはっきりさせるため、筆者はブッシュ大統領と国家安全保障問題担当補佐官を務めたブレント・スコウクロフト将軍の共著である自叙伝 *A World Transformed* を調べた。[69] それによれば、天安門事件の虐殺の翌日、つまり六月五日、ブッシュ大統領は鄧小平に直接電話をかけ、中国側に米側の立場を説明しようとしたが、北京に拒否された。ブッシュ大統領は諦めず、自ら鄧に親書をしたため、中国の駐米大使だった韓叙を通じて北京に届けた。親書にはこう書かれていた。

非常に沈痛な気持ちであなたにこの手紙を書きます。まず、知っていただきたいのは、私は個人的に、米国と中国が良好な関係を維持することは、双方の基本的な利益にとって極めて重要だという強い信念を持っています。そして、あなたが中国人民と偉大な国家の進歩のために行っているすべてのことに崇高なる敬意を表します……

古い友人としてこの手紙を書くのは、私たちがともに非常に重要だと認識している関係をどのように維持するか、あなたの助けを得たいためです。私は自身が中国の内部事情に干渉し、偉そうに中国内部の危機にどう対処しろとあれこれ指図しないよう戒めてきました。われわれ二つの国家、二つの制度の違いを尊重しています。中国の歴史、文化、伝統に大いに敬意を払っており、中国は既に世界文明の発展に大きな貢献を果たしてきました。しかし、あなたにも私たち若い国家の柱となる原則を思い起こしてほしいのです。すなわち、民主と自由、表現の自由、結社の自由、強権による圧力から免れる自由。これらの原則に対する信仰は、米国人の世界への見方やほかの国で起きた事件に対するリアクションに影響を与えざるを得ないのです……。

以上の原則に基づき、私が米大統領として（天安門事件に対して）取った一連の行動は避けられないものなのです。ご存知の通り、さらに強硬な措置を打ち出すべきだという叫び声は私の周辺でも強まっています。私はそうした声を抑え込むことで、米中が艱難辛苦の上に打ち立てた関係が一夜にして壊れることを望まない姿勢を表明します。また、米国民に対して、経済制裁によって中国人民にさらなる負担を強いたくないと説得しています……。

今のように、友人が困難に直面した際、互いに心を開ける活路を見いださなければなりません。そのため、あなたが特使を受け入れていただけないかと考えています。彼は私の代わりに北京を訪れ、私たちにとってもっとも重要な問題について議論します。私たちはこれ以上、両国関係に損害を与えるべきではありません……。[70]

中国の民主活動家がブッシュ大統領のこの親書を読めば、怪訝に感じ、憤りを覚えることだろう。米国大統領がこのような時期に中国の独裁者、虐殺者に宛てた手紙がまるで卑屈で、極めて腰砕けなのだ。手紙には米国人の中共、中国に対する認識のある種の不正確さがにじみ出ており、原則的な問題への認識も正しくない。例えば、ブッシュ大統領は中国を理解していると自認していた。一九七九年の中米国交正常化の前、米国の駐中国連絡事務所の所長を務め、自転車に乗って北京の大通りや路地を行き交った。また彼は「百年の国辱」についてよく理解しており、中国人が外国からあれこれ言われることに極めてセンシティブであることを知っていた。だからこそ、ブッシュが鄧に宛てた手紙は慎重で、時にへりくだった言い回しを使った。北京が不快感を抱くことを恐れたのだ。しかし中国の民主活動家は、米大統領が「中国」と「中共」の区別が付いていないと非難するだろう。中国近代史で「百年の国辱」は確かに中国人にとって忘れがたい事実だが、中国の為政者がこれを理由に中国の人権状況に対する外国からの非難を拒絶できるわけではない。人類の普遍的価値に基づく批判と、当時の列強の中国に対する干渉は全く別物だ。一党独裁体制を堅持する利己的な中共の統治者だけがわざと両者をごっちゃにしているのだ。それなのに米大統領の手紙はこの点を黙認し、天安門事件の鎮圧を中国の「内部事情」と言ってのけ、異なる「文化」の尊重という視点から、米国は事件に対して過剰に反応すべきではないと訴えている。原則的にみて、これは非常に大きな誤りだ。

ブッシュ大統領の親書がこれほどまでに恭しいのは、ある意味、彼の鄧に対する好感から来ている。一般的に、一九七〇年代に中国と新たな関係を構築した米国の政治家、ニクソン大統領やキッシンジャー国務長官、そして当時中国駐在の外交官だったジョージ・ブッシュらは、毛沢東や周恩来ら中共指導者の数奇な運命に敬意を抱いていた。共産党員ではあるが、一世代先輩の異国の革命家の非凡な経歴に一目置いていた。ある米国の学者の研究によれば、鄧は米国人の目に一人の改革者、ひいては「真の改革者」と映り、鄧が中国の改革開放を前進させているとみていた。この理屈なら、中国の大学生がデモ禁止令を顧みずにデモ活動を行って胡耀邦を尊ぶのは「非常に奇妙な」ことだった。[71] さらに米国人は、鄧が心から米国に好意を抱いており、鄧が「米国が中国共産党を転覆させようとしていると思い込んだ」のは、単に一部の「タカ派」にそそのかされているだけだと信じていた。[72] 筆者はこれらの米国人の認識がどれほど正確かは分からない。仮にそうであるならば、中国事情への理解は全く不合格だ。

もちろん、これより重要なのは米国の地政学上の戦略的判断、すなわち、米国、ソ連、中国の大三角関係だ。一九六九年、米国は中国との関係を見直し、一九七一年に両国関係の膠着状態の打開に尽力し、一九七二年にニクソンの「雪解けの旅」〔訪中〕が実現した。いずれも中国と連携してソ連を牽制するという同一の戦略的判断があった。中国を冷戦時代にソ連を抑制するための助っ人と見なしたのだ。逆もまたしかりで、毛沢東、周恩来、鄧小平はソ連の脅威に対抗するために米国の力を借りなければならないと考えていた。一九八九年、中ソ関係が緩和に向かい、ゴルバチョフ・ソ連共産党書記長が訪中するまでに至ると、米国は身構えた。ゴルバチョフがなにをしようとしているのか分からなかったためだ。ゴルバチョフが推進するグラスノスチ〔情報公開〕とペレストロイカ〔改革〕は西側諸国への歩み寄りなのか？　それとも、一段と強力な「社会主義」をつくり、西側に対抗しようとしているのか？　後者なら、新たな悪夢の始まりだ。ゴルバチョフはまだ若くて精力的だったため、西側諸国は強い脅威を覚えていた。だからこそ、米国は中ソ関係の行方の把握を焦り、慌てて昭和天皇の葬儀〔大喪の礼、一九八九年二月〕参列の機会に「ついでに」中国を訪問、「ゴルバチョフより先に中国の指導者と会談し、必要な戦略協議を行った」(73)。

一九八九年二月二十五日、米大統領に就任したばかりのブッシュとその一行は北京に到着し、鄧小平の熱烈な接待を受けた。鄧はブッシュを「古い友人」と呼び、「ゴルバチョフがほどなく訪中するが、中ソが再び米国に対抗するかつての戦略同盟を組むわけではない」と説明した。「確かに、われわれはソ連との関係改善を図っている。米国もソ連との関係改善を図っているのと同じことだ。ただ今のところ、解決すべき問題はまだ多い」。鄧は特に近代史で「中国に最大の危害を加えた二つの国家」に言及した。一つは日本、もう一つは帝政ロシア、後のソ連だ。第二次大戦での敗戦から、日本は最終的に中国から何も奪わなかったが、ソ連は違った。「ヤルタ会談を理由に、ソ連は外モンゴルを切り離し、中国東北部の特権を得た」。フルシチョフ時代から今まで、ソ連は一貫して中国を戦略的に包囲し、中国西北の国境地帯に強力な軍隊を駐屯させ、ソ連の軍用機が北朝鮮で活動し、インドやベトナムにも影響力を持っている。「こうした状況下で、われわれは当然ソ連を最大の脅威と見なしており、だからこそ、毛主席と周総理は多大な努力を払って米国との関係を改善させたのだ」。鄧は続けて、中国はソ連との関係正常化を望んでいるとし、「しかしゴルバチョフが北京を訪問した後になにが起こるか？

正直に言えば私も分からない。もっとも重要なのは、ソ連が対中包囲網を解くのかどうかだ。例えば、アフガニスタンやカンボジアから軍を撤退させるのか」。「近年の歴史を振り返って、中ソが一九五〇年代のようなかつての同盟を復活させると言えるだろうか？　ない、あり得ない、そんなことは起こりえない」[74]。

一九八九年二月の会談で、鄧小平はブッシュを精神的に安心させていた。数カ月後、米大統領が北京で突然起きた天安門事件に対して、なぜあれほどためらい、うやむやな態度を取っていたのか頷ける。北京の権力者による学生の鎮圧が米国の価値観に合わなくとも、米国はまだ北京という戦略的盟友を必要としていた。議員は義憤に駆られて、声高に制裁を唱えることができた。自身は直接の当事者ではないし、痛くもかゆくもないからだ。しかし米大統領は行政・外交の政策決定者として、複雑な条件を考慮し、米国の戦略的利益を見いださなければならなかった。

一九八九年七月一日、米大統領の特使、スコウクロフト国家安全保障問題担当補佐官は米軍用輸送機C—一四一に偽装してこっそりと北京の首都空港に降り立ち、翌日午前に鄧小平、李鵬、呉学謙副総理、銭其琛外相と面会した。鄧は「米国は北京の事件に深入りしすぎており」、米議会が「うわさ」を信じ、一連の反中措置を取っていると非難した。「われわれは米国の利益を損なっていないのに、米国は中国の利益を大きく侵害し、中国の尊厳を傷つけている」、そのため「自分でまいた種は自ら刈り取るべきであり」、米国政府が先に解決に踏み出さなければならない、と告げた。スコウクロフトは鄧に対して、米議会と大多数の米国メディアはブッシュ大統領の「断固たる行動が不十分だ」として非難していると説明。三日前に米下院が四百八十票対〇票でさらに強硬な対中制裁案を採択しており、大統領が拒否権を行使しても情勢を変えるのは難しい。北京側が事件の善後策をもう少し寛大にすれば、ブッシュ大統領が国民を説得し、国際世論を改善させる材料にできる。鄧はこれを聞いた後、依然として厳しい調子で答えた。「米国人は歴史を理解すべきではないか。われわれは二十二年戦争し、二千万人の死を乗り越えて中華人民共和国を建国した。三年の朝鮮戦争を加えれば二十五年だ……。中国共産党に取って代わり中華人民共和国を指導する力はない。これは空論ではない。数十年の経験が証明している」。鄧は動乱分子に対する処分の手を緩めないとし、「米側がどう出るか、期待して待っている」と述べた。言い終わると客人を李鵬らほかの中国高官の前に残し、憤然と立ち去った。(75)

鄧の気勢が米特使を圧倒した。これはまさにブッシュ大統領の親書が招いた必然的な結果だ。このときの歴史を振り返れば、四面楚歌だった北京の政権は米国の支持を喉から手が出るほど必要とし、米大統領特使の訪中を渇望していたのだ。老練の鄧はそれをおくびにも出さず、米国人の弱点を突き、熟練政治家の交渉術で相手を抑え込んだ。「主権」、「内政」への干渉を許さないという得意の言葉で米国人を丸め込んだのだ。(76) 半年後、スコウクロフトは再び北京を訪問した。今回は公式に訪中し、事実上、米国政府が高官の相互訪問禁止令を解除したことを対外的に示した。鄧は米側に制裁の早期解除を要求、また江沢民総書記を米国に招待するよう求めた。こうして中米関係が再び元の軌道に戻ったことを示そうとしたのだ。この訪問では注目すべき細かいエピソードがあった。スコウクロフトは公式に北京を訪れたが、まだ目立たせたくなかった。しかし中国外相が開いた宴会で、突然カメラマンが現れ、スコウクロフトは二つの究極の選択に直面したことに気づいた。「中国側と杯を合わせれば、米国メディアに「天安門の虐殺者」と乾杯したと責められる」、「杯を合わせるのを拒否すれば、今回の訪中の使命が果たせない恐れがある」。「私は前者を選び、悩ましいことに、瞬く間に「有名人」になった。最悪の意味で」[77]。だいぶ後の二〇〇二年になって、銭其琛が訪米した際、スコウクロフトはまだこのことを忘れておらず、「あのとき、あなた方は私を非常に苦しめた」と回想した[78]。

その後の変遷にも紆余曲折があった。スコウクロフトが二回目の訪中を終えて帰国すると、東欧社会主義国の解体が起こった。ルーマニアの独裁者、チャウシェスクが非業の死を遂げると、米国人は世界情勢を見直した。どうせ冷戦は間もなく終結するのだから、中国は米国にとってもうそれほど重要ではない。こうした判断により、米政府の北京への態度に微妙な変化が生じた。一九九〇年四月、中国側は特使を秘密裏に訪米させたいと提案したが、米側は国内の雰囲気が相応しくないとしてやんわりと拒否した。その後ホワイトハウスは第三国での面会を認めるとしたが、北京は受け入れなかった。銭其琛の回想によれば、「米側の短絡的な行動に対して、鄧小平同志は五月十四日に訪中したエジプトのムバラク大統領にブッシュ大統領へのメッセージを託し、東欧情勢に過剰に興奮すべきではないといさめた」、中国は東欧ではない、と。[79] つまり、中米関係はまた膠着状態に陥った。一九九〇年夏に湾岸危機が勃発し、米国は国連でクウェートに侵攻したイラクのサダム政権を攻撃する権利を得るため、中国の支持が必要となり、再び北京に接近した。

その後、北京は西側の制裁を打ち破るため、多方面に働き掛けた。始めの突破口は日本だった。日本は一九九〇年に第三次対中円借款を復活させた。北京は一九九〇年九月にニューヨークでの国連総会を利用して、イタリアのデミケリス、アイルランドのコリンズ、ルクセンブルクのポースの欧州共同体（EC）現、前、次期議長国（ECトロイカ）外相と会談し、欧州の制裁解除に向けた環境づくりを図った。一九九一年八月十日、日本の海部俊樹首相が北京を訪問し、西側諸国による制裁後、初めて訪中した西側陣営の首脳となった。一九九一年十一月十五日、ベーカー米国務長官が北京を訪問。両国は厳しい交渉の末、米側は制裁を撤回しただけでなく、中国の関税及び貿易に関する一般協定（GATT、後の世界貿易機関WTO）の加盟を支持した。

一九九二年、米大統領選挙で、若い民主党のクリントンが共和党のブッシュを打ち破り、ホワイトハウスの新たな主人となった。クリントンはブッシュ政権の伝統的な対中政策を見直し、米議会が一貫して主張していた、中国に対する最恵国待遇（MFN）付与と人権問題を連動させる政策を始めた。[80] 一九九四年三月、クリントンはクリストファー国務長官を北京に派遣し、言うことを聞くよう説得を図ったが、すぐに大きな壁にぶち当たった。中南海はわざと米国務長官の訪中時に十三人の反体制派を逮捕し、李鵬総理は訪問客に対して「米国の人権意識を絶対に受け入れない」と宣言した。[81] 最終的に、米国は人権と貿易を結び付けるやり方を自ら取り下げた。では、北京が強硬だったこと以外に、米国は一体なぜ、価値観を重視する立場を後退させたのだろうか？ 「封じ込める」か「関与する」かの論争から、その理由が垣間見える。結局のところ、中国は大きすぎて、「封じ込める」のは容易ではない。やはり「関与」し、世界に融合させせれば、もしかすると中国を「変える」機会があるかもしれない。これは経済成長が民主化につながると信じる一部の人たちの考え方だ。最終的にその通りになるかどうかはともかく、この立場自体に問題はない。しかし米国が価値観重視の立場を後退させた別の理由は、もっと「ハード」で、直接的なものだったのかもしれない。それは、米国のビジネス界からの圧力だ。一九八〇年代から、ウォールストリートは中国の改革開放に莫大な商機があると気づいていた。天安門事件により、中国とのビジネス継続を望む資本家たちは口をふさがれた。しかし一九九二年の鄧小平による南巡講話で、中国に商機が再び到来。「一九九四年になると、米国の産業界は結束し、対中貿易を駆け引き材料にして政治目的を実現させるやり方に反対した」。経済界の圧力を背景に、米政府の政策は「中国の内政の転換を試みるやり方から、中国がもたらす経済面の機会を利用する方向に変わった」。[82]

これこそが資本の力だ。地政学上の力と同様、国際政治と大国関係の複雑さの中に浮かび上がる。米国民はかつて、心から中国の民主化運動を支持し、自由を追求する中国の青年に感動し、声を上げげた。しかし米国も独自の多様性を持つ。価値観に基づく理想、商業的利益、地政学政治、これらはしばしば衝突する。歴史はまさに、これらが互いにぶつかり合ってできるのだ。

六　天安門事件と今日の紅い帝国

天安門事件は現代中国の分水嶺だ。

天安門事件での鎮圧はかつて、中国共産党の正統性を空前絶後の危機に陥れた。筆者は以前、著書で正統性、正統性の危機、およびその「前提条件」を定義した。正統性の本来の意味は、臣民（前近代）あるいは市民（近代）の統治者（あるいは権力を託された者）に対する承認だ。社会システム制度の潜在能力にまだ発展の余地があり、システムの欠陥が十分に現れておらず、もしくはその兆候がわずかに現れているものの制度を脅かすほどではない場合、そのシステムの正統性は保たれ、維持できる状態で、臣民や市民の承認が得られる。しかし社会システム制度に発展を引き出す潜在能力が尽きかけ、制度の目的と制度の実態のギャップが深まり、システムが内在する「敵対的」矛盾があらわになり、そのシステム下では従来の手法で巨大な社会の裂け目をふさぐことが困難になったとき、正統性の危機の到来は避けられなくなる。中国批判理論の視点から見ると、上述の批判対象（社会システム）の内在矛盾の累積、膨張と定着が正統性の危機の前提条件と理解できる。あるいは、こう言っても良い。ある社会体制の制度の潜在能力が枯渇し（既存の制度の枠組みでは先鋭化する社会の構造的対立を調整できなくなり）、既存の制度の目的（イデオロギー）が堕落して曲解され、制度疲労を粉飾する道具となれば、これこそがシステムの正統性の危機の前提条件となる。(83)

しかし驚くべきことに、過去三十年間で、中国共産党の統治者はこの危機から脱出することに成功し、細心の注意を払いながら立ち上がり、経済的な台頭をも実現させた。当時の天安門事件での鎮圧が「正しく」、党・政府の断固たる行動がなければ社会の安定が保てず、「中国がいま、このように大きな奇跡を成し遂げたのは、すべて政治の安定が前提条件となっている」と言う人も出始めた。(84)

こうした観点は当然、反駁の価値もない。本稿の第一節で述べた通り、一九八〇年代の「改革の十年」はもともと、中国がさらに憲政文明に向かって進むための前提条件を整えているところだった。旧制度の潜在能力の枯渇が、新たな需要、民主化要求を引き起こしていた。学生や市民の呼び掛け、知識人の主張はいずれも社会の進歩を促す「プラスのエネルギー」で、社会に破壊をもたらすどころか、真の「安定」を促すはずだった。敵対思想に染まった統治者だけが、これらの要求を甚だしい災難と見なした。考えてほしいが、当時、鄧が趙の思想を認め、さらなる大胆な政治改革に着手し、皆が本音で語るよう鼓舞し、社会協議体制を構築し、政府の情報公開、メディアの監視、司法の独立を実現し、党＝国家の腐敗を救いようがないほど手遅れになる前に断ち切っていれば、中国はもしかするととっくに、経済成長だけでなく、政治的にクリーンで、創造力に満ちあふれた春を迎えていたかもしれない（大きな代償を伴いながら）。その意味で、天安門事件での鎮圧は中国の政治の近代化を葬り去った。文明的、健全で、安定した国家となるための進歩のプロセスを葬り去ったのだ。

一方で同時に注目すべきこととは、天安門事件での危機はまさに、統治者に経済的な実績によって正統性を再構築しなければならないと認識させたことだ。これが鄧小平の一九九二年の南巡講話の背景となった。鄧は天安門事件の発砲で名声のほとんどを失ったことを自覚しており、経済改革に途中でブレーキをかけるわけにはいかなかった。鄧は、中国の人民が実利を求めており、生活を改善させてこそ共産党が安心して政権の座に就いていられることを良く分かっていた。そのために鄧は共産党の指導下で（また権力独占を決して手放さない前提の下で）「社会主義市場経済」の大いなる発展を唱えた。経済改革を鼓舞し、政治改革を拒絶し、経済の扉を大きく開き、政治改革を停滞させれば、どのような結果となるだろうか？　ただ政府と企業が結託し、富が不均衡に流れ、社会は徹底的に貪欲になっただけだった。中国人は確かに急速に豊かになったが、極端な格差が驚くほど広がっている。しかし党＝国家はこれらをただ「成長の陣痛」に過ぎないとして問題視していない。二〇〇一年、中国は世界貿易機関（ＷＴＯ）

に加盟し、グローバル化の波に乗った。二〇一〇年、中国の国内総生産（ＧＤＰ）は世界第二位に躍り出て、党＝国家は新たな（正統性の）元手を得た。そこで、正統性の転換が図られ、「民族の復興」、「大国の台頭」が正統性を支える新たな原動力となった。その次が習近平の「中国の夢」だ。二〇一二年に最高指導者の共産党総書記に就任して以来、習は歴代指導者の江沢民、胡錦濤の慎重姿勢とは打って変わって、内部の粛清に大鉈を振るい、対外的には紅い帝国として堂々と台頭する雄姿を誇示した。党＝国家は、能力を隠して国力を蓄える外交戦略「韜光養晦」路線をやめ、世界中に攻勢を掛け、「人類運命共同体を構築」し、世界貢献のために「中国の智慧」、「中国の案」を示そうとしている。

この変遷には驚くばかりだ。今日の紅い帝国の堂々たる出現は、天安門事件の鎮圧後に中共が何度も正統性の転換を繰り返したことによる予期せぬ結果だ。中共政権の生存能力、学習能力と自己調整能力の高さを証明しており、人々はこれらを過小評価しすぎていたのだ。多くの人はもともと、中国民間社会の成長を望み、指導部内に中国のゴルバチョフや、〔台湾の政治的自由化を決断した〕蔣経国が出現することを期待していたのに、結果的に新たな雍正帝を迎えてしまった。新たな歴史の奇妙さはここにある。確かに、前近代のスタンダードからすれば、習は勤勉な皇帝の名に恥じず、自ら十数の「小グループ長」を実際に務めている。中国の政府系メディアが伝える習のイメージはこうだ。篤実で堂々とし、親政で人民を愛し、伝統を重んじ、風紀に厳しく、軍備を強化し、新境地を切り開き、寛大公正で協調性があり、「賢明な君主」

と「繁栄の時代」の風格を備えている。国内外の反体制派はこうした評価に納得しない。何が「繁栄の時代」だ？　「倒したくとも崩れない」だけだと。筆者は、改革開放四十年と天安門事件三十年を経て、今の中国は確かにアヘン戦争以来百八十年で「国家としての勢い」がもっとも盛んな時期だと率直に認めるべきだと思う。これがすべて共産党の功績というわけではないが、共産党の統治下で成し遂げたのは事実だ。その意味で、紅い帝国が台頭しつつあるというのは、ただの妄想ではない。

ただ、天安門事件で命を捧げた烈士の理想はどこに置いてきたのだろうか？　中国の民主化に希望はあるのか？

筆者は、焦る必要はないし、失望する必要もないと考える。中国の近現代の「繁栄の時代」を見るといい。ひとしきり輝いてから、衰退に向かわなかった例があるだろうか？　もちろん、共産党体制は皇帝の権力体制ではない（根っ子には深く継承されているものの）。今の中国が前近代にたどった道を完全に繰り返すとは限らない。しかし共産党の「繁栄の時代」が長続きしないのは間違いない。なぜなら、「繁栄の時代」の現代的な条件には、主権在民や私権の神聖不可侵、個人の自由と尊厳、公権力の委託性と代替可能性が含まれるためだ。共産党政権がこれらの条件を満足させられなければ、「繁栄の時代」は暫定的で表面的なものに過ぎず、一代、次世代、さらに長い時間維持することはできない（中国人が伝統的な臣民から現代的な市民へと移り変わる程度、市民と党＝国家の専制体制の駆け引きの程度、およびそれによる党＝国家内部の分裂の程度と内部の変化の程度にもよるが)。

グローバルな視野に立てば、今日の人類は「新たなジャングル」時代に突入した。「新たなジャングル」とは「大国の駆け引きが再現され、実力原則が再び世界の行動指針となり、価値観の原則は第一線を退いて鳴りをひそめ、道徳よりも利益を重視する風潮が国家の行動パターンの柱となる」ことを指す。まるで十九世紀以前の世界のようだ。[85] 米国代表のトランプ、ロシア代表のプーチンと中国代表の習近平はいずれも「新ジャングル」世界の一級選手だ。しかし「新ジャングル」は「旧ジャングル」と異なる。「少なくとも中米関係について言えば、単純でも単一でもなく、現実主義的な意味での国民国家の駆け引きというだけでなく、同時に政権の性質、イデオロギー闘争の特徴を持っているためだ。北京からすれば、後者の方が最優先で、より重要なのだ」。「こうした闘争性が幾重にもまとわりついていることが新ジャングル世界と旧ジャングル世界の根本的な違いであり、国民国家レベルの社会におけるダーウィン主義が現代に再現されたと言っても良い。こうした闘争は、新冷戦下で、国家を制度や政権の性質、イデオロギー面での生死を懸けた競争に巻き込んでいく」。[86]

まさにこうした競争が、天安門事件の際に民主化を追求した意義を浮き彫りにしている。確かに、いまはもう三十年前の冷戦時代ではない。しかし新冷戦は冷戦に比べてより密かに展開し、より複雑で、スリリングだ。歴史は形成中であり、誰でも歴史をつくる可能性がある。中国の民主の追求者は臥薪嘗胆の粘り強さを持ち、功績を焦らず、着実に、できることを粘り強くやり続けば、天安門事件世代の花はいつか中華の大地に咲き誇るだろう。

二〇一九年一月十八日〜二月二十三日、ニュージャージー

註

(1) 拙著「共和六〇年：関于几個基本問題的梳理」、『中国批判理論建構十講』(香港、晨鐘書局、二〇一〇年、二三六頁) 参照。

(2) 動員型の全体主義は、伝統的なスターリンの官僚型全体主義と異なり、末端の動員と精神革命をより強調した。毛沢東が発動した文化大革命がその典型。

(3) 活動家、魏京生は一九七九年の「民主の壁」の時代に、「第五の近代化」のスローガンを提唱、工業・農業・科学技術・国防の四つの近代化と、政治民主化が必要だと訴えた。

(4) 小崗村は安徽省鳳陽県にあり、一九七八年に農民十八人が「血判状」をつくり、土地を分配して生産請負を始める書状に連判した。これが中国農村経済の改革のさきがけとなった。

(5) 単位制度とは、中国が計画経済体制下にあった時代(一九五〇年代から一九八〇年代前期)に全国で実施されていた国有企業を単位とする管理制度。国家に代わり企業が個人を丸抱えし、福祉と管理の機能を兼ね備えていた。この制度下では、単位を離れた個人は生存することがほぼ不可能だった。

(6) 中央顧問委員会は一九八二年の中国共産党第十二回党大会で設立され、一九九二年の第十四回党大会で廃止した。

(7) 彭真は全国人民代表大会委員長から「完全引退」し、ほかの職務に留任せず、陳雲は中央規律検査委員会

郵　便　は　が　き

おそれいりますが切手をおはりください。

101-0052

東京都千代田区神田小川町3-24

白　水　社　行

購読申込書

■ご注文の書籍はご指定の書店にお届けします。なお，直送をご希望の場合は冊数に関係なく送料300円をご負担願います。

書　　名	本体価格	部　数

★価格は税抜きです

(ふりがな)

お　名　前　　(Tel.　　)

ご　住　所　(〒　　)

ご指定書店名（必ずご記入ください） Tel.	取次	（この欄は小社で記入いたします）

『六四と一九八九』について	(9740)

■その他小社出版物についてのご意見・ご感想もお書きください。

■あなたのコメントを広告やホームページ等で紹介してもよろしいですか？
1. はい（お名前は掲載しません。紹介させていただいた方には粗品を進呈します）　2. いいえ

ご住所	〒　電話（　）		
(ふりがな) お名前	(　歳) 1. 男　2. 女		
ご職業または学校名		お求めの書店名	

■この本を何でお知りになりましたか？
1. 新聞広告（朝日・毎日・読売・日経・他〈　〉）
2. 雑誌広告（雑誌名　）
3. 書評（新聞または雑誌名　）　4.《白水社の本棚》を見て
5. 店頭で見て　6. 白水社のホームページを見て　7. その他（　）

■お買い求めの動機は？
1. 著者・翻訳者に関心があるので　2. タイトルに引かれて　3. 帯の文章を読んで
4. 広告を見て　5. 装丁が良かったので　6. その他（　）

■出版案内ご入用の方はご希望のものに印をおつけください。
1. 白水社ブックカタログ　2. 新書カタログ　3. 辞典・語学書カタログ
4. パブリッシャーズ・レビュー《白水社の本棚》（新刊案内／1・4・7・10 月刊）

※ご記入いただいた個人情報は、ご希望のあった目録などの送付、また今後の本作りの参考にさせていただく以外の目的で使用することはありません。なお書店を指定して書籍を注文された場合は、お名前・ご住所・お電話番号をご指定書店に連絡させていただきます。

書記から「半引退」し、中央顧問委員会主任に、李先念は国家主席から「半引退」し全国政教主席に、鄧自身は中央軍事委主席にだけとどまった。
（8）楊継縄『中国改革年代的政治闘争』（香港、Excellent Culture Press、二〇〇四年、二八八頁）参照。
（9）呉偉『中国八〇年代政治改革的台前幕後』（香港、新世紀出版社、二〇一三年、一三五頁）参照。
（10）陳小雅『八九民運史』（上、二〇一六年、二五七頁）参照。
（11）「四つの勢力が牽制しあう」とは、ある国家の政治が転換するとき、しばしば四つの勢力が出てくる。政府内の開明派、政府内の保守派、民間の穏健反対派、民間の強硬反対派だ。政府内の開明派（改革派）と民間の穏健反対派がもっとも連携しやすく、政治転換を推進する勢力となりやすい。
（12）民間の意見表明は、鄧や中共保守派指導者から自由化のさらなる浸透の結果で、共産党政権と社会主義制度を転覆させるものと見なされた。こうした認識も鄧がその後間もなく下した学生運動の性質に関する判断に深く影響した。
（13）胡平「見壊就上、見好就収」、『北京の春』掲載（一九九五年第七期）参照。
（14）李偉東「六四反思：十大分岐新解及今日中国之路」、『中国戦略分析』掲載（二〇一七年第四期、三六～三七頁）参照。
（15）五月三日に趙紫陽が「首都青年五・四運動七十周年記念式典」で行った演説、五月四日に趙が「アジア開発銀行理事会第二十二回総会」で各代表団長と高官を前に行った演説。
（16）封従徳が主張、封『六四日記：広場上的共和国』（香港、晨鐘書局、二〇〇九年、一二三四頁）参照。
（17）『柴玲回憶：一心一意向自由』（香港、田園書局、二〇一一年、一二五頁）参照。
（18）同上、一三三頁。
（19）同上、一三一頁。
（20）「双周維新」については陳小雅『八九民運史』（中、二〇一六年、三三三頁）参照。
（21）張良編著『中国〝六四〟真相』（上）（米国、明鏡出版社、二〇〇一年、二六四～二六五頁）参照。
（22）王瑞林は鄧が体調不良を理由に趙の申し入れを断ったとしている。趙紫陽『改革歴程』（香港、新世紀出版社、二〇〇九年《電子版》、三〇～三一頁）参照。

(23)張良『中国〝六四〟真相』(上、三一四頁)参照。
(24)同上、三二三頁。
(25)同上、三三二頁。
(26)陳小雅『八九民運史』(中、三一九頁)参照。
(27)張良『中国〝六四〟真相』(上、三六六頁)参照。
(28)同上、三七五頁以下。「絶食宣言」は長文で、ここでは要約。
(29)当時の学生組織、北京市大学生自治連合会や北京大準備委員会などはハンガーストライキに賛同しなかった。北学連の学生代表王超華は、絶食は情勢が厳しいからではなく、急進的な学生の無力感によるものだと考えていた。学生組織の支持が得られない中で、王丹、ウアルカイシら学生組織の指導者は個人の名目で絶食に参加した。陳小雅『八九民運史』(中、三五二〜三五八頁)参照。
(30)陳小雅は、当時の知識人の学生運動への態度についてこう総括している。「おおむね三派に分かれていた。一つは、温元凱に代表される、道義的に学生運動派だが、立場上は政府(改革)派。学生運動に同情しつつも全体に目配りし、政府の顔を立てた。載晴、李澤厚もこうした考えで、「現実政治」的な態度だった。その次に、厳家其に代表される、道義上も立場上も学生運動派。政府が学生の条件を満たさない限り、撤退を促す資格はないとの考えで、「理想政治」と「原則的な政治」を堅持していた。そのほかは温と厳の間を揺れ動いていた」。『八九民運史』(中、三九一頁)参照。
(31)李偉東『六四反思:十大分岐新解及今日中国之路』参照。
(32)「鮑彤再看六四:鄧小平的一場政変」(ニューヨーク・タイムズ中国語版、二〇一八年五月二十三日)参照。
(33)もともと趙紫陽が、「胡耀邦が憤死した」との学生の誤解を解くために発表する予定だった文章。鮑彤は、鄧が発表を阻止したのは、わざと噂を広め、学生を怒らせるためだったと見ている。
(34)「鮑彤再看六四:鄧小平的一場政変」。
(35)同上。
(36)同上。
(37)同上。

(38) 封従徳『六四日記』(一二九頁)参照。
(39) 張良『中国〝六四〟真相』(上、一三八頁)。
(40)「鮑彤再看六四:鄧小平的一場政変」。
(41) 趙紫陽『改革歴程』(一〇七～一〇八頁)参照。
(42) 陳小雅『八九民運史』(上、二一六頁)参照。
(43) 陳小雅『八九民運史』(上、二三七頁)参照。
(44) これまで鄧が「四・二五」に李鵬らと会い、動乱の解釈について講話を発表したと考えられていた。最近では一部の学者の研究でこの日付が疑問視され(本稿で引用した鮑彤の観点を含め)、「四・二三」に鄧が李鵬と会って学生運動の定義を決定したと見なされている。呉国光は『李鵬六四日記』の長文の序文で二つの時間の差を詳細に分析。実際は「四・二三」だった面会の日付を「四・二五」としたのは、学生運動鎮圧の決定が中共の合法的なプロセスを踏まえていなかったという真相を隠すためだと指摘している。呉国光「政治権力、憲章制度与歴史真相」参照、リンク https://www.chinainperspective.com/ArtShow.aspx?AID=179702。
(45)『中国〝六四〟真相』(上、三六五頁)参照。
(46) 鮑彤の回想では、五月十七日午前に趙は鄧小平の娘、鄧楠の電話を受け、娘は大声で趙紫陽に「良心はないのか」と怒鳴った。呉偉『中国八十年代政治改革的台前幕後』(五〇六頁)参照。
(47)『中国〝六四〟真相』(上、四八一頁)参照。
(48) 同上、五二一～五二二頁。
(49) 鄧が趙を「再び下山」させる発言については、蔡文彬『晩年趙紫陽』参照、張博樹責任編集『趙紫陽的道路』で引用(香港、晨鐘書局、二〇一一年、一〇六頁)。
(50) 阮銘『鄧小平帝国』(台北、時報文化出版公司、一九九二年、一八八～一八九頁)。
(51) 同上、二三三頁。
(52) 同上、二二一頁。
(53)『鄧小平帝国』(二五四～二五五頁)。
(54) 陳子明「八九民運的必然与偶然」、リンク参照 https://peacehall.com/news/gb/pubvp/2009/05/200905031l

58.shtml。
(55) この手紙の全文は『趙紫陽的道路』(一一二~一一三頁)参照。
(56)『趙紫陽的道路』(一一四~一一六頁)。
(57)『趙紫陽軟禁中的談話』(宗鳳鳴記述、香港、開放出版社、二〇〇八年、一五五~一五六頁)参照。
(58)『中国〝六四〟真相』(上、一五五頁)参照。
(59) 陳小雅『八九民運史』(中、九三頁)。
(60) 詳しくは趙紫陽『改革歴程』(六七頁)。
(61) 呉偉『中国八〇年代政治改革的台前幕後』(五〇二頁)。
(62) 陳小雅『八九民運史』(中、四八三頁)。
(63)『中国〝六四〟真相』(上、四三一頁)参照。
(64) 同上、四四四頁。
(65) 李偉東「六四反思:十大分岐新解及今日中国之路」、『中国戦略分析』(二〇一七年第四期、三八~三九頁)。趙紫陽が天安門広場に残っていたらという設定はこの文章には出てこないが、筆者は各地で何度も語っている。
(66) 一九九四年一月十七日、趙紫陽は宗鳳鳴との対談で「改革開放は民主の旗を掲げ、民主政治を実施し、無産階級の一党独裁を終わらせなければならない」と述べた。筆者はこれを趙が思想を昇華させたことを示す重要発言と見なす。『趙紫陽軟禁中的談話』(一三一頁)参照。
(67) 詳しくは『中国〝六四〟真相』(下、五九九頁)参照。
(68) ソ連軍の「八・一九」事件での詳細な行動については、拙著「俄羅斯、東欧民主化進程及其経験教訓対中国的啓示」、『中国憲政改革可行性報告(全本)』掲載(香港、晨鐘書局、二〇一二年、二八四~二八六頁)参照。
(69) 回想録の中国語版は『重組的世界:一九八九~一九九一年世界重大事件的回憶』(江蘇人民出版社、一九九八年、ただ中国語版からは天安門事件の中米関係を振り返った章は完全に削除、筆者は英語版の原文に当たるしかなかった)。

(70) George Bush and Brent Scowcroft, *A World Transformed* (New York, Vintage Books, 1998, pp100-102).
(71) マイケル・ピルズベリー(Michael Pillsbury)『百年馬拉松:中国称覇全球的秘密戦争』、台北、麦田出版公司、二〇一五年、一三六頁)参照(原題、*The Hundred Year Marathon*、邦題、『China 2049』)。
(72) 同上、一三九頁。
(73) *A World Transformed*, p91.
(74) Ibid. pp94-96.
(75) Ibid. pp106-109. また銭其琛『外交十記』(北京、世界知識出版社、二〇〇三年、一七三〜一七六頁)参照。
(76) 鄧小平のこうしたハッタリは中国の反体制派からすれば何ら神秘的なものではない。単に「敵対思想」の上に伝統的な中共の正統性に関する麗句を重ねたに過ぎない。しかし米国の政治家に対しては効果的だった。一九八九年十一月に北京を訪問したキッシンジャーも鄧のお得意のロジックに丸め込まれた。キッシンジャーは自著で「一九八九年、中国の指導者が政治の安定を選んだ。六週間近くにわたる内部論争を経て、やむを得ずその一歩を踏み出したのだ」と記している。さらに、中国の指導者は海外の反応に「驚愕した」、「彼らはなぜ米国が、米国の実質的な利益を全く損なっておらず、中国が他国の干渉の余地がないと見なしている事柄に対してこれほど怒っているのか理解できなかった。中国人は、ある種の西側諸国の覇権的パフォーマンスか、あるいは自身も問題を抱えている国が筋の通らない自己顕示をしていると受け止めた」と指摘。鄧小平がキッシンジャーに「乱すのは簡単だが、秩序と安定を維持するのはとても難しい。中国政府が決然とした措置を取らなければ、内乱が起きていた」と告げた際、キッシンジャーは額面通り受け止めて「歴史に対する解釈は国家の記憶の反映であり、この世代の中国の指導者にとって中国の歴史のもっとも苦しい一ページは十九世紀に中央政府が崩壊し、外国がそれに乗じて侵入したことだった……」、「中国の歴史上、特に最近の二百年間の無数の例が示すように、政権が分裂すれば——時に、さらなる自由への過度な期待がそれを引き起こすのだが——往々にして社会や民族の激しい動揺を招き、最後に勝利するのはしばしばもっとも開明的な派閥ではないのだ」。キッシンジャー『論中国』(北京、中信出版社、二〇一二年、四一八頁、四二二頁)参照。
(77) *A World Transformed*, p.174.

(78) 銭其琛『外交十記』（一八四頁）参照。

(79) 銭其琛『外交十記』（一八五頁）参照。

(80) 一九九〇年、一九九一年に米議会は貿易と中国の人権を結び付ける法案を採択したが、ブッシュ大統領に拒否されていた。

(81) マイケル・マンデルバウム（Michael Mandelbaum）『美国如何丟掉世界』（新北市、八旗文化公司、二〇一七年、三六頁）参照（原題、*Mission Failure: America and the World in the Post-Cold War Era*）。

(82)『美国如何丟掉世界』（三八頁）。

(83) 拙著『従五四到六四：二〇世紀中国専制主義批判（第一巻）』（香港、晨鐘書局、二〇〇八年、九頁）参照。

(84) この言葉は張維為の引用で「従来没見過这么精彩的人：鄧小平与中国大転折」（観察者網二〇一七年二月十八日）参照。リンク https://www.guancha.cn/ZhangWeiWei/2017_02_18_394851_s.shtml。

(85) 拙著「新極権、新冷戦、新従林：二一世紀的中国与世界」、『中国戦略分析』掲載（二〇一八年第三期、三五頁）参照。

(86) 同上。

第五章　天安門事件が生んだ今日の中国

李偉東
大熊雄一郎訳

一九八九年六月四日の天安門事件の大虐殺から三十年が過ぎた。中国の若い世代はあの惨劇についてほとんど知らない。国際社会も今日の世界情勢に深刻な影響を残した「北京事変」の記憶を忘れつつある。もはやごくわずかな体験者が、毎年の節目に事件を記念し、回想するばかりとなっている。だが今日の中国の政治情勢を作り出したのはまさにあの事件であり、事件は世界経済と政治情勢を根本から変えたのだ。事件後の中国の発展の方向性に対する西側諸国の判断ミスで、中国はソ連やロシアに取って代わり、自由世界の経済・政治面での最強のライバルとなった。中国内の改革派や反体制派は国際社会の支援を得られないまま縮小し、中国の歴史の流れを変える力を失ってしまった。

一　天安門事件はいかにして今日の中国を生み出したか

天安門事件前の中国指導部内には三つの政治勢力の駆け引きがあった。①趙紫陽に代表される民主的傾向を持つ改革派②陳雲に代表される一党独裁を堅持しようとする保守派（陳は当時、中国の「元老院」、中央顧問委員会の領袖だった）③鄧小平に代表される経済改革を望むが、政治体制は堅持しようとする限定的な改革派だ。一九八〇年代半ばには鄧は一貫して経済改革を支持し、また政治の改良も唱えていたため（体制改革ではなく、現体制の修正）、趙を支えた。しかし同時に所謂四つの基本原則も堅持していた（マルクス・レーニン・毛沢東思想、社会主義制度、共産党の指導、プロレタリア独裁）。趙は民主的、法治に基づく問題の解決を主張。北朝鮮から帰国後に、民主化運動を動乱と位置付けた四月二十六日付の人民日報の社説に異議を唱えた。保守派はこれを、共産党を分裂させる行為と認識。鄧らは、大衆と学生が突き付けたさらなる政治改革の要求を趙が容認していると判断し、陳ら保守派と手を組んで民主化要求運動を武力弾圧、政変を起こして違法に趙を失脚させ、軟禁して死に追いやった。つまり、天安門事件とは、保守派の陳らが十年近くにわたり改革の阻止を図り、最終的に鄧の保守的な志向を刺激して勝ち取った勝利と言える。同時に鄧は改革開放の設計士から大虐殺の主犯となった。

天安門事件の大虐殺が中国政治にもたらした負の影響は次の通りだ。①共産党は中国人が百年間追求してきた民主主義の進展をまたしても阻止した（毛沢東が憲政、民主主義が成熟しつつあった中華民国を転覆させたのが一度目だ）。中国は徹底した独裁体制に逆戻りした。②「紅二代の血統（共産党革命に参加した高級幹部の子弟）」が最終的に体制の後継者となる道を確保した（習近平でなくても、紅二代が必ず後を継ぐ体制）。これは陳が主張してきたことだった。江沢民・元党総書記、胡錦濤・前党総書記の過渡期を経て、権力は最終的に紅二代の習の手に渡った。③縁故（「権貴」）資本主義の狂った略奪と腐敗の横行の発端となった（事件後に鄧が強調した市場経済は、公正さを尊重する考えがあった。しかし事件で勝利した保守派は鄧がもたらした市場の機会を利用し、略奪した富を手中に収めることに成功した）。④民主主義や自由を主張するすべての派閥と彼らの声を封じ込め、体制を批判したり反対したりする余地は完全に失われた。⑤毛沢東が率いた極左の貧者による社会主義制度は、社会主義の旗を掲げた右翼の官僚が率いる縁故資本主義の統治に変わった。今日の中国はもはやいかなる意味においても社会主義国家ではない。国内では縁故資本主義がはびこり、対外的には覇権を争う紅い帝国となった。紅い帝国とは、私が二〇一三年に考案した呼称だ。皇帝は不在だが、習近平は一九三〇年代の第三帝国のような元首体制を構築したため、「帝国」と呼んだ。毛沢東が中国に初めて紅い帝国を築いたとするなら、習は第二の紅い帝国を構築している。鄧小平から胡錦濤に至るまでは、二つの紅い帝国の過渡期に過ぎなかったというわけだ。

二　米国の天安門事件後の重大な戦略ミス

天安門事件の後、国際社会は中国に制裁を科した。一方で米政府は中国がソ連に傾くことを懸念していた。事件から間もない一九八九年七月一日にブッシュ大統領は秘密裏に特使を北京に派遣し、米政府が制裁を科したのは国内の政治制度と米議会の圧力を受けてやむを得ず行ったものだと釈明した。その上で逮捕者を寛大に処遇し、米政府が国民に向けて制裁緩和の理由を説明しやすくなる措置を取るよう働きかけた。鄧は米側の要求を拒絶した。

米政府のこうした態度により、中国はその後長年にわたり、次のような確信を抱いた。西側諸国は中国を必要としている。中国の地政学上の戦略的な協力と巨大な市場を必要としており、中国の人権状況がどれほどひどいものでも、過度にわれわれを責めることはできない。天安門事件の虐殺ですら容認したのだから。この状況を利用し、中国はできるだけ早くグローバル化に便乗し、市場経済の枠組みで民生を改善し、天安門事件の鎮圧に対する大衆の怒りを忘れさせ、経済運営の成功ですべての政治的な反対勢力を封じ込めねばならない。

その後の経緯はご存知の通りだ。米国は中国の世界貿易機関（ＷＴＯ）加盟を許し、貿易と人権問題を結び付けることをやめ、中国はすぐに米国に次ぐ世界第二の経済大国となり、巨額な対米貿易黒字が生じている。今では、両国は世界を舞台に経済、科学技術、軍事面で全面的な競争状態にあり、西側諸国の深刻なテロや分裂につながっている。同時に、中国内の人権状況は日増しに悪化し、独裁は強化され、もはや西側諸国の非難に耳を貸すことはない。

米国と西側諸国は本音では中国の市場開放を通じて中産階級の成長を促し、内側から民主化の原動力をつくりだし、中国に平和的転覆を起こさせて民主国家へと転換するとの期待を抱いていた。この想定は中国共産党の天安門事件後の平和的転覆に対する強い警戒を無視していた。中共は中国人の思想を変えうるすべての芽を摘み取り、中産階級の経済的なライフラインをしっかりと管理下に置き、彼らが市場の主力とならないよう党と政府に従わせた。

天安門事件後三十年の歴史は、中国の平和的転覆を図った西側諸国の失敗の歴史であり、中共が中国を新たな紅い帝国へと変えた歴史でもある。この失敗の歴史の経験と教訓を正面から総括し、中国に対する認識にどのような誤りがあったのかを見つめ直すことが、今後、西側諸国が中国と付き合う上で極めて重要だ。

三　世界は今、どのような紅い帝国に直面しているのか?

一、中国政府は天安門事件後の短期間の制裁を乗り切り、急速に社会の性質を変えた。今では、社会主義の仮面をかぶり、共産主義のスローガンを用いて党員を管理しながら、実際はコネや特権を持つ者たちが君臨する略奪式の資本主義国家となった。同時に五千年の民族国家と文化の継承者を名乗り、国際社会では大したイデオロギー色を持たない新興市場の大国を装って積極的にグローバル化に参入した。そしてこのように主張してきた。西側の大国と根本的な利害の衝突はなく、表面化している食い違いは市場のルールに不慣れで法治が整っていないからに過ぎない。中国が成熟するまで西側諸国は我慢し、譲歩する必要がある——と。天安門事件後の江沢民・元党総書記と胡錦濤・前総書記の二十三年間、中国は牙を隠し、急速に国際社会に溶け込み、新興市場国家が徐々に責任感を増しながら平和的に共存していく姿を演じて西側諸国を喜ばせた。習近平が最高指導者とならなければ、このうわべの姿は長く続いていただろう。しかし習が後継者となることは、天安門事件で弾圧を行った元老たちが早くから計画していたことだった（習でなくても、別の紅二代が後継者となっていただろう。例えば、汚職で失脚した保守派の薄熙来・元重慶市共産党委員会書記とか）。彼らは自分たちの後継者が理想を受け継ぎ、共産党の紅い精神を長い間持続させ、いつかは西側諸国と優劣の決着をつけて苦境から抜け出し、民族の復興を実現させようと望んでいた。習近平はまさにこの理想の実現のためにトップに君臨したのだ。

二、習近平はすさまじい反腐敗闘争と異なる意見への抑圧によって権力を固めた後、素早く紅い帝国を打ち立て、一九三〇年代のドイツや日本のように拡張路線に走り、鄧小平以来続けてきた本音を隠して堪え忍ぶ政策を公然と変更し、世界に打って出るようになった。中国モデルは西側諸国にとって貿易、インターネット、知的財産、技術、グローバル化の主導権争いなどの分野において大きな挑戦となった。しかし米国の新政権は中国の「成功」の背景にある制度や価値観を軽視し、ただ地政学と利益の得失だけで中国と取引をしている。これでは中国にさらなるチャンスを与えているようなものだ。ビジネスだけで優劣をつけようとするなら、中国にとってトランプ大統領はライバルにもならない。

このような紅い帝国には勝ち目がなさそうに見える。紅い帝国のライバルは二つだけだ。一つは自分自身。毛沢東式の終身支配体制下ではトップ自らが過ちを犯すリスクが大幅に高まり、内部の不満も増える。二つ目は西側諸国の普遍的価値の連合だ。米国が自らこの連合を破壊すれば、紅い帝国の敵は自分自身のみとなる。

四　紅い帝国はどこへ向かい、どう終わるのか？

中国は巨大経済圏構想、一帯一路戦略を全面的に南アジア、アフリカ、欧州で推進し、投資協力の形で南米や中東欧諸国にも深く入り込んでいる。ロシアや中央アジアと事実上の同盟関係となり、中東でも影響力を拡大し、米国とでさえ、もう引き返せないほど貿易協力を抱えている。中国は西側諸国や国際社会と切っても切れない関係を構築している。冷戦時代のソ連と異なり、世界と隔絶しておらず、むしろ積極的に国際社会に溶け込み、西側諸国とあらゆる分野で競合している。西側諸国が冷戦思考を捨てて中国が大国クラブに加入することを歓迎しているときに、中国は過去二百年近くの屈辱を胸に刻み、巻き返しを図ろうとしてきた。彼らはそれを民族の復興と呼ぶ。この復興とは、貧しい中国を世界の新たな富豪に変えるだけでなく、領土（台湾）を回復し、領海（南シナ海での権益）を広げることを意味しており、そのために武力闘争の準備を進めているのだ。そしてさらなる野心は、米国から世界での覇権を奪うことだ。中国と米国は現在、世界を舞台に新たな「帝国主義」を巡る競争を行っている。中国の一帯一路戦略や、中欧、南米、米国での経済や文化面での動向からこの野心をうかがうことができる。共産主義の価値観を推進したり、他国の制度を変えようとしたりはしていないが、「中国モデル（権威主義に市場経済を加えたモデル）」の輸出を通じて間接的に協力相手国の制度を変え、権威主義の維持や強化を助け、あるいは米国のように権威主義で対応せざるを得なくしている。これらのすべての背後には共産党の全体主義による統治を維持させる意図が隠れている。西側諸国は歴史が終わり、冷戦が終結したと考えているが、中国は冷戦思考を捨てたことはなく、一貫して共産党の価値観を堅持しながら西側諸国と交わっているのだ。今、その馬脚が現れた。中国は米国の自由世界の指導的地位を揺さぶり、ソ連を越える脅威となって立ちはだかっている。

それならば、西側諸国はどのようにこの挑戦を捉え、対応すべきか？

中国には平和的に台頭し、復興する権利がある。十四億人の近代化の必要性は切迫しており、二、三世代のうちに実現しなければならず、その勢いは止められない。中国は確かに世界に大きな商機を与え、ルールの変更を迫るほどのインパクトをもたらした。

中国は千年の変革を終わらせ、盛唐以来再び世界に屹立した。国際社会は大航海時代以来六百年ぶりの大変革に直面している。しかも、東方の大国は開拓されることを待つ未開地ではなく、強硬な戦略的ライバルとなった。これは初めてのことだ。私たちは六年前、習近平が「中国の夢」と言って統治を語ったことを皮肉った。このスローガンが百年来の中国の台頭を望む民族の期待に呼応し、中共が賢くもこうした民族主義を新たな独裁の正統性にすり替え、天安門事件の悪夢から抜け出すことに成功するとは思いもしなかった。もちろん、天安門事件の傷口は一時的にふさがれただけだ。遅かれ早かれ、制度や価値観において中共の新たな悪夢となるだろう。

しかし、世界の新たな情勢から考えて、地政学の観点から中国に圧力を加え、新興国家と覇権国家の衝突が戦争に発展するとしたトゥキディデスの予言に積極的に合わせる必要はないし、それを成功させるのは難しい。地政学上の衝突は最終的に戦争を引き起こす。

中国が変えなければならないのは全体主義の政治制度だ。この制度と政党の堅持は、中国人民を窒息させ、経済発展の障壁となり、世界の脅威にもなる。大局的な観点から言えば、西側諸国は中国と経済面で和解し、新たなルールを設け、中国に順守させるべきだ。和解の条件として、中国に早期に一党独裁体制を終わらせ、民主化を実現するよう求めるべきだ。

西側諸国は普遍的価値に基づく確固たる連合を築き、経済的に台頭する中国を受け入れつつもその制度や価値観の危機を抑え込み、千年に一度クラスの東西の和解を実現し、西側の市場を用いて中国の全体主義制度を変更させるべきだ。それができないまま、「頃合いを見て手を引き」、軌道修正して中国を文明や価値観の体系に組み入れてしまえば、西側諸国は六百年以来の大きな危機に直面するだろう。

次のように問う人もいるかもしれない。今の中国は自分の都合でルールを変えるよう西側諸国に迫るほど強気なのに、どうやって一党独裁を放棄させ、積極的に軌道修正させるのか？

まず、地政学上の「共産主義の孤立」状態と、国内経済の巨大な下押し圧力、そして大衆の対等な権利への追求――。こうした環境の中で、多くの共産党員や知識人は現在の大躍進方式の発展路線はある種の歴史的な後退であり、いつまでも持続させることは極めて難しいと考えている。（個人独裁色を強める習指導部を批判し停職処分を受けた）清華大の許章潤教授が紅い帝国を終わらせるよう呼び掛けたのはその典型例だ。中国には民主化への強い民意があり、長きにわたって抑え込むのは難しい。

次に、哲学と心理面からその疑問に答えてみたい――メンツと恐怖は中共の二大弱点だ。西側諸国が、中共が民族の復興を実現したと認めてメンツを与え、歴史の罪を清算させない形で平和的に幕を下ろす花道を作ってあげれば（罪を清算させられるとの恐怖を払拭する）、中共は中国の商人らしい賢さを発揮してこうした歴史の結末に同意するだろう。平和的に路線を変更した歴史的な功労者となれるかもしれないのだから。

紅い帝国は、西側諸国が中国と経済面で全面的に和解し、歴史の恩讐を解消し、積極的に終わらせるべきだ。

それができなければ、彼らが大きな損害をもたらした後、自壊するのを待つしかない。それには長い時間を要するだろう。

第六章　趙紫陽と天安門事件――労働者を巡る民主化の挫折

石井知章

一　はじめに

S・P・ハンティントンのいう民主化過程としての「第三の波」は、鄧小平による改革開放政策の正式採用（一九七八年）を契機に、その後、中国にも全面的に押し寄せてくることとなる。それは主に三つの段階に区分することができる。第一段階は、一九七九〜八〇年の「上から」の民主化のプロセス、第二段階は、八四年の経済改革の本格化から八六年末の学生運動が胡耀邦書記の「辞任」につながり、「ブルジョア自由化反対」によって再度後退したプロセス、そして第三段階は、八七年の第十三回党大会で趙紫陽党書記代行が「社会的協商対話」の提唱によって「下から」の民主化の可能性を切り開いたプロセスである。

だが、労働を巡る一連の政治過程の分析では、上記のような民主化の「量的」拡大のレベルによってよりも、むしろ政治体制改革の模索期（八〇～八六年）と本格的政治体制改革に着手された全面的展開期（八七～八九年）という二つの「質的」展開によって区別する方が、より中国社会の現実との有意性（relevancy）がある。とりわけ、この前期から後期への大きな転換には、ポーランドにおける独立自主管理労働組合「連帯」との攻防の結果、ポーランド共産党によって八一年十二月～八三年七月にかけて発令された戒厳令に言及しつつ、鄧小平が軍による独裁的手段の行使が必要不可欠であると考えはじめていたことと深い関連性があると見られる。(1) いいかえれば、本格的な「下から」の民主化の要求は、体制崩壊の危機回避のための「上から」の弾圧という、いわば二律背反する二つの契機を同時に内包するものであったということである。このことからも、この分析枠組みの有効性が裏付けられるといえる。

たしかに、この後者の段階では、経営の自主権を大幅に認めた「工場長単独責任制」をブルジョア自由化と関連づけて批判するといった保守派による抵抗の動きが見られたのは事実である。だが、例えば『経済日報』のコラム（八七年二月二十六日）は、「工場長責任制の推進はブルジョア自由化をやることではなく、企業の党組織の監督作用を保証し、思想政治工作を強化し、企業の社会主義的方向を堅持することをいっそうよく発揮するため」であり、かつ「所有権と経営権の適度な分離を通じて企業活力を増強することはブルジョア自由化の現れではなく、中国的特徴を持つ社会主義の道を歩む上での有益な探索である」として改革派を擁護していた。さらに同コラムは、「労働者大衆が指導幹部の官僚主義、不正の風に対して批判しあるいは正当な要求を提出し、自己の合法的権利を擁護することは、ブルジョア自由化ではなく、ブルジョア自由化反対を口実として労働者の正当な批判や要求を抑えたり、打撃を与えたりしてはならない」と、保守派をほのめかすように批判している。こうした保守派を牽制する言論が現れ始めたことに象徴されるように、一九八七〜八八年にかけて、政治的イニシアティブは明らかに保守派から改革派へと移り、中国にとって激動の政治改革の時代へと突入していった。

ここでは主に、自らの権力基盤の背景に労働者からの「下から」の「支配の正統性」を調達しつつ、政治改革にまい進していた趙紫陽が、労働組合（以下、工会と略す）運動に代表される「集団的」民主化に対して果たした主な役割、そしてそれをとりまく政治状況や制度的枠組みの変容について考察する。(2) その際、八七〜八九年という「集団的民主化」の全面的展開から天安門事件での挫折を余儀なくされるまでの政治過程で、そのキーパーソンである趙紫陽が具体的にいかにこのプロセスに関与していたのかについて、最新資料に基づいて検討する。

二　政治体制改革の本格化と工会の役割

中国共産党は一九八七年十月、工会を中心とする民主化にとって一大画期をもたらすこととなる第十三回党大会を開催し、「党の社会主義初級段階における基本路線」、すなわち「経済建設を中心として、四つの基本原則と改革開放を堅持し、自力更生、刻苦創業によって富強、民主、文化、社会主義現代国家の建設のために奮闘する」を採択した。[3] この党大会では、工会に代表される大衆組織の重要性と政治社会的機能が重ねて強調され、工会などの大衆組織が党や政府と労働者階級、労働大衆を結びつける橋梁として、社会主義的民主主義の創生に重要な役割を果たすべきとされた。党が行政機関や民間団体との関係を整えるには、各民間団体がそれぞれの特長によって自立的に活動を展開し、全国人民全体の利益を維持するとともに、各自の代表する具体的利益をよりよく表現し、維持すべきである。[4] その際に趙紫陽は、政治体制改革の中心的課題である「党政の分離」について、「党の指導方式と活動方式の転換に即応して、党の組織形態と活動の機構も調整しなければならない。……党委員会の事務機構は簡素化と精鋭化につとめ、政府機構と重複している関連部門を廃止し、その管理している行政事務を政府の関連部門に移すべきである」と強調している。[5]

ここで趙は、すでに一部で使われはじめていた「社会主義初級段階」という表現を正式に採用し、それまでになかった新たな理論的重要性を付与していった。[6] これによって、共産党にとっての社会主義の「功績」を否定することなく、硬直した社会主義の教義から中国を解き放つことを企図したのである。それは共産党の指導のもと資本主義を発展させながら、社会主義的な要素を増加させ、社会の生産力を発展させることである。これはかつて毛沢東が提起した「新民主主義」論の新たなバージョンであり、いわば「伝統」に回帰しつつ、新たな「革新」を模索するための理論的根拠になり得るものであった。(7) 趙はその際、鄧小平が一九七九年に打ち出した「四つの基本原則」(社会主義の道、プロレタリア独裁、マルクス・レーニン主義、毛沢東思想)の重要性を強調することによって、いわば鄧小平の創出した政治的正統性をもちいて、万人を満足させようとしたのである。鄧小平が権力の座に返り咲いた一九七八年十二月の全人代全体会議決議が示唆しているのは、「四つの基本原則」と「改革開放政策」を同等に扱うべきであり、これら二つを基本点にしつつ、経済建設を中心に考えていかなければならない、ということであった。この主張は、趙紫陽の秘書である鮑彤によって、「一つの中心、二つの基本点」という分かりやすいフレーズにまとめられた。たしかに、必ずしも誰もがこれを称賛したわけではなかったが、もっとも重要なのは、鄧小平が大いに気に入ったということである。趙紫陽は一九八七年三月十九日、「社会主義初級段階」の理論的意義について説明する書簡を鄧小平に送っているが、鄧小平はこれに対して全面的に賛意を表明している。(8) そしてこの主張が、やがて中国共産党第十三回大会で趙紫陽によってまとめられる政治報告の理論的中核となっていった。(9)

中華全国総工会はこれに先立つ一九八七年七月、「工会自身の改革に必要な研究の着手に関する問題」を提出して各級工会に通達している。その後、全国総工会、地方工会、産業工会、とりわけ末端工会は、次第に工会自身の自己改革を議事日程にのせ、歴史的かつ現実的な問題の調査と研究に着手し、これを基礎に、「工会改革の若干の問題」というテーマを巡り意見をまとめ、中華全国総工会十期五回執行委員会（一九八七年十二月）に提出、討論している。これら一連の動きは、趙紫陽が一九八六年九月、「中共中央政治体制改革研討小組」の立ち上げを提起し、工会を含む様々な改革の政策立案に取り組みはじめている中での成果でもある。[10]この会議は、工会と党の関係調整の必要性を提起すると同時に、工会自身の官僚主義化と使用者化の傾向を克服し、活動の重点を末端工会に置き、工会組織の大衆化を実現させ、労働者大衆の信任を獲得せねばならないと決議している。[11]これをうけて趙紫陽は八六年十一月、中央政治局への政治体制改革問題としての書簡を送り、「党政分離」、「党内民主」、「機構改革」などについての最初の青写真を示した。[12]

この関連で注目すべきなのは、趙紫陽が第十三回党大会（一九八七年十月）で正式に「党政分離」の方針を打ち出し、行政機関に対応して設置された党機構（対口部）を廃止し、行政機関の中心で実権を握っている党組の撤廃、「党指導下の工場長責任制」から、五〇年代初頭と同じ「工場長単独責任制」への切り替え、末端民主（村民自治と住民自治）の推進、情報公開の推進および対話制度の整備などの大胆な政治改革を提起したことである。[13]とりわけ趙紫陽は、政府各部門に存在する党組について、「それぞれその成立を承認した党委員会に責任を負っているが、このことは政府の活動の統一と能率向上に不利なので、次第にこれを廃止する」と述べ、行政機関におけるその廃止を打ち出したが、その政治的意味合いはきわめて大きかった。[14]趙紫陽はこの報告の中で、政治体制改革について言及し、①党政分離の実行、②権限のより一層の下放、③政府工作機構の改革、④幹部人事制度の改革、⑤社会協商対話制度の樹立、⑥社会主義民主制度を改善する若干の制度、⑦社会主義法制建設の強化——の七項目を提唱したが、実質的な改革としてもっとも本質的な原動力として働いたのは、何といってもこの段階的「党組の廃止」の決定である。[15] というのも、もし党組の廃止がそのまま工会組織の内部で実現したとすれば、少なからず多元的価値の実現に寄与することになるからである。だが、それだけに工会の自立（自律）性が党＝国家からの独立へと発展した場合、逆に今度は「四つの基本原則」という鄧小平の政治的枠組みを大きく外れる政治的動向を容認することにも繋がることになる。たしかに、工会組織の内部での党組の廃止は実際には行われなかったものの、それが近い将来に実施されるかもしれないという可能性は、後述する「工会による工会自身の改革」が八八年から現実的に策定されたように、すでに大きな潜在的意味を持つものとなっていた。これによって工会は、「四つの原則」という政治的枠組みの持つ限界を有しながらも、それまで工会組織内部に存在していた党＝国家からは相対的に自由な、制度的多元主義（institutional pluralism）の可能性を持つこととなったのである。[16]

さらに工会と党との関係で注目すべきなのは、趙紫陽による政治協商体制の立て直しについての提案である。趙の見るところ、党は人民を指導して国家の執政、大衆団体および各種の経済・文化組織を打ち立てたのであって、執政組織に十分その職能を発揮させなければならず、また中華全国総工会をはじめとする大衆団体、企業・事業体の仕事を十分に尊重すべきであり、一手代行をしてはならない。党の指導とは「政治指導」に限られるのであり、政治原則、政治方向、重大な政策決定について指導を行い、国家の政権機関に重要な幹部を推薦することに限定されるべきである。「国務に対する党の政治指導の主な方式は、党の主張の手続きによって国家の意思に変え、党組織の活動と党員の模範的役割によって広範な人民大衆をみちびき、党の路線、方針、政策の実現をはかることである」[17]。つまり、ここで問われるべきなのは、「党の指導」と「政治指導」という内容の異なる二つの指導的役割の持つ政治的機能の峻別である。趙紫陽の政治報告は、次のように指摘している。

党と国家政権機関とでは、性質が異なり、職能が異なり、組織形態と活動方式も異なる。党の指導制度を改革して、党組織と国家政権との職能をはっきり分け、党組織と人民代表大会、政府、司法機関、大衆団体、企業・事業所その他さまざまな社会組織との見解を調整して、それぞれがその職能をはっきり分け、党組織と人民代表大会、政府、司法機関、大衆団体、企業・事業体その他さまざまな社会組織との関係を調整して、それぞれがその職能を果たしうるようにし、それを次第に制度化していくべきである。[18]

ここで趙紫陽は、工会をはじめとする大衆組織に対して、その職能ごとの自立性を与えつつ、なおかつそれを制度化しようとしたといえるが、それはまさに彼が「制度化された多元主義」

の実現可能性について言及していたということである。(19)

趙紫陽によれば、こうした社会的組織・集団間の様々な利害と矛盾を制度的にかつ中央集権的枠組み内で処理するために必要なのが、社会における「協商対話制の確立」である。そこで求められたのは、社会における協議（協商）と対話を制度化して、「下の事情が上に伝われば、上の事情も下に伝わる」ことで互いに意思が疎通し、理解しあえるような状態を作り出すことである。その際に、人民政治協商会議という制度的枠組みを再編成することが急務となり、「共産党指導下の多党合作・協商制を整備し、民主党派と無党派愛国人士の国政における役割をさらに発揮させるべきである」とされた。ここで趙紫陽は、「工会、共青団、婦女連合会等の大衆団体は、ゆらい、党と政府が労働者階級および人民大衆と結びつく橋梁であり、紐帯であり、社会主義の民主的生活において重要な役割を果たしてきた」と強調し、工会の持つ多元的役割を新たな枠組みの中で制度化しようと試みたのである。(20) 第十三回党大会の開催後、正式に立ち上げられた「政治体制改革研討小組」の下で、政治体制改革研究室というシンクタンクが開設されたが、趙紫陽がこれに与えた最初の任務がこの社会協商対話についての文書のとりまとめであったことを鑑みても、その重要性が容易に理解できる。(21)

さらに、こうした政治協商体制の再編に際して一つの大きなポイントとなるのが、企業の自主権の確立であり、経済責任制の整備である。これについても趙紫陽は、所有権と経営権を切り離すことで経営権を企業に与え、企業の所有者、経営者、生産者の関係を調整しつつ、企業の合法的な権利と利益を確実に保護し、企業を自主経営と損益自己責任の主体にすることを求めた。すなわち、国と企業との間、企業の所有者と経営者との間の責任、権限、利益の関係を確定し、競争を通じて有能な経営者を選び出し、資産の増殖を含む企業経営の成果を経営者に対する賞罰の主なよりどころとし、能力があり、開拓精神の旺盛な企業を市場競争の中から大量に創出するような体制を作りあげるべきである。そのためにも、「党の指導」によらない「工場長単独責任制」を実施し、企業内部の様々な経済責任制を整備し、労働規律を整頓し、科学的管理を厳しくし、従業員に積極性と創意性を発揮させるよう心がけ、経営者の管理者としての権威と従業員の主人公としての地位との統一をはかり、経営者がたがいに依拠し、緊密に協力しあうような新しいモデルの関係づくりが求められたのである。[22]

趙紫陽はこの第十三回党大会で、「党、使用者組織と大衆組織の関係を合理的、円滑にする必要がある」と指摘したが、問題は工場（企業）長に対する工会の支持をどのように理解し、工場長もまたいかに自立的に工会による使用者に対する監督を受け入れるかにあった。工場長単独責任制の実施過程で明らかになったのは、工会と使用者（工場長）がパートナーとしての平等な協力関係を維持すべきであるとはいえ、工会による使用者に対する監督は依然として行わなければならないということだった。[23] いいかえれば、それは使用者と工会が、各自の職能に基づき、大局を視野に置きつつ、相互に役割を補完し合うということである。趙紫陽の指摘する「社会主義初級段階」において、工会は広範な労働者大衆を生産発展のために団結させ、企業発展のために活動を行い、福利厚生、給与調整など、労働者の現実に即した要求を実現し、工場長との対話、情報交換を行いつつ、大衆と国家、企業との関係を協調させることが求められたのである。工会も使用者の支持があってはじめて労働者の主人公としての地位を適切に保障できるのであり、こうした相互補完作用こそが使用者と工会との関係強化につながると考えられるように、状況は大きく変化していた。

だが、工会改革に際する最大の問題点は、中国が政治体制改革の過程において党、政府、工会という社会・政治組織の職能を区別しなければならないということであった。過去の政治体制では権力が過度に集中しており、実質的に党組や党委がすべての組織を代行し、請負い、取り仕切ってきたことは、五〇年代後半以降の政治過程を振り返ってみても明らかである。たしかに、プロレタリアートが政権を奪取して形式的には「労農国家」を打ちたてたのは事実だが、政府がその人民民主主義の機能を健全に発揮してきたとはとてもいい難い。プロレタリアートは、名目的には「国家の主人公」となったものの、工会が単なる形式に流れてしまったという根本的問題は、一言でいえば、党指導体制における過度の権力集中に由来していた。したがって、政治体制改革の課題が、主に党と工会の職能を区別し、分離することにあるとする要請は、ある意味で当然の成り行きであった。かつて李立三や頼若愚が主張していたように、工会には自己の独自な職能があり、党はこれに過度に干渉し、すべてを請負い取り仕切るべきではないのであり、逆にいえば工会はそのことが確保されてはじめて独立自主の活動を展開することができ、労働者自身の組織になるのだといえる。[24] その際、工会改革には党と工会の職能分離、および工会自身の改革という二つの側面があり、ここで工会は官僚主義化、使用者機関化に歯止めをかけるべく、労働者参加と大衆化による自己改革を実現して、労働者大衆に信頼される組織にしなければならなかった。また企業内では、工会と工場長の関係を如何に処理するかという古くからの問題が存在していたが、企業改革における重要な局面の一つが、工場長単独責任制と請負経営の実施であり、競争メカニズムの企業への導入、入札や競争によって工場長を選任することであるとの認識が拡がりつつあった。[25]

全国総工会第十期第五回執行委員会（一九八七年十二月）では、工会改革の問題が重点的に討論された。工会全国代表大会が起草した「工会改革問題に関する意見」について活発な討論がなされ、多くの改正意見が打ち出されたうえで、工会改革において解決されるべき問題点が提出された。一つは工会の指導の強化と改善、党政と工会の関係の調整であり、もう一つは工会幹部管理制度の改革、さらに民間団体と政府機関との対話、自立的管理、監督における工会の役割の強化、そして末端を活動拠点として工会を労働者の参加を通して大衆化させる努力である。全国総工会は一九八八年七月、第十期第十三回主席団会議を招集したが、ここでの議論は工会が工会自らの改革に如何に参加するかに集中した。[26] これはいいかえれば、それまでの政治体制改革の対象であった工会が、その政治体制改革のプロセスそのものへ工会改革を通して新たに参与することを意味している。この主席団会議は「工会改革の基本構想」を大筋で採択したが、この「基本構想」は同年九月の全国総工会第十期第六回執行委員会で正式に採択されるに至った。[27]

同「構想」はまず、経済体制の改革がもたらす社会的権益の多様化と社会矛盾の複雑化、政治体制改革が打ち出した社会主義的民主主義建設の任務が、工会に対してさらに高度な改革を求めるものであるとし、工会による社会的役割の発揮、意欲的かつ適切な工会改革の促進を求めた。また工会の社会的職能について、それが労働者の合法的利益と権利の擁護、労働者の改革への参加、経済と社会発展という任務の完成、国家と社会の行政的管理への参加、企業単位の自立的管理への参加、工会という特殊な「学校」での労働者教育であると定めた。さらに工会の建設を中国共産党の指導下に置きつつも、独立自主、かつ民主的で、労働者に信頼される労働者階級の大衆組織たるべきであるとし、国家および社会的生活において重要な役割を果たす社会政治団体となることが工会改革の目標であるとした。[28] 同構想によれば、当面の短期間内の改革の一つが、工会の外部との関係の調整で、とくに党との関係、政府と使用者との関係を正しく調整し、法による独立かつ自立的活動を展開させ、工会と労働者大衆との関係の緊密化を図るべきである。そのためには、工会下部委員会の活動を強化し、工会の社会的職能と活動方針を明らかにし、組織制度と活動方式の改革を行い、工会の使用者化という傾向を食い止めることで、工会組織の大衆化の実現を図るべきである。これによって工会は、それまで「三権鼎立」と呼ばれていた静態的関係性の中で埋没することなく、この三者を流動化し、動態的関

係性へと変えていくための権利を獲得したのである。(29)

一方、中国共産党は一九八八年九月、第十三期第三回中央委員会において、経済環境の管理、経済秩序の整備、全面的な改革という指導方針と政策措置を打ち出し、改革と建設活動の重点を二年間で明確化するとした。(30)これをうけて開かれた中国工会第十一回全国代表大会(同年十月)で倪志福は、工会の全面改革における任務について報告し、労働者の意欲、企業の経済効率を高め、社会矛盾の協調に関わり、改革の全面深化を促進し、民主主義の建設と推進、社会の安定と団結、精神文明の建設、労働者の資質向上などを訴え、また各級政府の工会が工会改革の推進を確実なものにするように求めていった。(31)さらに工会は、中国共産党によって指導されつつも、独立自主、かつ労働者に信頼される労働者階級の大衆組織を建設し、国と社会生活において重要な役割を果たす社会政治団体であることが再確認された。(32)このことは前述の「工会改革の基本構想」に対し、党＝国家としても正式なお墨付きを与えたことを意味している。ここでは、党＝国家の決定を工会が追認するという旧来の構図を脱却して、工会による政治的イニシアティブを党＝国家が追認するという国家と社会との逆転関係が進展していたのだといえる。

三　天安門事件前夜の政治状況と趙紫陽

ブルジョア自由化批判という政治判断に至る八六年の民主化運動の過程で労働者が中心にな

らなかったように、八九年の天安門事件へと至る民主化運動の過程でも学生と知識人が中心であったことに何ら変化はなかった。だが、八九年の民主化運動が八六年のそれと決定的に違ったのは、その背景とする社会・経済状況では前者が後者よりもより深刻かつ切迫しており、政治過程参加（参政議政）システムの創出と政治協商制度の再編成により一度は成功しているかに見えた党＝国家との共棲関係ももはや有効には機能せず、一部の労働者が学生らとともに直接行動に訴え始めていたことである。例えば、一九七八年からの十年間で、都市住民の生活物価指数は八十八・七％上昇しており、一九七八年から八四年までのインフレ率も毎年平均二・八％で上昇し、一九八五年から八八年までに十二・一％、八八年には二十・七％に達し、[33]一九八七〜八九年にはこのインフレ高騰により実質賃金を二十五％も減少させていた。[34]しかも、一九八八年時点で労働契約制による労働者千八万人のうち、労働契約期限切れで退職を余儀なくされた労働者は六万人であったが、そのうち二万八千人が転職に成功したものの、三万二千人が失業していた。[35]労働制度改革の進展による労働市場の形成にともない、一九八八年の時点で、都市における労働者のうち二千〜四千万人が在職失業者《レイオフ》に転じるという深刻な社会問題が生じていたのである。[36]こうしたことを背景に、浙江省の繊維工場で千五百人の労働者を巻き込むストライキやデモが発生したのを皮切りに、[37]湖南省では一九八八年一〜六月、低賃金、定額労働、長時間労働などを理由にストライキが多発し、その数は前年比だけでも十倍以上という建国以来の最多件数に達していたが、[38]さらに一九八九年前半期、遼寧省内でも延べ三千四百人を巻き込むストライキが発生したのをはじめ、生産ボイコット、デモなどを含む集団的直訴案件数は合計百八十四件に上っていた。(39)

一九八〇年代に段階的に繰り広げられてきた集団的民主化が、天安門事件という悲劇的な結末を迎えるまでの政治過程において、とりわけC・シュミットがいう最終的主権の所在を決める「例外状況」とは、一九八九年四月二十六日（人民日報社説）から五月十九日（戒厳令布告）にかけての期間である。こうした意味でいえば、社会主義中国の成立以来、はじめての自主管理労組である北京労働者自治連合会（工自連）の天安門広場での突然の出現（五月十八日）とは、すでに「例外状況」が成立していたという社会的背景を抜きにして起きたことではなかった。(40)工自連は一九八九年五月、労働者の具体的利益を実現するための「民主主義を求め」、「独裁を引きずり下ろす」ための「民主愛国の運動へ導く」（二十一日）ことを目指し、すべての職場での合法的な代表者を監督するにとどまらず、労働者の合法的権益を最終的に保証するために「共産党を監督する」ことすら求めつつ、学生主導によるハンストと行動をともにしていたのである（二十五日）(41)。

一九八九年四月十五日に死去した胡耀邦への哀悼の意をあらわすため、学生たちが天安門広場に集結したのが、六月四日の弾圧という最終局面へ至る一連の政治過程の幕開けだった。(42)学生らは、すでに四月十八日にはハンストを開始していた。(43)その際、胡耀邦ときわめて近い立場にあった趙紫陽が、これに対して同情的であったことは想像に難くない。だが、趙の学生運動に対する手ぬるい対応に、李鵬ら保守派の同僚たちは激怒していた。趙は当初、デモの早期の説得を試みれば、学生たちは大学に戻るだろうと確信していた。李鵬が趙の方針に従うと約束していたので、趙はこの危機においてもあえて予定通りに長期の北朝鮮訪問に出発したのだった。だが、趙が出発した直後、李鵬は北京市党委員会の幹部らに対して、最初に政治局常務委員会に、次に鄧小平に報告するよう促した。その報告は恐怖を煽る言葉に満ちており、ただちに統制を取り戻さなければ、全国に混乱が広がる恐れがあると予測していた。それに目を通した鄧小平には、かつての文化大革命の記憶があったので、当然ながらその報告に衝撃を受け、学生運動を「反共産党的、反社会主義的動乱である」と見なしたのである。北朝鮮にいた趙紫陽も連絡を受けたものの、詳しい情報が得られない状況では、鄧小平の判断に同意せざるを得なかった。こうした中で、李鵬はこの鄧の見解を四月二十六日付の『人民日報』の社説で発表させたのである。[44]

ところが李鵬の期待に反して、社説は学生たちを威嚇しておとなしくさせるどころか、かえって怒りに火をつけることとなる。自分たちの愛国的な行動が完全に誤って伝えられたことから、学生たちは四月二十七日、非常線を突破して、ふたたび天安門広場に集結した。李鵬が鄧小平の権威を利用したために、かえって学生運動を激化させてしまったことになる。いくら融和的な演説をくりかえしても、社説の批判的な主張を撤回しなければ、学生運動を沈静化させることはできないだろうと、趙は帰国後すぐに理解した。[45] 鄧小平はそもそも、社説を撤回させるつもりはなかったのである。李鵬の最大の勝利は、ついに鄧小平と趙紫陽の関係に亀裂をもたらす問題を見つけたことだった。趙はなんとかして学生たちの怒りをなだめようとしたが、五月の半ばにはすでに選択の余地がなくなり、政治状況の舞台から消えていくことになる。趙紫陽の党総書記からの解任は、同年五月二十一日、陳雲、李先念、彭真、鄧穎超、楊尚昆、薄一波、王震の在籍の下で決定されている。[46] 趙は戒厳令を敷くことには強く反対したが、それを食い止めることはできなかったのである。[47] 武力鎮圧の噂を耳にした頃、趙紫陽は五月十三日に開かれる労働者の集会で演説することになっていたので、その機会を利用した。[48] そこで趙は、自分たちの要求が通らないからといって、学生らが国賓の来訪を妨げ、中ソ首脳会談の価値を損なうのは不合理なことだとし、そんなことをしても多数の支持は得られないだろうと述べた。趙としては、学生たちに状況の全体像を把握してもらいたかったためである。趙の主張はすべての主要な新聞に掲載されたものの、学生はその訴えに全く応えず、さらに前に突き進んでしまった。五月十三日午後、二十を超える大学から集まった二百人以上の学生が、警護役を務める千人以上の学生に守られながら、天安門広場に入って座り込みとハンガーストライキを開始した。この日以降、六月四日の流血事件まで、広場は学生たちに占拠されることとなる。[49]

学生のハンストは幅広い共感と支持を集めた。政府省庁やその他の機関の職員から一般市民まで、何万人もの人々が学生を支持するデモを決行した。参加者の数は日ごとに増えていった。ハンスト参加者も増え、もっとも多いときで二千〜三千人に達している。こうした状況に学生たちはみんな夢中になっていて、退去するよう説得するのはいよいよ難しくなっていった。そのときの学生たちの行動はまだほとんどが自然発生的なものだった。たしかに、指令本部は設けられていたが、一人のリーダーが冷静に決定を下すということはなかった。何か決定が下される場合でも、それは誰の命令でもなかった。本部のリーダーは頻繁に入れかわっていたので、そのときもっとも大きな声で熱弁をふるった者の考えに従って物事は進行していったのである。趙紫陽たちは大学の学長や教授を動員して学生のリーダーたちに説得を試みたが、彼らは耳を貸さなかった。[50]また、緊張を緩和し、対話と説得を試みるという対応指針は、李鵬一派によって全く実行されていなかった。ハンストが始まって四日目に、何人か失神する学生が出はじめたので、このまま続ければ死者も出るかもしれないと趙は憂慮した。[51]

五月十六日の夜、ゴルバチョフとの会談の後、趙紫陽は政治局常務委員会を招集し、委員五人の連名で、学生らにハンストの中止を求める声明の発表について検討した。[52]声明の草案には「学生諸君の熱烈なる愛国精神は称賛に値し、党中央委員会と中国国務院は彼らの行動を評価する」という一節があり、李鵬が「『称賛に値する』という言葉だけで十分だ。そのうえ『評価する』とつけくわえる必要があるのか」とこれに反対した。また楊尚昆は、「学生たちは腐敗を取り締まるよう提案している。それについては評価すると言ってもいいだろう」と答えている。これに対して趙は、李鵬の姿勢に強い反発を覚え、「『評価する』という言葉を入れなければ、何も言わないのと同じだ。だとしたら、いったい何のために声明を発表するのか。いま重要なのは、声明を出して学生たちの興奮を静めることだ。文言についてとやかく言っている場合ではない」と述べた。(53) 五月十一日〜二十六日、約十七万二千人の地方学生らが、列車で北京・天安門にかけつけたが、この間に帰宅したのは約八万六千人にとどまっていた。(54)

委員の過半数がこの「評価する」との一文を入れることに賛成し、草案はかろうじて承認された。だが、このとき趙紫陽は、もはや声明だけでハンストを中止させられるような状況ではないと判断していた。というのも、学生たちがもっとも強く要求していたのは、四月二十六日付社説がデモについて下した判断を撤回することだったからである。これはもはや避けて通れぬ問題だと趙が考えたものの、このままハンストが続けば、予測できない、きわめて深刻な結果になると見られたからである。そこで趙ははじめて、四月二十六日付社説の判断に修正を加えるよう正式に提案した。李鵬は直ちにこれに反対し、「四月二十六日付社説で示された判断が鄧小平自身の発言を忠実に伝えるものであるから変更はできない」と述べている。これに対して趙は、「社説は四月二十四日に開かれた政治局常務委員会の議事録をもとに書かれたものであり、鄧は委員会の結論に対して支持を表明しただけだ」と反論した。楊尚昆は四月二十六日付社説の修正が鄧小平のイメージを損なうと警告したが、趙は「しかるべく取りはからって、政治局常務委員会が連帯責任を負うことにすれば、鄧の評判を傷つけずにすむ」と答えた。だが結局、四月二十六日付社説の修正の話がそれ以上進められることはなかった。(55)

趙は五月十七日、電話で鄧小平との会見を求めた。その後、鄧小平の側近の一人が、午後に自宅に来るようにと伝えてくる。そこにはすでに政治局常務委員会のメンバー全員と楊尚昆が顔をそろえていた。通常ならそこにいるはずの万里は、海外訪問からまだ帰国していなかった。[56]一対一の会談を求めていたのに、鄧小平は自宅に政治局常務委員会を招集してしまったわけで、すでに趙にとって不利な状況になっていることに趙本人が気づいた。[57]そこで趙は次のように自分の意見を述べている。

学生の抗議運動は激化しており、事態はきわめて深刻だ。学生、教師、ジャーナリスト、学者のほか、一部の政府職員までが街頭デモに参加している。その規模は現在およそ三十万~四十万人だ。くわえて、非常に多くの労働者や農民がこの運動に共感を示している。これらの異なる社会集団が求めているのは、腐敗の一掃、政府の透明性の向上だけではない。学生らが抗議のハンストを決行しているのに、党と政府はどうしてこれほど冷淡な姿勢を示し、彼らを救おうともしないのか、その説明を求めているのだ。学生との対話を阻んでいる最大の要因は、四月二十六日付社説が下した判断だ。あの社説が大きな誤解をあたえたのは、どこかに不明確あるいは不適切な表現があったからにちがいない。どんな形にせよ問題を解決するには、社説が下した判断を多少なりとも寛大なものに修正するしかない。そこがいちばん肝心なところであり、そのように修正すれば、幅広い社会的支持が得られるだろう。学生運動に対する当初の決めつけを撤回すれば、われわれはふたたび事態を掌握できるはずだ。もしもこのままハンストが続き、死者が出たら、火に油を注ぐことになる。民衆に対して強硬な姿勢を示せば、事態は悪化し、完全に統制することはできなくなるだろう。[58]

趙紫陽が意見を述べているあいだ、鄧小平はイライラして不愉快そうにしていた。話が終わるとすぐに李鵬と姚依林が立ちあがり、デモが拡大したのは五月四日のアジア開発銀行総会における「学生たちの理にかなった要求を民主と法を通じて満たさなければならない」、「わが国の法制度の欠陥と民主的監査制度の不備が腐敗をはびこらせてしまった」などとする趙の演説のせいだと非難しはじめた。[59] あまりにも遠慮会釈もない批判だったので、趙は彼らがすでに鄧小平の暗黙の了解を得ていることを悟った。胡啓立が、社説を修正すべきだという意見を述べたものの、喬石は言葉を濁した。楊尚昆が社説の修正に反対したため、状況はきわめて不利なものになった。そしてついに、鄧小平が最終的決断を下すことになる。

事態の進展を見ればわかるように、四月二十六日付社説の判断は正しかった。学生デモがいまだ沈静化しない原因は党内にある。すなわち、趙が五月四日にアジア開発銀行の総会で行った演説が原因なのだ。いまここで後退する姿勢を示せば、事態は急激に悪化し、統制は完全に失われる。よって、北京市内に軍を展開し、戒厳令を敷くこととする。[60]

鄧小平はさらに、李鵬、楊尚昆、喬石の三名を戒厳令発動の責任者に任命した。鄧が発言を終えるや、趙は「決定を下さないよりは下したほうがよいけれども、今回の決定が招くであろう深刻な事態をたいへん憂慮している」と述べた。鄧小平は「この決定が間違っていたとわかったときには、われわれ全員が責任をとるのだ」と返した。その晩、常務委員会の状況報告会の席で、趙は戒厳令発動の担当者会議では議長を務めるつもりはないと伝えた。(61) 趙がまもなく辞意を表明すると、すぐにそれを聞きつけた楊尚昆が趙に電話して、「このことが世間に知れたら、状況はますます悪化する。火に油を注ぐべきではない」と辞意の撤回を求めた。趙はこの主張を受けいれ、五月十八日、辞意を撤回した。だが、のちに趙紫陽は、このときの辞任を巡る自らの逡巡が不適切であったと回想している。(62)

ここでより重要なことは、鄧小平によって招集され、戒厳令の発動と学生の武力鎮圧が決定された会合についての合法性である。趙紫陽によれば、政治局常務委員会における投票の結果、三対二で決まったと一般的には理解されているが、じっさいには「三対二」ではなかった。出席者はほんの数人で、常務委員会の意見は二対二で分かれていた。胡啓立と趙は社説の修正を主張し、姚依林と李鵬は強く反対した。喬石は明確な見解を述べず、中立の立場を示した。いずれにせよ、投票の結果「三対二」で決まるというような事態はなかったということである。もちろん、常務委員会のメンバーではない鄧小平と楊尚昆の意見を勘定に入れて考えれば、出席者のあいだでは強硬意見が多数を占めていたことになるが、実際には、常務委員会による正式な投票はなかったのである。趙は五月十八日、四月二十六日付社説における学生運動についての判断および決めつけを撤回し、彼らの行動を愛国精神によるものであると認めるよう、鄧小平に書簡を出したが、予想どおり返事はなかった。[63] この頃には、中華全国総工会の研究者や職員らも天安門での運動に参与し始めており、政治状況は大きく変わりつつあった。[64]

四　戒厳令下の天安門広場の変化と労働者

五月十九日早朝、趙紫陽は天安門広場の学生を訪ね、その場でハンストを中止するよう説得しようと、即席のスピーチをはじめた。その内容は北京の主要新聞すべてに掲載された。学生らの行動は内外で幅広い共感を呼んでいたが、強硬派の党長老たちにはハンストが続こうが、死者が出ようが、どうでもいいことで、そんなことで心を動かされたりはしないことを学生に率直に伝えるためである。だが、学生たちは趙のいわんとすることを理解しなかったし、これから自分たちがどんな目に遭うか、想像することさえできなかった。当然ながら、このスピーチが原因で、趙はその後、厳しい批判と非難の的になる。五月十七日の晩から十九日まで、戒厳令についての情報はいっさい趙には伝わってこなかった。[65] だが、十九日の午後に突然、戒厳令を宣言するための会議招集の通知が届いた。それは李鵬の演説草稿を同封し、趙に会議の議長を務め、演説を行うよう要請していた。

ところが、会議の進行、開催場所、出席者、その他の議題については何も記されていなかった。戒厳令を宣言する本会議に先だって、彼らは非公開の会議を開いており、趙は自分が意思決定の場から外されたことを理解した。それがいつ決まったことなのか、のちに手記をまとめるにあたって振り返っても、最後まで趙にはわからなかった。十七日に、鄧の自宅で戒厳令の発動が決まったとき、李鵬、楊尚昆、喬石の三名が戒厳令施行の責任者に任命されたが、鄧小平は「趙はそのまま総書記だ」ともいった。しかし、それから数日後には、実質的に趙は完全に蚊帳の外におかれていたことになる。趙は李鵬が政治局常務委員会の議長を務めるよう提案し、戒厳令の布告を発表する会議への出席を辞退した。そのとき、天安門広場でのハンストを支持するデモ参加者の数は、大幅に少なくなっていた。ハンストは中止され、座り込みに変わっていた。北京大学の学生の多くはすでに大学に戻っており、広場に残っていたのは大半が他の都市から来た学生たちだった。(66)

だが、五月十九日の戒厳令の布告は、ふたたび市民と学生を刺激し、抗議行動を激化させることとなる。座り込みの参加者は急激に増え、学生以外の支持者たちも群れをなして街頭にくりだした。北京市民は、戒厳令施行のため市内に軍隊を展開させるという決定にとりわけ激怒したのである。命令を受けた部隊は、あちらこちらで行く手を阻まれた。老婦人と子供の集団が路上に横たわって抗議していたのである。部隊は北京郊外で足止めされ、市内に入れなかっ

た。何百万という学生、市民、労働者、政府機関の幹部職員たちが街頭にくりだし、あるいは天安門広場に集まっていた。(67)

その頃、趙紫陽は、最後の抵抗を企てていた。すなわち、予定を前倒しして全人代常務委員会を開催すれば、全人代という権威ある機関を通じて、民主主義と法の原則に沿った方法で、事態を好転させることができるかもしれない、と考えたのである。一方趙は、五月二十一日、閻明復(党中央書記局書記)にこのアイデアを伝え、実現可能かどうか楊尚昆に相談してみてくれと頼んだ。これより前、彭沖(全人代常務副委員長)が話しに来ていた。万里が外国訪問中なので、彭沖が全人代の幹部を集めて会合を開いたところ、全員が全人代常務委員会を開催すべきだと考えていたことが分かった。(68) 彭沖はさらに北京の西に位置する玉泉山に足を運び、影響力のある党長老、彭真を訪ねた。彭真も委員会開催に賛意を示した。彭沖らはすでに党中央に報告書を提出し、万里を予定より早く帰国させるよう求めていた。二十一日の午後、胡啓立(政治局常務委員)が趙の家まで来て、万里を早期に帰国させる要請に誰からも返事がないと報告した。じつは、何者かの判断によって、そのまま放置されていたのである。趙は胡啓立に、「では彭沖に、全人代の党組織の名で万里に直接電報を打って帰国させるように言ってくれ」と頼んだ。その後、趙は呉学謙(副首相)にも電話をかけ、なんとかして電報を打ってくれるように頼んだ。だが、李鵬はすでに万里に電報を打ち、帰国しないようにと伝えていた。このことについて、おそらく李が事前に鄧から承認を得ていたと見られるが、結局、この企ては失敗に終わっ

たことになる。(69)

こうしたトップリーダーたちの状況を背景に、はじめての自主管理労組である工自連がその正式な設立を宣言した翌日（五月十九日）に北京市に戒厳令が敷かれたことはきわめて象徴的である。このこと自体、趙紫陽を除くトップリーダーたちがその存在を深い根拠のあるものと認めつつ、全く前例のない「体制の危機」としてきわめて深刻に受け取っていたと思われるフシがある。(70)その当の工自連は当初、自然発生的に組織されつつも、むしろ中華人民共和国の法や憲法の枠内で公然と運営する意図を明らかにし、かつ当局によって公認されることを望んでいたが、このことが国家と社会との関係でいったい何を意味するのかについて検討する価値がある。この正式な立ち上げを宣言する直前、工自連のスタッフは、中華全国総工会、市政府、公安局のそれぞれに出向き、合法的組織として登録しようと試みたが、いずれの組織からも「非合法である」と撥ね付けられていた。(71)

だが、ここで問われるべきなのは、彼らの行動が非合法と称されるに至った根拠とは一体何だったのかということである。当時、北京鉄道局豊台作業場の労働者であった韓東方（現在、香港に拠点をおく『中国労働通信』の主宰者）を事実上のリーダーとして、工自連は戒厳令の発令以降、毎日、この戒厳令に反対するデモを繰り広げていた。工自連が「騒動」を引き起こしたと嘯く市政府を非難するとともに、工自連はすでに自ら築いていた非公式のネットワークを使い、当局による弾圧の口実に使われないよう、市内の工場や商店などに対して職場内での秩序を維持するための「活動隊」を組織するよう求めた。この頃から、工自連と市内の各工場や事業所、および学生らとの連絡は頻繁に、そして密に行われるようになる。[72]

たしかに、工自連はこの頃、すべての職場での責任者の監督にとどまらず、「共産党を監督する」ことすら要求しつつ、学生によるハンスト運動に強いシンパシーを抱いていた。だが、それまでの伝統であった知識人や学生らのエリートを中心とする反体制運動とは性格を異にして、工自連による運動は、労働者の身近な労働条件の改善を求めるごく普通の労働者大衆の考え方を素朴に反映しており、政治に関する要求はむしろ学生らのそれに便乗するだけであり、その意味でその政治性はけっして高いものではなかった。[73] とはいえ、在外華僑に向けて発した工自連の声明文（五月二十六日）では、「われわれの国は、われわれ労働者と他のすべての精神的、肉体的労働者らの闘争によって築かれた。われわれはこの国の合法的な主人である。われわれの声は、この国のあらゆる事柄に反映されるべきであり、またそうあらねばならない」と訴えはじめていた。さらに、同日に配布されたビラの中では、中国政府を「ファシスト政府」、「スターリニストの独裁」とあからさまに批判し、さらに二十九日には、「われわれは鄧小平を歴史の舞台から葬り去るために団結しなければならない」とまで言い放ち、アピール内容は過激さを一段と増していった。[74]

運動が進むにつれて、工自連は学生代表らが工自連の要求に無関心であるばかりか、労働者の権益を擁護し、実現する上で阻害要因にすらなっていると感じ始めていた。工自連は五月二十八日、工場と商店の閉鎖を提唱したが、この運動が「学生中心」であると主張した学生側は、工自連がストを打つことをけっして許すことはなかった。これがきっかけとなって、労働者らは学生に対する同情心を失いかける一方、中華全国総工会に属する一部の国有企業の年配労働者や工場幹部、工会員らは、工自連に対して口頭や文書で様々なアドバイスを与えはじめていた。この前後から、外国メディアが工自連の動きに注目するだけでなく、工自連の活動は普段着姿の公安警察による監視下に置かれはじめる。五月三十日、工自連活動家の一人が逮捕されると、韓東方は即座に公安当局に対する釈放活動に乗り出したが、公安局側は「非合法組織」であることを理由に話し合いを拒否し、逮捕の事実そのものを否定した。これをうけて工自連側は、同日夜には海外メディアとの記者会見を開き、公安局による一方的逮捕の不当性を訴えた。その結果、翌日の午後にはこの逮捕者は無事に釈放されたが、これを境にして公安当局は、工自連に対する圧力をさらに一層強めることとなったのである。[75]

たしかに工自連が、自らにとっては労働者を代表していないと思えた中華全国総工会を引き継いで全国レベルでの労働者代表権を獲得し、その政策決定過程に直接に関与しつつ、労働問題を巡る党＝国家の決定に対する監督行動を望んでいたという事実は、中華全国総工会と党＝国家に対する根源的疑念を前提にしたものだといえるかもしれない。[76] こうしたことが、一連の天安門でハンストを実施していた学生らに対して一定の理解を示していた北京市総工会でさえ、六月一日には北京市公安局に対し、「非合法であり、公然と秩序を破壊し、労働者階級の意思に反する組織」として「工自連を取り締まるべきである」とする声明文の提出へと転じたことの背景にあったと見られる。[77] ただし、ここで公的に示されている非合法の根拠とは、単に「公然と秩序を破壊した」というだけのものであり、その具体的内容には全く触れられていないことに注意すべきであろう。たしかに、「中国工会章程」（総工会規約）は総工会に属さない工会をすべて非合法と定めてはいるものの、[78] 工自連が合法化を望まなかったのではなく、実際はむしろその逆であった以上、工自連を非合法化させたのが他ならぬ中華全国総工会の論理であったとの見方すらできるのである。それは総工会に与えられた「独占的代表権」という既得権益と、総工会が長年をかけて築き上げてきた支配の正統性が失われることに対する恐怖感と、それに対抗するための自己防衛の論理だったという言い方ができるかもしれない。

こうした中で、全国総工会主席倪志福も六月二日、全国産業工会主席座談会で発言し、「全国の労働者階級が当面する緊急の任務とは社会的安定を維持することである」と訴える。倪は全国の工会幹部が、労働者大衆を職場に戻し、生産と仕事に専念させるよう指導すべきであり、少数者による労働者組織を名乗り、労働者集団を分裂させ、党から引き離すような行為に反対することを求めたのである。[79] しかし、この工自連の組織拡大の動きはいっこうに収まらず、そのメンバーは事件前夜の六月三日までに二万人にも膨れ上がっていた。[80] しかも彼らは皆、学歴こそ低いとはいえ、待業者や失業者、あるいはいわゆる「都市浮動人口」の一部などではなく、工場や建設現場など様々な職場に働くごく一般的な労働者であり、全員が工自連への登録条件である何らかの事業所との正規の雇用関係にあったのである。[81]

だが、ついに六月四日、自宅にいた趙紫陽は、とどろく射撃音を耳にして、武力弾圧が始まったことを知るに至る。

これら当局側による一連の反応に見られるように、六月四日の弾圧に向けて、決定的な政治判断をもたらしていたのはこの自主労組の存在と彼らの行動であり、これに対して当局側が未曾有の「体制崩壊の危機」を感じていたであろうことが容易に見て取れる。ここで党＝国家側が何よりも恐れたのは、合法化（＝制度化）されていない社会領域で自然発生している自主労組による「下から」の民主化要求という対抗権力のベクトルが、すでに政治協商体制を通して合法化（＝制度化）されている中華全国総工会の組織労働者による「集団的民主化」の対抗権力のベクトルと一体化し、党＝国家体制そのものに対する巨大な反体制権力となって仕向けられるかもしれないということだった。当時、北京市では全市の労働模範の表彰大会が予定通り開かれていたが、ここでも総工会は学生や労働者による民主化運動を「動乱」と呼び、その行動を厳しく非難する声明を発表していた。[82]しかし、A・ウォルダーが指摘したように、天安門事件に至る政治過程で未組織労働者が不満に思っていたのは、社会主義体制に対する政治不信というよりも、むしろインフレーションの激化により日々の生活の中で進行していた具体的な衣食住の面での経済的困窮であり、このことが主な原因となって一九八九年五〜六月、一部の労働者はデモに繰り出す学生らと行動をともにすることになったと見るべきであろう。[83]

五　おわりに

すでに見たように、天安門事件へと至る政治過程が推し進められる契機となったのは、「下から」の民主化を切り開いた第十三回党大会（一九八七年）で趙紫陽によって提起された、労働者集団を中心的アクターとするための制度改革としての政治改革であった。だが、そこで提起された工会を主体とする「集団的民主化」とは、一九八〇年代にグローバルに展開していた「第三の波」の一部として機能しつつも、それが東欧ではポーランドの自主管理労組「連帯」を生み、体制転換という突破口の基礎となっていたのに対して、中国では「下から」の民主化への潜在的可能性を秘めつつも、結果的には体制崩壊という「恐怖」の概念を媒介に、むしろそれを全面的に抑圧する政治力学として機能していたのだといえる。いいかえれば、ポーランド共産党によって八一〜八三年にかけて発令された戒厳令は、ポーランドでは労働者や市民を中心とする「下から」の抵抗運動の過程で「民主化」を実現し、かつそれが平和裏に東欧の体制転換を導いたのに対して、軍による独裁的手段の行使が必要不可欠であるとした鄧小平の戒厳令は、中国では血の弾圧である天安門事件に帰結していったことになる。この意味で、天安門事件について総括された党の第十三回中央委員会第四回全体会議（四中全会、一九八九年六月二十三〜二十四日）とは、「第三の波」とともにもたらされた中国の民主化運動が最終的に挫折し、「例外状況」（C・シュミット）での体制崩壊という「恐怖」にとりつかれた鄧小平の決断によって、その統治が「人民主権」ではなく、「国家主権」に基づくものであることが決定的に刻印された会議であったといえる。

かくして、中共当局は天安門事件後、経済発展と政治的統制という二つの二律背反的両天秤の狭間にあって、結局は後者の選択肢をとることとなった。全国総工会も、同年七月に開かれた第十一期第三回主席団会議では、天安門事件の際に出現した工自連を念頭に置きつつ、倪志福主席が「党の性格を持つ工会の存在を許すことはできない」と訴え、党＝国家と同様、断固たる反対の姿勢を示している。[84] 一方、党中央政治局は同七月二十八日、「中共中央の宣伝、思想工作を強化することに関する通知」に続き、八月二十八日には「中共中央党建設を強化することについての通知」を公布し、企業党委が企業における政治的核心であり、企業での政治（思想）的活動や精神文明建設を指導し、労働者代表大会、工会、青年団などの大衆組織を指導しつつ、企業の意思決定過程に参与し、自らの意見と提案を提出することを求めた。さらに企業中層幹部の任免に関して、党委または工場長が候補者を選び、党委、管理責任者側が集団討議を行い、工場長が任命するとした。[85] このように、それまで十年余りの時間をかけて築かれてきた集団的民主企業管理システムは、天安門事件後三カ月も経ないうちにもろくも改革前の党＝国家の指導による旧システムに立ち返ってしまったのである。

とりわけここで注目すべきなのは、ポスト天安門事件という政治状況を決定するうえで本質的意味をなす党組の復活であろう。文革の最中に党組制度の機能が停止したものの、文革直後に復活した党組は、再度八七年の第十三回党大会で段階的廃止が決定されつつも、八九年の天安門事件直後に復活したが、このことは党＝国家の指導体制が五八年の反右派闘争時以来の「一元的指導」体制へ逆戻りしたことを意味している。だが、たいへん興味深いことに、党＝国家はこうした政治的統制を強める一方で、連合会議制度と民主的対話制度の確立を同時に進め、工会による「下から」の参与、監督に新しいルートを切り開く努力も同時並行して続けていた。天安門事件直後の短い期間に、新たな政治協商体制の立て直しがそれまで以上に本格的に提起されたことがその一つの表れである。一方で党＝国家を中心とする一元的指導体制を復活させつつも、他方、新たな国家と社会の関係を方向づける政治協商体制を設ける中で、「下から」の、さらに「周辺から」の数々の要求に如何に応えるのかという二律背反的バランスの調整が、中華全国総工会の新たな挑戦となっていたのである。

たしかに天安門事件によって趙紫陽による政治体制改革はほぼ全面的に否定され、趙紫陽自身も幽閉生活を強いられ、その政治生命が実質的に断たれることになったのは事実である。だが、党組織と国家政権との職能の峻別、および党組織と人民代表大会、政府、司法機関、大衆団体、企業・事業所、その他さまざまな組織との力関係の調整によって、それら「社会的集団」の本来の独立した機能を回復させようとした政治体制改革の試みは、「制度化された多元主義」の可能性として、おそらく今後とも長く問われ続けることになるであろう。

註

（1）一九八六年十二月、学生運動の勃発を目の当たりにした鄧小平は同二十七日、楊尚昆、薄一波、王震、彭真、余秋里、鄧力群、胡喬木など元老たちを自宅に集め会議を開き、この学生による民主化運動が「ブルジョア自由化」を抑え込むための胡耀邦による指導力不足の結果であるとの認識で全員が一致した。だが、胡耀邦にはすでに事態を挽回できるような政治的余地もなく、残された選択肢としてはただ辞任を待つのみとなっていた。こうした中、鄧小平は同十二月三十日、さらに胡耀邦、趙紫陽、万里、胡啓立、李鵬、および何東昌などを自宅へ呼んで会議を開き、その場で学生運動について次のように述べている。「ポーランドの指導者たちの頭脳は明晰であり、その態度は断固たるものであった。労組の結成と教会勢力との結びつきに直面しつつ、さらに西側世界がそれを支持するという形勢の中で、彼らは軍事管制で情勢のコントロールに当たった。これは、独裁的手段がないとうまくいかないことを説明している。独裁的手段について語らなくてはならないし、必要なときには使用しなければならない」（黎安友導言『最後的秘密：中共十三届四中全会「六四」結論文檔』新世紀出版社、二〇一九年、一八～一九頁）。

（2）「集団的民主化」については、拙書『中国社会主義国家と労働組合』御茶の水書房、二〇〇七年、第三章「政治体制改革と集団的民主化」を参照。

（3）王永玺主編、謝安邦、高愛娣、曹建章副主編『中国工会史』中共党史出版社、一九九二年、四四六～四四七頁。

（4）同。

（5）唐亮『現代中国の党政関係』慶応義塾大学出版会、一九九七年、六三頁。

（6）趙紫陽、バオ・プー、ルネー・チアン、アディ・イグナシアス編：河野純治訳『趙紫陽極秘回想録——天安門事件「大弾圧の舞台裏」』光文社、二八頁、および『趙紫陽的秘密』哈耶出版社、二〇〇九年、一〇八～一〇九頁参照。ただし、「社会主義初級段階」論の提起は、これがはじめてではなく、すでに「建国以来の党の若干の歴史的問題についての決議」（一九八一年六月）と「精神文明建設問題についての決定」（一九八六年九月）でも行われている（宗鳳鳴『趙紫陽：軟禁中的談話』開放出版社、二〇〇七年、三六四〜三六五頁）。

（7）前掲『趙紫陽極秘回想録――天安門事件「大弾圧の舞台裏」』、四四七〜四四八頁。なお、毛沢東の「新民主主義」論の形成過程については、胡績偉『胡趙新政啓示録』新世紀出版社、二〇一二年、四一頁以下を参照。ちなみに、鄧小平は趙紫陽の「政治報告」については、「一字たりとも変更してはならない」と命じていたほどである（『鄧小平文選』第三巻、二九六頁）。これについては、張博樹『趙紫陽的道路』晨鐘書局、二〇一一年、二七四頁参照。

（8）楊継縄『中国改革時代的政治闘争』Excellent Culture Press、二〇〇四年、三六二〜三六三頁。

（9）前掲『趙紫陽極秘回想録――天安門事件「大弾圧の舞台裏」』、二九頁。

（10）宗鳳鳴『趙紫陽：軟禁中的談話』開放出版社、二〇〇七年、七五頁。

（11）当代中国叢書編集委員会編『当代中国工人階級和工会運動』上巻、当代中国出版社、一九九七年、五〇八頁。

（12）趙紫陽「関与政治体制改革問題給中央政治局常委的信（一九八六年十一月十八日）」、〈趙紫陽文集〉編輯組『趙紫陽文集：一九八〇〜一九八九』第三巻、香港中文大学出版社、二〇一六年所収、四九〇〜四九三頁を参照。

（13）中共中央文献研究室編『十三大以来：重要文献選編』上巻、人民出版社、一九九一年、三四〜四八頁。この詳細については、趙紫陽「在研究経済改革問題会議上的講話（一九八七年二月二日）」、前掲『趙紫陽文集（一九八〇〜一九八九）』第四巻、二五〜三九頁、および「沿着中国特色的社会主義道路前進（一九八七年十月二十五日）」同、二一七〜二五四頁所収を参照。

（14）前掲『十三大以来：重要文献選編』、三四〜四八頁、および前掲『現代中国の党政関係』、二七頁。だが、筆者の彪同慶中国労働関係学院長とのインタビュー（二〇〇五年四月）によれば、工会の組織機構の中で党組の廃止が実際に行われたケースはないという。

（15）宗鳳鳴、高岡正展訳『趙紫陽――中国共産党への遺言と「軟禁」十五年余』ビジネス社、一九三頁、および前掲〈趙紫陽文集〉編輯組『趙紫陽文集：一九八〇〜一九八九』第四巻、香港中文大学出版社、二〇一六年、二〇七〜二五四頁。

(16) 鄧小平時代の政治をJ・リンスの権威主義体制とともに「制度的多元主義」としてとらえる論考としては、毛里和子『現代中国政治』名古屋大学出版会、二〇〇四年、第七章「トップリーダーと政治体制――毛沢東と鄧小平」を参照。
(17)『中国共産党第十三回全国代表大会文献集(一九八七年)』北京外文出版社、一九八八年、四二頁。
(18) 同、四二~四三頁。これに関連した詳細については、趙紫陽「関与党政分開(一九八七年十月十四日)」、および同「付録:政治体制改革総体設想(一九八七年十月二十日)」、前掲〈趙紫陽文集〉編輯組『趙紫陽文集:一九八〇~一九八九』第四巻、香港中文大学出版社、二〇一六年、二〇二~二一六頁所収を参照。
(19) H・キッシンジャー(元米国務長官)も当時、アメリカABCテレビのインタビューにこたえつつ、趙紫陽の政治手法の中に鄧小平に見られない「ある程度の政治的多元主義」を許容する側面を見て取り、このことが中国指導部内での「厳しい対立」を招き、「悲劇的だ」と語っていた。このインタビューの録画は一九八九年五月二十六日に中南海に届き、最高指導部の特別の注意を引いたという(張良編、A・J・ネイサン、P・リンク監訳〈山田耕介、高岡正展訳〉『天安門文書』文藝春秋社、二〇〇一年、三一二頁)。
(20) 前掲『中国共産党第十三回全国代表大会文献集(一九八七年)』、五二頁。
(21) 呉国光『趙紫陽與政治改革』太平洋世紀研究所、一九九七年、四八六~四八七頁。
(22) 前掲『中国共産党第十三回全国代表大会文献集(一九八七年)』、三三頁。
(23) 呉国光、廖建龍訳『次の中国はなりふり構わない――「趙紫陽の政治改革案起草者の証言」』産経新聞出版、二〇一二年、四四~四五頁。
(24) 前掲『中国社会主義国家と労働組合――中国型政治協商体制の形成過程』、第一章「初期社会主義段階における労働組合の思想的位置」を参照。
(25) 中華全国総工会組織部編『基層工会改革的思考与実践』海洋出版社、一九八八年、一~二頁。
(26)『工人日報』、一九八八年八月三日および八月四日。
(27) 前掲『中国工会史』、四五一頁。
(28) 管見に触れる限り、社会主義中国における労働運動史において労働組合(工会)を「社会政治団体」と規定したのは、あとにも先にも、この時期だけである。

(29) 前掲『当代中国工人階級和工会運動』上巻、五一六頁。なお、労働問題と経済改革をめぐる趙紫陽の新たな視点としては、「逐歩建立社会主義商品経済新秩序」、前掲〈趙紫陽文集〉編輯組『趙紫陽文集：一九八〇～一九八九』第四巻、香港中文大学出版社、二〇一六年、四四五～四五六頁を参照。
(30) 前掲『中国工会史』、四四六頁。
(31) 『工人日報』、一九八八年十月三十日。
(32) 倪志福「推進工会改革、団結億万職工、在全面深化改革中発揮主力軍作用」(一九八八年十月二十二日)、『中国工会四十年資料選編』、一二一九～一二四四頁。
(33) Andrew G. Walder, "Workers, Managers and the State: The Reform Era and the Political Crisis of 1989", *The China Quarterly*, Sept. 1991, no. 127, p.471.
(34) 『人民日報』、一九八八年四月十日。
(35) 山本恒人『現代中国の労働経済――一九四九～二〇〇〇――「合理的賃金制」から「現代労働市場」へ』創土社、二〇〇〇年、三五三頁。
(36) 屠啓蒙「在職失業：我国通貨膨張不容忽視的誘引」、『中国人民大学復印報刊資料・労働経済与人事管理』(一九九〇年二月号)、四六～四七頁。
(37) Jeanne L. Wilson, "Labour Policy in China: Reform and Retrogression," *Problem of Communism* 39, no. 5 (September-October 1990): 59., cited in Alan P. L. Liu, *op. cit.*, p.110.
(38) 湖南省総工会政研室「一九八八年我省部分企業職工罷工、停工等事件的情況浅析」、『工運理論政策研究資料』、第十九期、一九八八年十月十日。
(39) 「一八四起突発性事件是怎么発生的?」、『工運理論政策研究資料』、第二十四期、一九八九年十二月二十日。
(40) 趙鼎新『国家・社会関係與八九北京学運』香港中文大学出版社、二〇一〇年、一四三頁。
(41) Andrew G. Walder, Gong Xiaoxia, Workers in the Tiananmen Protests: The Politics of the Beijing Workers' Autonomous Federation, *The Australian Journal of Chinese Affairs*, pp.17-8. A・ウォルダーによる当該情報は、「北京市工人自治会的公報」(五月二十日および二十一日)に基づく。
(42) 前掲『中国改革時代的政治闘争』、三八〇頁。

(43) 前掲『国家・社会関係與八九北京学運』、一三一頁。
(44) 前掲『趙紫陽極秘回想録――天安門事件「大弾圧の舞台裏」』、三〇頁、および前掲『中国改革時代的政治闘争』、三九六頁以下を参照。
(45) 前掲『趙紫陽極秘回想録――天安門事件「大弾圧の舞台裏」』、三〇頁。
(46) 任詮「趙紫陽在一九八九年的貢献」、陳一諮、厳家其［等］主編『趙紫陽與中国改革――記念趙紫陽』明境出版社、二〇〇五年、一七一頁。
(47) 前掲『趙紫陽極秘回想録――天安門事件「大弾圧の舞台裏」』、三一頁。
(48) 同、六九頁、および前掲『趙紫陽――中国共産党への遺言と「軟禁」十五年余』、四九頁。
(49) 前掲『中国改革時代的政治闘争』、四一一頁以下参照。
(50) 前掲『趙紫陽極秘回想録――天安門事件「大弾圧の舞台裏」』、六九頁。
(51) 同、七〇頁。
(52) 前掲『趙紫陽――中国共産党への遺言と「軟禁」十五年余』、八六～八八頁。
(53) 前掲『趙紫陽極秘回想録――天安門事件「大弾圧の舞台裏」』、七〇頁。
(54) 前掲『国家・社会関係與八九北京学運』、一五七頁。
(55) 前掲『趙紫陽極秘回想録――天安門事件「大弾圧の舞台裏」』、七一頁。
(56) 同、七二頁。
(57) 前掲『趙紫陽――中国共産党への遺言と「軟禁」十五年余』、二七、九三頁。
(58) 前掲『趙紫陽極秘回想録――天安門事件「大弾圧の舞台裏」』、七二～七三頁。
(59) 前掲『趙紫陽――中国共産党への遺言と「軟禁」十五年余』、五〇頁。なお、この趙紫陽による発言を起草したのは趙紫陽のブレーンであり秘書である鮑彤である。
(60) 前掲『趙紫陽極秘回想録――天安門事件「大弾圧の舞台裏」』、七三～七四頁。
(61) 同、七四頁。
(62) 前掲『趙紫陽――中国共産党への遺言と「軟禁」十五年余』、五〇～五六頁。
(63) 前掲『趙紫陽極秘回想録――天安門事件「大弾圧の舞台裏」』、七七頁。

（64）包遵信『六四的内情』風雲時代、一九九七年、二二八頁。
（65）前掲『趙紫陽極秘回想録――天安門事件「大弾圧の舞台裏」』、七八頁。
（66）同、七九頁。
（67）前掲『六四的内情』、二二七～二四七頁、および前掲『中国改革時代的政治闘争』、四一一頁以下参照。
（68）前掲『趙紫陽極秘回想録――天安門事件「大弾圧の舞台裏」』、八〇頁。
（69）同、八一頁。
（70）例えば陳雲は一九八九年四月下旬、鄧小平へ書簡を送り、「学生運動を鎮圧するために断固たる行動をとらなければなりません。さもなければ、運動は単に拡大するのみであり、もし労働者がこれに参加すれば、その結果はわれわれの想像のできないものになるでしょう」と大きな危惧を表明している（"*South China Morning Post*," May 4, 1989, cited in Jeanne L. Wilson," <The Polish Lesson>: China and Poland 1980-1990," *Studies in Comparative Communism*, vol.XXIII, nos. 3/4, Autumn/Winter 1990, p.273.)。
（71）Andrew G. Walder, Gong Xiaoxia, "Workers in the Tiananmen Protests: The Politics of the Beijing Workers' Autonomous Federation," *op. cit.*, p.7.
（72）*ibid.*, pp.10-11.
（73）*ibid.*, pp.17-18.
（74）*ibid.*, pp.12-3. ここでウォルダーによって間接的に引用されている資料は、*Zhongguo minyun yuan ziliao jingxuan* (Shiyue pinglunshe, Hong Kong, 1989), pp.44-48 であるが、もともとの情報は工自連によって配布された声明文やビラによる。
（75）*ibid.*, pp.13-14.
（76）Andrew G. Walder, "Workers, Managers and the State: The Reform Era and the Political Crisis of 1989," *op. cit.*, p.491.
（77）『人民日報』、一九八九年六月三日、および前掲『中国改革時代的政治闘争』、四四六頁。
（78）木間正道、鈴木賢、高見澤磨『現代中国法入門（第三版）』有斐閣、二〇〇三年、一八一頁。
（79）前掲『当代中国工人階級和工会運動』上巻、五四〇頁。
（80）Andrew G. Walder, Gong Xiaoxia, Workers in the Tiananmen Protests: The Politics of the Beijing Workers' Autonomous

Federation, *op. cit.*, p.9.

（81）*ibid.*, p.15.

（82）前掲『当代中国工人階級和工会運動』上巻、五四一頁。

（83）Andrew G. Walder, Gong Xiaoxia, Workers in the Tiananmen Protests: The Politics of the Beijing Workers' Autonomous Federation, *op. cit.*, p.5.

（84）『人民日報』、一九八九年七月二十六日。

（85）『人民日報』、一九八九年八月九日。

（本稿は、明治大学社会科学研究所紀要第五十七巻第二号、二〇一九年三月に掲載された論文を、最新資料に基づき、さらに加筆・修正したものである。）

第七章　「一九八九年」の知的系譜——中国と東欧を繋ぐ作家たち

及川淳子

一　はじめに

一九八九年が世界史の転換点であることに異論はないだろう。本書の主要テーマである六四・天安門事件は、まさしく現代中国における転換点である。今年は事件から三十年という節目にあたるが、過去の歴史的事件として考察するだけでなく、強権的な統治を強化している習近平体制の今後や激動する香港情勢を読み解く上でも、中国現代史の原点として再検討する必要がある。いわゆる「一九八九年」の諸問題は、歴史の課題であると同時に今日的な課題でもある。

一方、一九八九年という同時代性に留意して世界史を復習すれば、ポーランド、ハンガリー、チェコスロバキア、ルーマニアなどで政変が相次ぎ、東西ベルリンの壁が崩壊し、マルタ島での米ソ首脳会談によって冷戦が終結した。東欧における社会主義体制の終焉が、その後、一九九一年のソ連崩壊へと繋がったことを見ても、一九八九年を現代史の原点と考えるべきだろう。(1)さらに世界を俯瞰すれば、同年、南アフリカではアパルトヘイトが廃止され、人権問題や人道主義が国際社会の関心事となった。日本社会では、昭和から平成へと時代が変わった節目でもあった。一九八九年は、まさに世界を大きく揺るがした年だったのである。

これらの歴史的事象について、三十年という時間が経過した今こそ、個別具体的な問題に対するさらに詳細な実証研究が待たれるが、加えて一九八九年という共時性やその連関性についての分析が必要だと考える。そこで、小論では、一九八九年を同時代人として体験した中国と東欧の五人の作家に着目し、その知的系譜について考察したい。具体的には、六四・天安門事件に深く関わり、二〇一〇年のノーベル平和賞を受賞した劉暁波、チェコスロバキアのビロード革命で指導的役割を果たした劇作家で、後に大統領に就任したヴァーツラフ・ハヴェル、現在ドイツに亡命中の中国人作家廖亦武、ルーマニア出身で二〇〇九年にノーベル文学賞を受賞したドイツ在住の作家ヘルタ・ミュラー、東西ドイツの間で翻弄されるも独自の活動を続ける詩人のヴォルフ・ビーアマンを取り上げる。

小論は、一九八九年をそれぞれに体験した作家たちの共時性およびその連関性を考察対象とするため、個別の作家論や作品論についてはひとまず脇に置くこととする。そのため、限定的な議論であることは否めないが、ここに挙げる作家たちには、後述するように直接的な交流の有無にかかわらず、思想的な共鳴とそれに支えられた行動という共通点を指摘することができる。

一九八九年の諸問題は、作家にどのような転機をもたらし、いかなる知的系譜を描かせることになったのだろうか。一九八九年が自身の人生において大きな転換点となった五人の作家が、物理的な距離や文化および言語などの様々な相違を超えて繋がる中で、思考し、行動した軌跡を明らかにすることによって、一九八九年を源流とする歴史の一端を読み解きたい。

二　北京とプラハを繋ぐ作家たち

ヴァーツラフ・ハヴェルと劉暁波

チェコスロバキア出身のヴァーツラフ・ハヴェル（一九三六～二〇一一）と中国の劉暁波（一九五五～二〇一七）は直接の交流を持つことはなかったが、彼らの思想と行動には極めて重要な共通点があった。

一九七〇年代、ハヴェルは不条理劇作家として活躍し、その名は世界的に知られていた。作品の特徴は、「舞台の背後の暗黒にひそむ巨大な権力機構、およびそれに操作される人間の不条理な言動とその破局の暗示」と指摘されている。(2) 一九六八年、「人間の顔をした社会主義」を求めてチェコスロバキアの市民が立ち上がった民主化運動、いわゆるプラハの春は、ソ連のブレジネフ政権がワルシャワ条約機構の軍隊を投入したために圧殺された。以後、チェコスロバキアで多くの知識人が弾圧される中で、ハヴェルも作品の発表を禁じられ、幾度も勾留や投獄の処分を受けた。奇しくも、不条理劇作家は自ら不条理劇の主人公となったわけだが、民主化と人権擁護の運動の先頭に立ち続け、一九八六年にはヨーロッパの文化や社会に対する貢献を顕彰するエラスムス賞を受賞した。共産党政権に対する反対勢力を結集して大衆運動「市民フォーラム」を結成し、民主化運動の指導者となり、一九八九年のビロード革命で共産党政権が崩壊すると、体制転換後のチェコスロバキアの大統領およびチェコの初代大統領に就任した。死去後にはプラハの空港がヴァーツラフ・ハヴェル・プラハ国際空港と改称されたほどチェコの国民から親しまれている。日本でも、自伝や獄中記、演説や評論などが翻訳出版されている。(3)

二〇一〇年にノーベル平和賞を受賞した劉暁波は、日本でも広く知られている人物だ。(4)一九八九年、研究のために滞在していたアメリカから民主化運動に参加するために中国に戻り、平和的な運動を徹底して天安門広場でハンガーストライキを決行し、武装した学生たちから銃を取り上げて打ち壊した姿は、六四・天安門事件の悲劇の中で「道義的な象徴」と言われた。(5)六月四日未明、学生たちと戒厳部隊の間で交渉役を務め、学生たちが天安門広場から平和的に撤退する際に極めて重要な役割を果たした。六四・天安門事件以後、多くの関係者が海外に亡命する中でも中国国内に留まる道を選び、その後は幾度も逮捕、投獄されながらも中国の民主化を訴え続けた。二〇〇八年に国家政権転覆煽動罪で逮捕され、二〇一〇年には獄中でノーベル平和賞を受賞したが、二〇一七年に事実上の獄死を遂げた。中国国内では、六四・天安門事件はもとより、劉暁波の言説も厳しく封殺されている。中国政府は劉暁波の墓地や記念碑が民主化運動の聖地となることを恐れたのか、その遺骨を埋葬することも許さず、遺族に強要して海に散骨させた。劉暁波は中国における民主化運動および人権問題の象徴的な人物であり、中国共産党政権にとって、死してなお政治的に敏感な存在である。

民主化運動の後に大統領に就任したヴァーツラフ・ハヴェルと、獄死した劉暁波の結末は極めて対照的だ。ビロード革命の成功を手にしたハヴェルと、六四・天安門事件の武力弾圧を経験した劉暁波について、彼らの希望と絶望を同様に語るべきではないかもしれない。しかし、作家から民主化運動に転じ、幾度も投獄された体験を通して、ハヴェルと劉暁波にはある種の親和性を見ることができる。そのもっとも顕著な特徴は、非暴力による民主化および人権擁護の運動を徹底するという平和主義の思想である。

「〇八憲章」と「憲章七七」

二〇〇八年、劉暁波が国家政権転覆煽動罪で逮捕された直接的な理由は、民主化要求の文書「〇八憲章」の起草とその署名活動において中心的な役割を担ったことによる。(6)「〇八憲章」とは、劉暁波を中心とする中国国内のリベラル派知識人たちが共同で発表し、三百三名の署名とともにインターネットで公開した文書だ。一九四八年に国連総会で採択された「世界人権宣言」

の公布から六十年、「市民的及び政治的権利に関する国際規約」（自由権規約、B規約）に中国政府が署名して十年という節目の年にあたる二〇〇八年に発表された。自由、人権、平等、共和、民主、憲政の基本理念をふまえ、人権の保障、言論の自由、司法の独立など十九項目にわたる具体的な民主化要求の主張を述べた「〇八憲章」はネットで拡散され、賛同者の署名は一万人を越えた。理性的かつ平和的な民主化を訴える内容だが、中国共産党政権の独裁に対する痛烈な批判は劉暁波をはじめとする関係者の事情聴取や逮捕に繋がり、「〇八憲章」は中国の言論空間から封殺された。

中国国内での状況とは対照的に、国際社会では「〇八憲章」に対する関心が高まった。二〇〇九年三月にチェコのプラハで開催された Homo Homini Award（「人と人」人権賞）が、劉暁波と「〇八憲章」の全署名者に授与されたこともその一例である。(7) 同賞は一九八九年のビロード革命を原点とするチェコの人権団体 People in Need が主催し、平和的な方法で人権運動に取り組み、民主化に向けて卓越した貢献を果たした人物や団体を表彰している。(8) 逮捕、拘束された劉暁波に代わって授賞式に出席した中国の関係者に賞を手渡したのが、ヴァーツラフ・ハヴェルだった。授賞式のスピーチでは、以下のように述べている。(9)

「〇八憲章」は、チェコスロバキアの「憲章七七」と同様の精神を訴求したものである。「憲章七七」と同様に「〇八憲章」は中国の権力当局に法律の遵守を呼びかけ、現行の政治体制と中国の憲法に対して基本的人権と民主の確実な保証という変化を求めたものだ。Homo Homini Award が「憲章七七」の運動の精神を明確に理解した人物に授与されるという深遠な影響と重要な意義は、かつて、そして現在も、共産主義体制のもとに生活する人々の間で、必ずや伝えられることだろう。……今年度の Homo Homini Award の選出は、ある種の象徴的な意義を有するものと見なされるべきであり、大いなる勇気と、個人の危険をものともせずに「〇八憲章」に署名した人々への支持を示すものでもある。

ハヴェルが指摘したとおり、「〇八憲章」起草の背景には、明らかにチェコスロバキアの「憲章七七」の影響があった。一九六八年のプラハの春とその弾圧から約十年後、一九七七年に発表された「憲章七七」は、ヴァーツラフ・ハヴェル、哲学者のヤン・パトチカ、元外相のイジー・ハーイェクらが中心となって起草し、二百四十二名の署名付きで当時の西ドイツの新聞に発表された。(10) 知識人たちは当時のグスターフ・フサーク政権の人権抑圧に抗議し、冷戦時代の東西協調を謳った一九七五年の「ヘルシンキ宣言」に明記された人権条項の遵守を求めた。「憲章七七」は、「市民的および人間的権利を尊重するために尽力しようという意思で結ばれた、ゆるやかな、形式ばらない、開かれた共同体である」と宣言している。「憲章七七」の発表後、ハヴェルや関係者たちは投獄されるなどの厳しい弾圧を受けたが、その運動はチェコスロバキアのみならず、ポーランドの「連帯」をはじめ東欧諸国の民主化運動に多大な影響を与えた。

チェコの人権団体が劉暁波たちを称え、ハヴェルの手によって表彰したことは、まさに三十余年の時を超えて、「憲章七七」と「〇八憲章」が民主化を求める「開かれた共同体」として共鳴したといえるだろう。

前述したように、中国では劉暁波と「〇八憲章」に関する情報は徹底的に封殺されているが、ハヴェルの人物紹介や「憲章七七」に関する情報は統制の対象にはなっておらず、「憲章七七」の中国語訳もネットで閲覧することが可能だ。[11] しかしながら、ハヴェルの著作自体は禁書の扱いを受け、中国国内で正規の出版物として出版することは許可されていない。筆者の手元にある中国語版の『哈維而文集』（ハヴェル文集）は、出版社や発行年などを記した奥付もない、いわゆる地下出版の図書だ。同書には、「グスターフ・フサークへの手紙」（一九七五年四月八日）、「政治と良心」（一九八四年二月）、「憲章七七」の同志でもあったヤン・パトチカを記念する「力なき者たちの力」（一九七八年十月）など、ハヴェルの代表的な論考や書簡などが収録されている。巻末の年表などから、同書はハヴェルがチェコの大統領を退いた二〇〇三年に翻訳されたことが推察できる。[12]

同書に序文を寄せたのは、李慎之（一九二三〜二〇〇三年）だ。国際問題の専門家として知られた李慎之は、周恩来の外交秘書を務め、中国社会科学院アメリカ研究所所長などを歴任した。中国共産党の長老でもあったが、リベラル派の知識人として現代中国の思想界にその名を刻む人物でもある。翻訳者の崔衛平は北京電影学院の元教授で、劉暁波と深い親交があった。崔衛平によって劉暁波が『ハヴェル文集』を手にしていたであろうことは容易に想像できる。崔衛平は自身の専門である映画評論に留まらず社会問題に対する評論活動も活発で、「〇八憲章」の第一次署名者でもあり、Homo Homini Award の授賞式にも出席してハヴェルと懇談の機会を持った。崔衛平の著書『正義之前』には、「ハヴェルはわたしたちの前方を行く大家ではなく、英雄や聖人でもない。わたしたちと苦楽を共にする兄弟であり、仲間なのだ」と記した一文がある。(13)

二〇一〇年一月六日、「憲章七七」発表から三十三周年にあたる記念日の当日、ハヴェルはプラハの中国大使館に赴き、劉暁波に対する実刑判決に抗議する内容の胡錦涛国家主席宛公開書簡を提出した。(14) ハヴェルには、「憲章七七」と「〇八憲章」の共鳴に加えて、獄中の劉暁波にかつての自分の姿を重ね合わせるところもあったのだろう。

「憲章七七」から「〇八憲章」に繋がる知的系譜は、その後、劉暁波のノーベル平和賞受賞の追い風となった。ハヴェルは「憲章七七」の同志であるダナ・ニェムツォヴァー、ヴァーツラフ・マリーらと共同で、劉暁波をノーベル平和賞に推薦する運動を始めたのだ。(15) 中国政府は強く抗議したが、劉暁波は二〇一〇年にノーベル平和賞を受賞した。獄中の劉暁波はもとより、妻の劉霞も自宅軟禁の処分にあって授賞式への出席が叶わず、ノルウェーのオスロ市庁舎で行われたノーベル平和賞の式典では、座るはずの人がいない椅子にメダルと賞状が置かれた。「空っぽの椅子」は、結果的に劉暁波の名を国際社会に知らしめることになったのである。

ノーベル平和賞委員会は、劉暁波の受賞理由として「中国における基本的人権のために、長年にわたり非暴力の闘いをしてきた」と評価した。[16] その「闘い」には、一九八九年の民主化運動で非暴力を徹底したこと、その後も中国国内で執筆活動を続けて「〇八憲章」を起草したこと、そして、病気療養を名目とした海外への亡命などの政治的取引に応じることなく獄中に留まったことなどが含まれるだろう。ここではノーベル平和賞の功罪やその政治性については言及しないが、劉暁波の受賞においては、ハヴェルの支援運動が多大な役割を果たしたことを指摘しておかなければならない。ヴァーツラフ・ハヴェルと劉暁波、そして「憲章七七」から「〇八憲章」へ、これらはまさに、「一九八九年」を原点とする知的系譜の一側面である。

三　中国とドイツを繋ぐ作家たち

廖亦武、ヘルタ・ミュラー、ヴォルフ・ビーアマン

二〇一七年七月十三日、末期の肝臓癌に冒されていた劉暁波が死去した。それは、事実上の獄死だった。その一年後、ベルリンのゲッセマネ教会で行われた劉暁波一周忌の追悼行事に、廖亦武、ヘルタ・ミュラー、ヴォルフ・ビーアマンの姿があった。劉暁波を偲んで笙の演奏を捧げた作家の廖亦武は、劉暁波夫妻の友人でもある。ギターで弾き語りをした詩人のビーアマンは、「人道とは何かを、権力にしがみつく者は理解できない」と語って中国政府による人権

抑圧を批判し、作家のミュラーは劉暁波夫妻への支援を「人生の義務」と語ったという。[17]

追悼行事のわずか三日前、劉暁波の妻劉霞は中国政府によって約八年もの長きにわたった自宅軟禁をようやく解かれ、亡命先のベルリンに降り立ったばかりだった。劉霞は追悼行事への出席を見送ったが、経由地のフィンランド・ヘルシンキ空港で見せた笑顔の写真は、劉暁波を追悼する人々にとって最大の慰めとなっただろう。ヴァーツラフ・ハヴェルと劉暁波が連なる知的系譜には思想的な特徴が顕著だが、劉暁波と劉霞に深く関わることとなった三人の作家、廖亦武、ミュラー、ビーアマンは、ハヴェルと劉暁波の思想的系譜を継承した上で、さらに実際の行動を重視する作家たちである。

廖亦武（一九五八〜）の人生を大きく変えたのも、一九八九年だった。[18] 四川省出身で一九八〇年代に詩作を始めた廖亦武は、六四・天安門事件の夜に長詩「大虐殺」を創作して朗読し、翌年に映像詩『安魂』を撮影したことで逮捕され、反革命罪で懲役四年の実刑判決を受けた。獄中で数々の暴行を受け、二度も自殺を図ったという。釈放後は、詩人、民間芸人、作家として活動し、『中国低層訪談録』を執筆したが、中国では禁書扱いとなった。[19] 同書の英語版が世界的に話題となって当局から逮捕通告を受けたため、二〇一一年に中国とベトナムの国境を越えて出国し、最終的にドイツに亡命した。現在はベルリンに在住し、執筆活動を続けている。

一九八〇年代、廖亦武は詩作を通して劉霞に出会った。劉霞と劉暁波が獄中結婚するよりも前のことだ。廖亦武が暮らしていた四川と劉霞や劉暁波が暮らしていた北京の距離は、現在のような交通や通信の手段のなかった当時、いったいどれほど遠く感じられたことだろうか。現代詩を紹介する雑誌への投稿や手紙のやりとりを経て、廖亦武は次第に彼らと親しくなった。廖亦武が「〇八憲章」に署名した理由は、親しい劉暁波から直接電話を受けたからだという。[20]

ヘルタ・ミュラー（一九五三〜）は、ルーマニア出身のドイツ系作家である。チャウシェスク政権下、秘密警察への協力を拒否して職を追われたが、一九八二年に短編集『澱み』を発表すると高く評価された。[21] その後、体制批判の言論を危険視されて国内での出版が禁じられたため、一九八七年に西ドイツに移住した。一九八九年は、ミュラーにとっても重要な転換点だった。西ドイツで東西ベルリンの壁崩壊を目撃し、故郷のルーマニアではチャウシェスク大統領が革命政府によって処刑され、社会主義体制が終焉を迎えた。ルーマニアにおけるドイツ系民族迫害の問題などをテーマに創作活動を続けてきたミュラーにとって、東欧の激変は民族の歴史そのものであり、自身のアイデンティティに関わる問題だった。ミュラーは一九九五年にヨーロッパ文学賞、二〇〇九年にはノーベル文学賞を受賞し、現在もドイツで活動を続けている。

ミュラーと劉霞には詩人としての共通点があり、詩作を通じた交流があった。直接的な懇談や往復書簡でなくても、詩人たちの言葉はそれぞれの境遇を超越して相手の心に響くのだろう。劉霞は長年の軟禁生活で鬱病を患い、劉暁波の死後はさらに病状が悪化していた。その心情を、ミュラーに宛てた詩の形で、「おかしくなりそうだ。あまりに孤独で、大きな声で話をする権利もない。私は植物のように生きている。死体のように横たわっている」と綴り、その直筆メモが廖亦武によってネットで公開された。[22] 劉暁波の追悼行事で「人生の義務」と語ったミュラーの言葉は、劉暁波夫妻に対する深い理解と共感によるものだ。

ヴォルフ・ビーアマン(一九三六〜)はドイツ出身の詩人、劇作家、そして音楽で社会批判を続ける歌手であり、「歌う詩人」として知られている。[23] ビーアマンには、幼少の頃にユダヤ人の父親がアウシュビッツ強制収容所で殺害されたという原体験がある。旧西ドイツのハンブルクの出身だが、十代の頃に社会主義に希望を抱いて東ドイツに移住した。ところが、次第に幻滅して東ドイツ批判を行うようになり、一九七六年には西ドイツでの演奏旅行中に東ドイツから市民権の剝奪と国外追放処分を受け、そのまま西ドイツに留まることとなった。[24] この事件によって、東ドイツでは文化人や市民によるビーアマン支持と東ドイツ政府に対する抗議活動が高まり、結果的にビーアマンは東西ドイツのみならず世界的に知られるようになった。一九八九年、ベルリンの壁崩壊がビーアマンにもたらした影響の大きさは想像して余りある。一九九一年には、ドイツ語圏でもっとも重要な文学賞のゲオルク・ビュヒナー賞を受賞し、一九九八年にはドイツ国家賞、二〇〇六年には功労勲章が授与された。インターネットでは、ビーアマンのライブ映像が数多く公開され、彼の長年にわたる精力的な活動と人気の高さをうかがい知ることができる。

ビーアマンと廖亦武には、「歌う詩人」という共通点がある。自らの言葉を自らの音楽に託し、体制やイデオロギーを批判する表現者として、互いに通ずるものがあるのだろう。ビーアマンは、廖亦武との友情について「独裁と戦った者は自然と結びつく」と語っている。[25] 廖亦武とビーアマンの親交は、後述するように特別な意味と結果をもたらすことになった。

二〇一一年にドイツに亡命した廖亦武は、ベルリンでの生活を始めてからドイツの作家や芸術家たちと親交を深めた。そうしたネットワークのキーパーソンが、ヘルタ・ミュラーとヴォルフ・ビーアマンだ。廖亦武は彼らを通してドイツの文化や社会に触れ、彼らは廖亦武を通して中国を知ったのだろう。そして、廖亦武は自分自身が亡命者としてドイツの友人からの支援を受けるだけでなく、これから亡命者になる北京の友人に対して、ドイツの友人と共に支援するという道を選択した。それこそが、劉暁波と劉霞に対する支援という行動だった。

メルケル首相への手紙

六四・天安門事件三十年を記念して、日本でも様々な関連書が出版された。その中の一冊に、廖亦武の著書『子弾鴉片:天安門大虐殺的生死故事』の邦訳書、『銃弾とアヘン――「六四天安門」生と死の記憶』がある。[26] 同書は、六四・天安門事件に関わって実刑判決を受け、服役した経験のある人々に対して廖亦武がインタビューした記録を中心に、自身のエッセイなども加えた文集だ。重要な特徴は、事件の際に注目された著名な知識人や学生リーダーではなく、事件に関わった市民たちの記録という点である。インタビューの対象者は、事件で息子を失った父親のほか、反革命宣伝煽動罪や放火罪などの罪で逮捕され、「暴徒」と呼ばれて服役した人々の証言が綴られている。彼らは獄中で残忍な虐待を受け、出所後もトラウマを抱えたり、差別や偏見に直面するなど、廖亦武自身と共通の体験を持つ人も多い。

邦訳書には、二〇一二年出版の原書と異なるいくつかの特徴がある。小論に関わる点で極めて重要なのは、「劉暁波の最期のとき」と題して廖亦武が執筆した文章が収録されていることだ。[27]廖亦武が劉霞との間で交わした電話の記録、さらには、メルケル首相宛の手紙が収録され、廖亦武がヘルタ・ミュラーやヴォルフ・ビーアマンと共に劉暁波と劉霞の支援に奔走した日々が克明に記されている。

その記録は、劉暁波の死去から一カ月余り経った二〇一七年八月二十九日、廖亦武がベルリンから北京の劉霞に電話をかけた際の四十分余りにわたるメモから始まる。劉暁波の死を受けとめられず絶望する劉霞に、廖亦武は励ましの言葉をかけ続けて出国を促した。同月三十一日の二回目の電話メモには、まさしく題名のとおりに劉霞が語った「劉暁波の最期のとき」の詳細が廖亦武によって書き残されている。劉夫妻と親しい友人として、劉霞から直接耳にした内容を録音と文章で残した記録は極めて重要であり、劉暁波の死去に関する記録として、おそらく最初で最後の貴重な史料というべきだろう。

「劉暁波の最期のとき」には、アンゲラ・メルケル首相宛の三通の手紙が収録されている。メルケル首相は一九五四年に旧西ドイツのハンブルクで生まれたが、生後間もなく両親と共に東ドイツに移住した。物理学者だったメルケルが政治の世界に足を踏み入れたのは、ベルリンの壁崩壊がきっかけだった。人権を重視するメルケル政治の原点には、東ドイツでの生活体験がある。

メルケル首相宛の一通目の手紙は、廖亦武が二〇一七年四月二十二日付で綴ったものだ。劉暁波は二〇〇八年に拘束された後も、一貫して中国に留まる決意だった。劉霞が長年にわたって自宅軟禁され、鬱病が深刻な状態になっていたことは、原則として月に一度のわずかな面会時間の中では話題にすることも禁じられ、劉暁波は知るよしもなかった。同年三月、劉暁波はようやく劉霞の実情を知り、ドイツに出国しようと説得する劉霞に同意した。それを知った廖亦武は、劉夫妻の希望を述べた上で、「メルケル夫人、あなたとドイツ政府が、いかなるルートを使ってでも中共との間で交渉を調停するよう切に希望いたします」、「これは私の人生でもっとも重要な手紙かもしれません」と訴えたのだ。(28) 廖亦武はそれまでに何度かメルケル首相と交流の機会があったが、確実なルートで手紙を届けるためにビーアマンに助けを求めた。メルケル首相もビーアマンのファンで、彼らが親しい友人だと知っていたからだ。廖亦武からビーアマン夫妻に宛てて「いま、獄中の劉暁波に私が手を差し伸べるときです。ですが、あなた方に頼らなければなりません」と記した一文には正確な日付はないが、廖亦武のメルケル首相に対する期待と、ビーアマンへの強い信頼がうかがえる。(29)

メルケル首相宛の二通目の手紙は、ビーアマンが同年四月二十七日付で記したものだ。「おそらく私たちにできることは、廖亦武の友人がもう一度笑みを浮かべることができるよう、その理由づけをすることです」と綴り、劉霞が中国政府の関係当局に提出した「出国病気療養の書面申請書」のコピー、劉霞がヘルタ・ミュラーと廖亦武に宛てた手紙と写真を添えた。[30]

ところが、その後しばらく経って、廖亦武と劉霞の間で連絡が途絶えた。六月十六日、廖亦武が受けたのは劉家の親族からの電話で、劉暁波が末期の肝臓癌に冒され、すでに重篤な状況にあることを知らされた。メルケル首相への三通目の手紙は、その電話を受けた当日に廖亦武が記したもので、「一日中、激しい痛みに苦しんでいる劉暁波は、「死ぬにしても、ドイツで死ぬ!」とまで言っています」と訴えた。折しも、翌七月上旬にはハンブルクでG20が開催される予定で、習近平国家主席がドイツを訪問してメルケル首相と首脳会議を行うと報道されていた。そこで廖亦武は、「習近平との会談の際に、あなたの慈悲の心と政治的智慧を使って、できるだけ早く劉暁波を自由にして、ドイツで病気治療ができるように、いえ、人道的な緊急措置を執るよう中国政府に促してください」と懇願した。[31]

メルケル首相宛の書簡を巡り、ハンブルク在住のビーアマン夫妻と廖亦武との間でメールが飛び交う一方で、ベルリンの廖亦武の自宅を頻繁に訪ねたのはヘルタ・ミュラーだった。ミュラーは、「劉暁波をこんなふうに中国で死なせてはいけない、劉霞をこんなふうに中国で生かしてはならない」と語ったという。[32]

劉霞の話を記録した廖亦武の電話メモによれば、七月十二日、劉暁波は病室のベッドの傍らに付き添っていた劉霞を外に追いやるようなそぶりで、「行きなさい、行きなさい」と繰り返したという。それは、「国外に出て、生きて行きなさい」という「遺言」だったのだろう。廖亦武の記録によって明らかにされたのは、奇しくもその同じ日に、北京のドイツ大使館が劉夫妻の出国のための査証手続きをほぼ終えていたということだ。しかし、二〇一七年七月十三日、劉暁波はついに帰らぬ人となった。その日、ビーアマンが廖亦武に送ったメールには、「この魂であなたを抱きしめよう。わが友よ、悲しみを乗り越える慰めをあなたに与えることができますように。なぜなら、亡くなったのは一人の勇敢な闘士だったのだから」と綴られていた。結果的に、劉夫妻が揃ってドイツに亡命することは果たされず、彼らがドイツで一堂に会すことはなかった。しかし、廖亦武たちは、劉暁波の死後も劉霞に対する支援を継続した。

劉霞が自宅軟禁を解かれてベルリンに渡ったのは、劉暁波の死から約一年後、二〇一八年七月十日のことだ。その背景として、前年、ハンブルクで行われたG20の首脳会談で、習近平国家主席に対して劉夫妻の処遇を繰り返し提起したメルケル首相の働きかけがあり、米中関係が緊張する中で中国政府がドイツとの関係を重視した結果ではないかという見方もあるだろう。しかしながら、そうした外交の舞台裏に、廖亦武、ヘルタ・ミュラー、ヴォルフ・ビーアマンという三人の作家たちの関係、信念、そして行動があったことを忘れてはならない。劉霞は現在もベルリンで生活しており、事実上の亡命者となった。

彼らがそれぞれに体験した「一九八九年」から約三十年が過ぎて、四川、北京、ハンブルク、ベルリンという遠く離れた土地で暮らしていた彼らが、あたかも引き寄せられるかのように集った。それはまさに、「一九八九年」を原点として、人権、自由、民主などの価値を擁護する知的系譜に連なる人々の思想と行動にほかならない。

四　むすびにかえて

歴史の発展について考察する際に、それを直線的にとらえるならば、歴史の変化という通時性が強調されるだろう。例えば、二〇一九年の現在から一九八九年の問題を再検討することで明らかになることがあり、一九八九年を再検討することで明らかになる二〇一九年の問題もある。一般的に、通時性とは物事の変化を時間の経過に沿って見る際に想起される。それに対して、同時代性に着目して考える場合は、例えば、歴史の発展が異なる国や地域でどのように見られたのかという構造的な変化や差異について考察することができる。

それでは、歴史の発展について、直線的ではなく螺旋的にとらえるとすれば、どうだろうか。回転しながら上昇あるいは下降する螺旋状の変化には、同心円状に描かれるものもあれば、あるいは不均一な回転によって描き出される偶然の変化があるかもしれない。いずれにしても、螺旋的な変化を想起すれば、変化を伴いながらも重なり合い繰り返される歴史の循環という共時性について着目できるのではないだろうか。例えば、プラハの春から数年を経て「憲章七七」が提起されたことと、六四・天安門事件から時を経て「〇八憲章」が発表されたことには、歴史の変化という通時性だけでなく、歴史の共時性として見ることもできる。小論の課題である「一九八九年」は、とりわけ共時性に着目して考察すべき歴史の転換点だ。一九八九年を源流とする五人の作家たちが、中国と東欧という物理的な距離や様々な差異を超えて繋がる中で、思考し、行動した軌跡は、歴史の通時性と共時性によって継承された、ある種の知的系譜として見ることができるだろう。

当然のことながら、歴史の共時性という視点で分析すれば、共通点だけでなく相違点も明らかになる。例えば、ヴァーツラフ・ハヴェルと劉暁波の平和主義という共通点については前述したとおりだ。しかし、ハヴェルが獄中で妻に宛てて記した書簡集は『オルガへの手紙』として出版されたが、劉暁波は獄中で劉霞に宛てて手紙を書くことさえ許されず、劉暁波の著作として『劉霞への手紙』が編まれることはなかった。これは一つの例に過ぎないが、中国の政治犯を取り巻く状況の厳しさについて、その一端を想像することができる。

ところで、小論で考察した作家たちは、ある種の因果的ともいえる政治的ジレンマの問題と無縁ではない。例えば、前述した作家たちは、逮捕や服役、国外追放や亡命などによって結果的にその名が世界的に知られるようになったところがある。政治的な迫害は、作家たちの思想と行動を強靱なものにしたが、同時に彼らの名声が高まり、それによって政治的圧力がさらに強まったのも事実だ。そうした因果関係は、まさに政治的ジレンマである。劉暁波夫妻の亡命を支援するために奔走した前述の作家たちは、当初から密接な関係を築いていたというよりは、共通の目的に向けて行動し、現実の政治的厳しさに直面する中で、互いの結びつきをさらに強固にした。そのように考えると、中国と東欧を結ぶ「一九八九年」の知的系譜は、とりわけ中国において現実の政治に翻弄される可能性と危険性を含有しており、そのような政治的ジレンマを内包していると言わざるを得ない。

小論は、一九八九年という歴史の共時性について検討し、取り上げた作家たちの関係性を中心に論じたため、個別の作家に対する評価については言及せず、その意味では限定的な議論に留まった。一九八九年を源流とする知的系譜については、長期的かつ複眼的な視点による考察が必要であるため、引き続き研究課題としたい。

歴史を動かす主体は多岐にわたり、集合的かつ複合的である。情報技術が革新的な発展を遂げている現在、作家たちの言葉は容易に伝播し、また同時に、安易な消費の対象にもなるだろう。だが、歴史の共時性を強く意識する作家たちの思想と行動は、歴史の発展における主体的行為になり得るのだ。そのような知的営為が、ある種の系譜を受け継いでいると知ったとき、歴史は新たな様相を見せながら、現代を生きる私たちの眼前に広がるにちがいない。

註

（1）一九八九年を世界史における転換点として検証した著作や論考は多いが、とりわけ同時期を米誌『ニューズウィーク』のドイツ・東欧圏支局長として取材したマイケル・マイヤーの著書『1989――世界を変えた年』(早良哲夫訳、作品社、二〇一〇年)は、東欧諸国における政変をジャーナリストの視点から詳細に記録しており参考になる。

(2)ヴァーツラフ・ハヴェル著、飯島周監訳『反政治のすすめ』恒文社、一九九一年、三〇〇頁。

(3)前掲、『反政治のすすめ』は演説、書簡、評論など、ハヴェルの主要な政治活動を紹介した資料。邦訳書は戯曲集のほかに、ハヴェルの生涯を知る自著として、『ハヴェル自伝――抵抗の人生』(佐々木和子訳、岩波書店、一九九一年)、『プラハ獄中記――妻オルガへの手紙』(飯島周訳、恒文社、一九九五年)などがある。また、最新の邦訳書として『力なき者たちの力』(阿部賢一訳、人文書院、二〇一九年)が刊行された。

(4)劉暁波に関する代表的な著作は以下のとおり。

①劉暁波著、野澤俊敬訳『現代中国知識人批判』徳間書店、一九九二年。
②劉暁波『天安門事件から「〇八憲章」へ――中国民主化のための闘いと希望』子安宣邦序、劉燕子編、横澤泰夫・及川淳子・劉燕子・蔣海波訳、藤原書店、二〇〇九年。
③劉暁波著、廖天琪・劉霞編、丸川哲史・鈴木将久・及川淳子訳『最後の審判を生き延びて――劉暁波文集』岩波書店、二〇一一年。
④矢吹晋・加藤哲郎・及川淳子編訳著『劉暁波と中国民主化のゆくえ』花伝社、二〇一一年。
⑤劉暁波ほか『「私には敵はいない」の思想――中国民主化闘争二十余年』藤原書店、二〇一一年。
⑥劉暁波著、田島安江・馬麗訳・編『詩集 牢屋の鼠』書肆侃侃房、二〇一四年。
⑦劉暁波著、劉燕子・田島安江編訳『詩集 独り大海原に向かって』書肆侃侃房、二〇一八年。
⑧余杰著、劉燕子編訳、横澤泰夫訳『劉暁波伝』集広社、二〇一八年。

(5)拙稿「劉暁波について」前掲『天安門事件から「〇八憲章」へ――中国民主化のための闘いと希望』八〜一七頁、ならびに拙稿「追悼 劉暁波」『図書新聞』二〇一七年八月五日、第三三一四号、第一面を参照されたい。

(6)劉暁波と「〇八憲章」については、前掲『天安門事件から「〇八憲章」へ――中国民主化のための闘いと希望』を参照されたい。「〇八憲章」は拙訳を含め数種類の邦訳がある。最新資料は、劉燕子・及川淳子 編著

『「〇八憲章」で学ぶ教養中国語』集広舎、二〇一九年。

（7）「〇八憲章」の Homo Homini Award 受賞については、李暁蓉・張祖樺『零八憲章』（香港）開放出版社、二〇〇九年のほか、拙稿「中国知識人群像 第四回 北京とプラハを結ぶ知識人たち」集広舎ウェブサイト、二〇〇九年五月三日付記事を参照されたい。
<https://shukousha.com/column/oikawa/181/>

（8）People in Need および Homo Homini Award については、団体の公式ホームページを参照されたい。
<https://www.clovekvtisni.cz/en/who-we-are/about-us>

（9）引用部分は、二〇〇九年時点で参照したウェブサイトが削除されたため、以下の中国語訳から日本語に翻訳した。「「零八憲章」署名者劉暁波獲頒捷克人権奨」（後附頒奨詞）博訊、二〇〇九年三月一二日。
<http://jishi.news/news/gb/intl/2009/03/200903120202.shtml>

（10）ヴァーツラフ・ハヴェルと「憲章七七」については、前掲書『ハヴェル自伝——抵抗の人生』を参照。「憲章七七」は、同書の巻末資料一七〜二二頁に邦訳が掲載されており、引用はこれによる。

（11）例えば、中国の大手検索サイト「百度」では、全文の中国語訳のほか「憲章七七」の意義や影響についても掲載されている。
<https://baike.baidu.com/item/%E4%B8%83%E4%B8%83%E5%AE%AA%E7%AB%A0>

（12）現在はネット上で数種類のＰＤＦ版が公開されており、中国のネットユーザーもＶＰＮなどを駆使すれば閲覧やダウンロードが可能である。

（13）崔衛平『正義之前』新星出版社、二〇〇五年、七頁。

（14）「哈維爾向胡錦涛致公開抗議信」ＢＢＣ、二〇一〇年一月七日。
<https://www.bbc.com/zhongwen/simp/china/2010/01/091227_havelchinaletter>

（15）彼らが共同で執筆した文章は、「中国の反体制派をノーベル平和賞に推薦する」（原文、A Nobel Prize for a Chinese Dissident）。この文章は、後にハヴェルの署名によって短縮版が執筆され、前掲書『最後の審判を生き延びて——劉暁波文集』の序文として掲載された。ヴァーツラフ・ハヴェル著、拙訳「『劉暁波文集』序文」（原文、Preface for the Fischer Verlag's Liu Xiaobo book）。

(16) The Nobel Peace Prize 2010 was awarded to Liu Xiaobo "for his long and non-violent struggle for fundamental human rights in China."
<https://www.nobelprize.org/prizes/peace/2010/summary/>

(17)「【ベルリン物語】劉暁波氏追悼と一九八九年」『産経新聞』二〇一八年七月十九日付。

(18) 廖亦武の略歴は、以下による。土屋昌明「訳者解説」、廖亦武著、土屋昌明・鳥本まさき・及川淳子訳『銃弾とアヘン――「六四天安門」生と死の記憶』白水社、二〇一九年、三六五頁。

(19) 邦訳は、廖亦武著、劉燕子訳『中国低層訪談録――インタビューどん底の世界』集広舎、二〇〇八年。

(20) 廖亦武著、拙訳「劉暁波の最期のとき」前掲『銃弾とアヘン――「六四天安門」生と死の記憶』三一九頁。

(21) ヘルタ・ミュラー著、山本浩司訳『澱み』三修社、二〇一〇年。その他邦訳は、代表作の『狙われたキツネ』(三修社、一九九七年)、『息のブランコ』(三修社、二〇一一年)が刊行されている。

(22) 劉霞のメモは、当初廖亦武の Facebook で公開された。参考、「故劉暁波氏の妻、手紙に深刻な鬱の兆候「植物のよう、死体のよう」」AFP、二〇一七年十二月十五日。
<https://www.afpbb.com/articles/-/3155524>

(23) 邦訳に、野村修訳『ヴォルフ・ビーアマン詩集』(晶文社、一九七二年)、野村修訳『ビーアマンは歌う』(晶文社、一九八六年)がある。

(24) 近年のヴォルフ・ビーアマンに対する詳細なインタビューとして、以下の記事を参照されたい。「旧東独・秘密警察の爪痕(一)」『毎日新聞』二〇一七年四月二日、「旧東独・秘密警察の爪痕(二)」『毎日新聞』二〇一七年四月九日。

(25)「自由への闘い――ベルリンの壁崩壊30年(4)」『産経新聞』二〇一九年九月十七日。

(26) 原書は、廖亦武『子弾鴉片:天安門大虐殺的生死故事』台湾、允晨文化実業、二〇一二年。邦訳は、前掲書『銃弾とアヘン――「六四天安門」生と死の記憶』。同書は、二〇一二年にドイツ語版、二〇一九年には日本語版のほかに、英語版、フランス語版、チェコ語版、ポーランド語版が出版されている。

(27) 廖亦武「劉暁波的最後時刻」(二〇一八年八月二十八日付)。原文は、著者から邦訳書の翻訳代表者に直接提供された。拙訳「劉暁波の最期のとき」前掲書『銃弾とアヘン――「六四天安門」生と死の記憶』、三二七～三六四頁。文中には、ドイツ語で書かれた手紙が引用されているが、同書では廖亦武の著作における引用と見なして中国語から翻訳した。なお、この記録の歴史的な意義について指摘した記事として、以下を参照されたい。「劉暁波氏「お前は国外に」＝妻への「遺言」、友人の作家が記録＝死去前日に出国準備」時事通信、二〇一九年七月十五日。

<https://www.jiji.com/jc/article?k=2019071200805&g=int>

(28) 前掲『銃弾とアヘン――「六四天安門」生と死の記憶』三三〇～三三三頁。

(29) 同右、三三四頁。

(30) 同右、三三六～三三七頁。

(31) 同右、三四〇頁。

(32) 同右、三四二頁。

第八章　新全体主義と「逆立ち全体主義」との狭間で

矢吹晋

一　ネイサン教授との出会い

事前の打ち合わせに基づくプログラムによれば、矢吹に与えられたこのシンポジウムの課題はアンドリュー・ネイサン教授の基調報告（本書第一章）に対するコメントとされていた。その後、シンポジウムの数日前に張博樹著『新全体主義の思想史』（邦訳）[1]が届いた。そこで私は、これら二つに対してコメントすることにしたい。

まず、ネイサン教授との出会いについて述べよう。

ネイサン教授とお会いしたのは昨年のこと、今回のシンポジウムの打ち合わせのため来日された時であった。しかしながら、雑誌を通じて「知己」のような感情を抱いていた。香港で陸鏗 LuKeng 老板の発行する『百姓』（一九九一年六月一日号）に寄稿した際に、外国人寄稿者とし

図1　香港『百姓』半月刊 1991 年 6 月 1 日号

て陸老板が選んだのはネイサン教授と矢吹の二人であった。陸老板は胡耀邦単独インタビューをこの雑誌に掲載し、胡耀邦失脚の一因を作ったと批判されたことさえある大物ジャーナリストである。この特集は天安門事件「二周年記念」号であった（図1）。

張戎夫妻の『マオ――誰も知らなかった毛沢東』が邦訳されたとき（講談社、二〇〇五年）、日本の書評は、例外なくすべて提灯持ち書評であった。[2] 私は一読して、この本は杜撰な創作であり、現代史研究の参考にはならないと「激辛書評」を書いて、これを酷評した。ソ連解体に伴いアルヒーフから流出したコミンテルン文書によれば、例えば柳条湖事件は、コミンテルンの仕業であり、云々と、荒唐無稽の記述が散見された。実は当時、三笠宮「親衛隊」筋から、私の許に頻繁に問い合わせがあり、私は彼らの質問に答えるために書評を書いた、これが舞台裏の真相であった。三笠宮は「若杉参謀」の仮名で大陸の参謀本部で働いた体験[3]があり、皇軍の蝗軍にも似た蛮行を目撃し、戦後はこれを反省して、陸軍大学同期生で、戦後東大に復学した「学友たち」と勉強会を続けていた由で、その勉強会で『マオ』の記述が話題となった。この事件がもし河本大佐たちの仕業でないならば、侵略戦争を反省して戦後を生きてきた旧軍人の立場はどうなるのか。このような深刻な動揺の末にその記述の真偽について私への問い合わせがあった。私は即座に「デタラメ本にまどわされないように」と返信メールを書いた。

一連の返信メールを書評の形でまとめたとき、私にとって強力な援軍となったのが、イェール大学のスペンス教授の書評「モンスターの肖像」[4]とネイサン教授の書評「翡翠とプラスチック」[5]であった。ネイサンは怪しげな記述を具体的に数十列挙して、「匿名のインフォーマント」の資料が、典拠を欠くおそれがあることを一つひとつ具体的に示して、プラスチック製のニセモノでホンモノの翡翠の代用とすることはできないと結論し、私にとっては心強い援軍となった。日本で私は孤立無縁だが、アメリカ学界に援軍あり、の気分であった。

ネイサンとの縁はもう一つある。それはネイサン編『天安門文書』[6]である。私はこの本が出たとき、資料の信憑性を鑑定するコメントを求められた。この英訳本を矢吹編『チャイナ・クライシス』[7]と比較対照して「この資料はニセモノにあらず。ホンモノと判断してよい」と断定した。これら三つの出来事を通じて、私はネイサン教授が事実に基づいた思考を進める誠実な研究者であると認識した。

ネイサンと張博樹の関係について。今回シンポジウムの前夜に届いた張博樹新著『新全体主義の思想史』（白水社、二〇一九年）を読み、両者の深い精神的繫がりを感じた。つまり、ネイサンと張博樹とは、むろん別個の人格だが、その思想は一脈つながっていて、ネイサンは張博樹のメンター（庇護者）に見える。[8]この観察から、両者を合わせてコメントしようと考えた次第である。

さてネイサン編『最後的秘密』[9]が香港で天安門事件三十周年を記念して出版された。シンポジウムにおけるネイサン報告（本書第一章）は、この本に寄せた序文である。なぜネイサンは

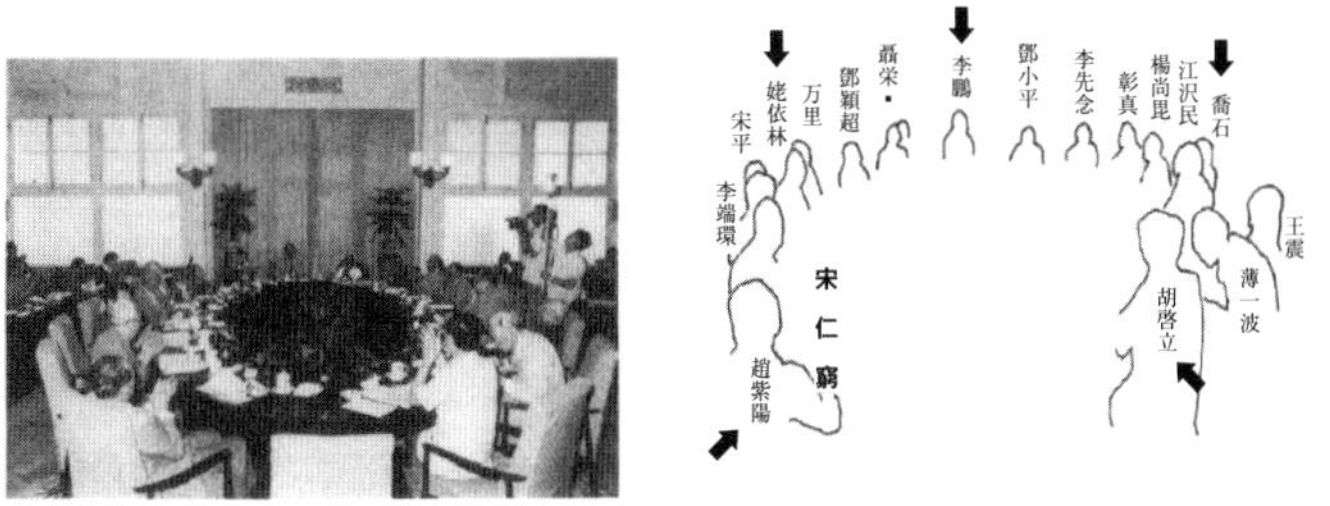

図2　趙紫陽解任を決定した1989年6月21日政治局拡大会議
（於中南海懐仁堂、矢吹晋『保守派 vs 改革派』より）

政治局拡大会議（一九八九年六月十九〜二十一日）および中央委員会（六月二十三〜二十四日）を基調報告の中心に据えたのか。それは今日の習近平体制の原点・源流がこの会議に求められるからだ。すなわち今日の習近平の強権体制という帰結は、天安門事件直後の政治局拡大会議および中央委員会の決議に発するという認識に基づいて、この会議の細密画を描いた。当時の状況については、断片的な情報は流されており、その概略は分かっていたと解してよい。というのは、趙紫陽抜きの会議で趙紫陽処分を決定したのではないか、という憶測、あるいは疑惑が広く流布されていたので、これらをデマと断ずるには、ある程度の情報公開が避けられなかった。例えば図2はその一例である。

この写真は『人民日報』（一九八九年六月二十五日）に掲載された。私はこの写真の顔面判別（facial recognition）に挑戦し、『保守派 vs. 改革派』（蒼蒼社、一九九一年）に分析図を掲げた。現役の政治局常務委員五名を包囲するかのように長老たちが坐る会議で、趙紫陽処分は決定された。この事実は当時から、その輪郭は分かっていたが、今回のネイサン報告・解説を通じて、その細部が明らかになった。政治局拡大会議は六月二十一日に中南海で開かれ、二十五日付の『人民日報』で報じられた。政治局会議（あるいは政治局拡大会議）の写真が報じられるのは、珍しい。このような写真を公表する必要性に迫られたのは、繰り返すが、「趙紫陽処分への反発」が強かったからだ。その反感が「各方面で趙紫陽のいないところで欠席裁判をした」とか、甚だしきは「趙紫陽は殺された」といった類の噂であった。

写真説明の右の文字中、⬇印が現職の五人の常務委員。趙紫陽は一番隅にいて、李鵬が真ん中にいる（鄧小平の左隣）。李鵬と趙紫陽、このふたりは、党の権力（趙紫陽）と行政の権力（李鵬）が分裂した構図を示している。写真を誰が撮ったか。撮影者楊紹明は楊尚昆の息子である。[10]本書収録のネイサン論考は、この会議で誰がどのような発言を行ったのか。欠席して「書面発言」を行ったのは、誰か。それらを細かく紹介することによって、中国共産党のトップ指導部が天安門事件から、どのような教訓を引き出して、その後の統治の「反面教師」としたのかを、あたかも細密画を描くように解剖して見せた。[11]つまり、天安門事件の教訓として、権力の中枢が党と政に分裂したことが問題の核心だと総括して、「党の一元的指導」、「党による政のコントロール」を今後の対策の核心として位置づけたわけだ。

学生や市民の立場からすれば、中国共産党の指導あるいは支配のあり方を批判し、民主化を要求することがその課題であったが、権力の側から見ると、問題は「権力側の分裂」にあり、それゆえ、課題は「分裂を防ぐための、党の一元的指導の強化」になる。問題のとらえ方自体が大きく隔たっており、それゆえ具体的な対処策も、まるで異なる。こうして天安門事件は原因の認識や対策の方向性について、認識の差異が埋められることはなく、三十年が経過した。

二　『新全体主義の思想史』を読む

さて、張博樹教授の新刊書タイトルは「新全体主義」と名付けられている。この「全体主義」という言い方に、私は異論がある。

張博樹の「動態スペクトル」は、天安門事件以後三十年の中国政治がどのような軌跡で動いたかを端的に説明している。図3のように横軸は、その政治的立場を左派から右派まで並べたものだ。左から読むと、毛左派――新左派――中間派――新権威主義――党内民主派――憲政社会主義――温和自由派――急進自由派――急進仇中共派――(右派)となり、左派には①毛左派と②新左派、③中間派の三派、右派には、右から数えて、①急進仇中共派、②急進自由派、③温和自由派、④憲政社会主義、⑤党内民主派、⑥新権威主義の六派が数えられる。左右を合わせて(三＋六)都合九派がそれぞれの政治的主張を展開した。しかしながら、これらの九派は、縦の時間軸を見ると、下から上へと左へ引き寄せられつつあることが明瞭に読み取れる。まず左派は①毛左派と②新左派、③中間派の三派が合流へ向かって動いた。右派六派も「立場が揺

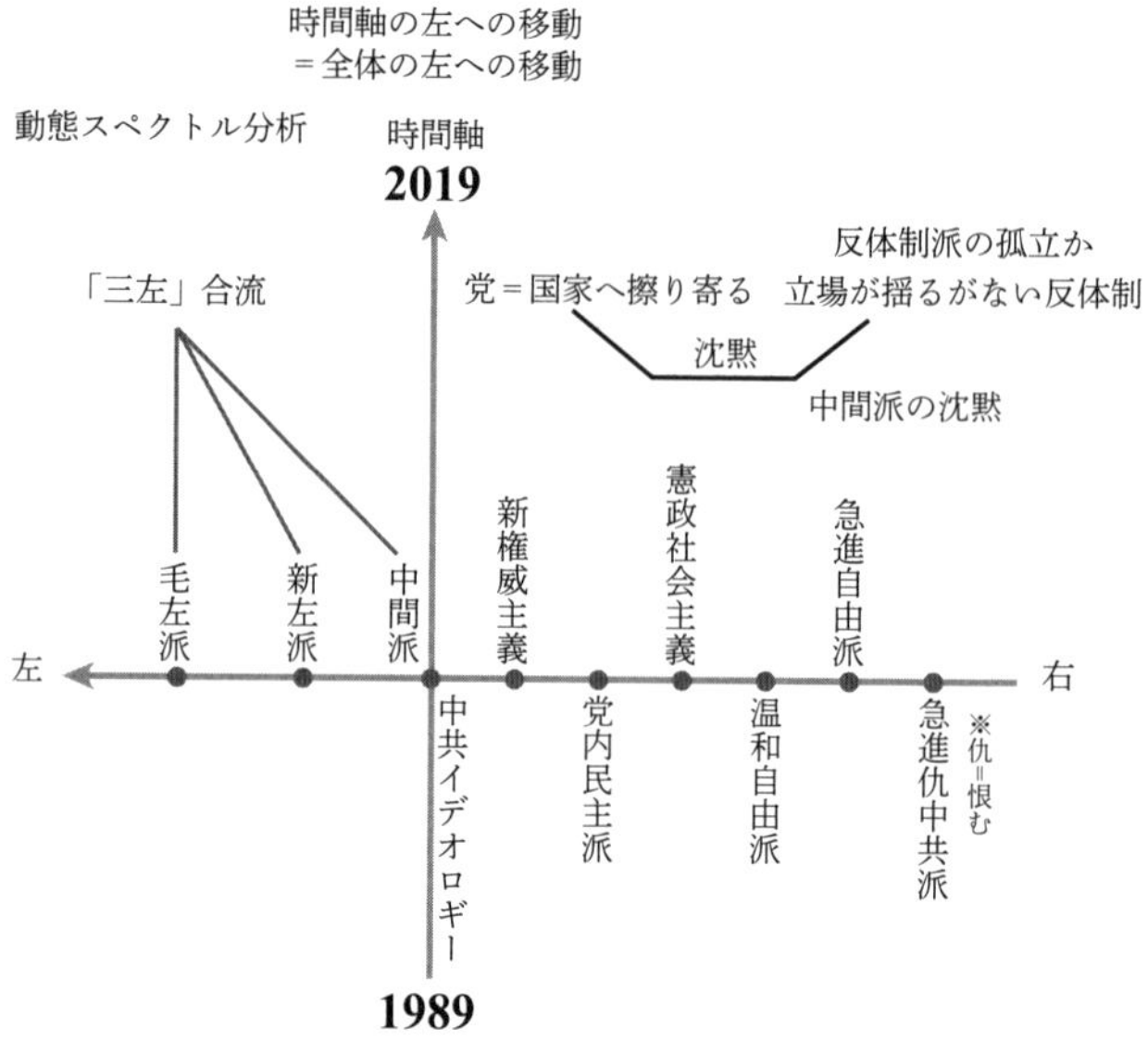

図3　張博樹「動態スペクトル」を読むと反体制派の孤立が浮かぶ

るがない反体制派」と「党＝国家へすり寄るグループ」に両極分化が進み、中間派は孤立した。要するに中国政治が全体として左向きになり、中間派は沈黙した。そこから導かれる結論は、「立場が揺るがない反体制派」の孤立にほかならない。張博樹は、この「動態スペクトル」を描くことによって、みずからの孤立化、すなわち「民主化への展望」が失われつつある事実を告白した形だ。これが天安門事件以後三十年の中国政治の厳しい現実の姿である。

天安門事件以後の九種の思想流派の動態的仕分け論、見取り図としてこれに勝る分析はあるまい。たぶん最良の分析だ。しかしながら、その帰結としての習近平思想を「新全体主義」と呼ぶのは、旧全体主義の持つ多義性・イデオロギー性に鑑み、疑問が残る。習近平による治国は一面では旧全体主義を超える「超全体主義」の色彩を持つが、これは二十一世紀科学技術による管理社会としての「先進モデル」でもあり、G7のような先進国も類似の管理社会化への道を歩んでいる。[12]生い立ちは異なるが帰結は類似する二種の管理社会をどのように止揚すべきかが問われている。

天安門事件以後の諸子百家

張博樹のいう、いわゆる「九大思潮」とは、①リベラリズム、②新権威主義、③新左派、④毛沢東左派、⑤党内民主派（李鋭、朱厚沢）、⑥憲政社会主義、⑦儒学治国論、⑧新民主主義回帰論、⑨ネオ・ナショナリズムである。これらの併存は、少なくとも中国思想界にある種の表面的なにぎわいをもたらしてきた。それは鄧小平後の権威主義体制（江沢民、胡錦濤治世を含む）に見られた特異な思想風景であろう。しかしながら、その後、習近平の説く「新時代」（張博樹はこれを「新全体主義時代」と呼ぶ）に突入し、すべてがさらに悪化した。中国の思想界はますます両極化し、反抗と犬儒主義（cynicism）が加速している。分裂が拡大している。[13]要するに、政治体制の変革として、未来の中国における「革命」は不可避だが、その手段・道筋として、未来の中国における「革命」には様々な可能性があり得る。基層からの単一的な暴力革命は、現在はもはや成功する望みはなく、ふたたび提唱すべきではない。我々にできることは、やはり最大限の努力でみずからを強くし、民間を強くし、非暴力の形で中国の変革を促進し、それと同時に出来得る限り体制内の同盟軍を探すことである。なぜなら、どのような情勢下でも、局面を収拾するには内外の連携が必要だからだ。それは、この新全体主義の時代においても、依然として期限切れというわけではないからだ（同訳書九二頁）。

中国思想スペクトル変遷の動態分析座標中心点の変化

前述のように、胡錦濤・温家宝政権後期において、党＝国家はすでに座標の「右への抑圧」の度合いを増大しはじめているが、この右とは「穏健なリベラルな知識界だけではなく、民間NGO組織、都市や農村の権利保護運動、宗教の自由をめぐる運動」を含んでいる。こうした弾圧は、党＝国家・政府が新たな世紀に入ってから急速に発展した中国の市民社会への、いわば遅れてやってきた反応であり、党＝国家専制の立場に基づいた、逆方向への弾圧的相互作用なのだ。このような弾圧自体、党＝国家統治者の左転換を示しているが、その中心点が時の経過とともに左へと移動する過程は、胡錦濤・温家宝政権後期に、すでに始まっていた。

そして二〇一二年秋の第十八回党大会後、習近平の新全体主義が登場すると、中国共産党イデオロギーの「左転換」はさらに激化し、中心点は左への移動を続けている。このような左旋回は、民間での左右両翼の分別上、相互の反応を誘発している、と張博樹は論を進める（同訳書二六七頁）。

さらに続ける。本書は毛沢東左派、新左派が、「習近平の中央へ媚を売っている」と繰り返し指摘してきた。張宏良が「中国の夢」への解説を行い、王紹光、汪暉などは普遍的価値に対しても自覚的に包囲討伐へと向かっているが、こうしたことはすべて彼ら本来の性格に基づいている。習近平の身の上でますます強まっている「毛沢東のような特徴」は、毛沢東左派を興奮させ、また新左派を感激させている。薄熙来は政治の舞台から下りたものの、習近平の「新政」と重慶の「新政」とは同じ流れを汲むものであるばかりか、規模はもっと大きく、その影響もさらに深遠なものである。したがって、この何年かの間での左派の思想的舞台の特徴とは、「三左合流」という奇妙な状況であり、官側の「左」という正統性は、民間における毛沢東左派、新左派と一致して歩調を合わせるようになっている。もちろん、習近平の「新政」には、「市場化とネオ・ナショナリズムを継続する」という側面がある。「三左合流」は、毛沢東の遺産を継承し、「二十世紀の革命経験を重んじ」、西側路線などとの合流を拒否している(同訳書三六八頁)。

ここ何年かの中国左派の思想的舞台の特徴が「三左合流」であるとすれば、右派の思想舞台の特徴とは急速な分化であり、一部の「転向」によって、党＝国家の胸もとになびいていったことである。この「分極化」はさらに明確で断固とした反体制の道に向かっているが、その一部は苦しい展望の下で徘徊し、改めて自分の位置とその果たすべき役割と方法を見出そうと試みている。右の転向は決していまにはじまったことではなく、甘陽や汪暉などが、その例である。

近年の蕭功秦はおそらく半「転向者」と言える。というのも、彼はいみじくも新権威主義の目標を、もともとの「民主憲政」から「特色のある社会主義」、あるいは「賢人の政治」へとこっそりと置き換えたからだ。もちろん、蕭功秦は党＝国家のプラットホームと同じ位置で歩んでいるわけではなく、この点で言えば、甘陽らとは依然として同じではない。新権威主義者の呉稼祥、リベラル派の焦国標、党内民主派の辛子陵らはいまだに習近平本人への期待に満ち、みずからの信仰を放棄していないばかりか、習が民主的路線を選択するという希望を抱いている。本書の立場から見れば、このような認識は稚拙なものだ。残念ながら、習近平中央が二年余りの区切りをつけても、意外なことに、こうした稚拙な者がなおいくらでもいる（同訳書三六八頁）。

張博樹が本書で扱った汪暉、王紹光、甘陽、劉小楓などは、すべてそうしたものの代表と見られる。彼らは体制内で純粋に権力に混じって飯を喰っていながらも、ただ党＝国家の命令を聞いて、いくつかの命じられた作文だけを書いて、党への賛歌を歌うような「役立たない学者」とは異なって、多くの場合「独立した」顔で現れ、民間のあるいは「学術」の言葉で現実を飾りつくろい、歴史を歪曲し、少しだけ批判はするが大局では大いに手を貸し、党＝国家の大歴史観を肯定するという前提の下で目下の「問題」を指摘している。また彼らは、西欧留学から帰った学者としての身分でその見聞をごちゃ混ぜにして、誤って大衆を誘導し、故意に深淵さを装い、歴史上の偽りの命題で学界、そして青年たちに害を及ぼしている（同訳書三七四頁）。

「学術」がある種の精巧な道具になった際、とくに権力への歓心を買って、それに取り入る際、媚を売ることはすでにただ「媚を売る」のではなく、ある種の投機をしているのである。あの年に重慶に大急ぎで駆けつけた学者達は、大部分がこの疑いから逃れることはできない。[14]この意味で筆者が張木生を好むのは、たとえその観点が必ずや叩かなければいけないものであるとはいえ、この人物は少なくとも心に裏表がなく、まるで一匹狼のように振る舞っているからだ(同訳書三七四～三七五頁)。

『環球時報』編集長の胡錫進（一九六〇生まれ、五十九歳）の限界

張博樹は分析を続ける――感心させられるのは、胡錫進が一貫して党機関紙の調子で言葉にしているわけではなく、党文書の直接的メガホンでもなく、一つの言葉通りの、思想の凝り固まった伝道者を演じたくないようにみえること。どんな方法がもっとも良く党のイデオロギーを貫徹させ、党と国家の利益を守ることができるのかについて、胡錫進とその『環球時報』は、やはり効果的な探求をなしとげた。例えば、時にはいくらかの「人間らしい話」もするのだが、「王立軍事件[15]」の発生後に様々な噂があちこちで起き、真相がいわゆるデマによって広まった。この状況に対して、党機関紙はあまねく声明を発し、独裁政府機関に対して法的手段でそれを制止するように求めた。ところが、胡錫進と『環球時報』は、関連政府部門ができるだけ早く真相を公表することがデマ拡散を制止するもっとも良い手段であるとする声明を発した」。『環球時報』はその他の党機関紙のように、マルクス主義の言葉を頼りに、党の路線や政策宣伝を

主にするのではなく、改めて愛国主義とナショナリズムを主とするイデオロギーで言葉を切り開いたが、これは疑いもなく、党宣伝の策略に対する重大なる調整であった（同訳書三七五〜三七六頁）。知識社会学の角度から見れば、胡錫進の行ったことは、党＝国家専制という舞台のために幕を引く道化者の役を演じていたというに過ぎないのである。「媚を売る者」の存在、そして党＝国家専制統治の精致化とは、中国の学術・メディアのシニシズム化（犬儒化）、さらに質の劣化の具体的現れである（同訳書三七六〜三七七頁）。

張博樹は続ける。筆者は歴史の長い流れから見て、新左派、毛沢東左派といった類の思潮は、歴史に耐えることはなく、ただリベラリズムだけが中国の未来を代表していると信じるものである。たとえ独裁体制が依然として十年、二十年、さらに五十年存続することができたとしても、それがどうだというのか。歴史発展の基本的方向を変えることだけはできないのである。

新全体主義権力の時代とは、行動者を抑える時代であり、ひとりの思想家を醸成する時代でもある。　行動者がたしかな現実について話せば、必ずや刑務所に入る準備をしなければいけないが、この意味で新全体主義によるネット統治は、リベラル派の行動を助けてもいる。思想家が徹底的に話せば、新全体主義の抑圧がすでに譲歩して退くことを許さない段階に直面しているが、ここには公明正大な人物が必要であり、この意味で、新全体主義の権力統治は、リベラル派の思想家を助けているのだ。さらに重要なのは、この専制体制がぼろぼろになって、その内部矛盾がすでに十分に暴露されていることである。思想の面では、それを解体する条件はすでに熟している。ミネルヴァの梟はすでに飛び立った（同訳書三八六〜三八七頁）。英国の哲学者ジョン・ロック（一六三二〜一七〇四）は「生命、自由、財産」が人から奪うことのできない「自然権」であり、政府の存在はこれらの権利を保護するためにあり、否定することではないと強調している（三三頁）。こうして生まれた欧米が帝国主義を生み、その帝国主義支配はいまも続く。現代リベラリズムは、公権力（政府）の正統性が市民の授権にあると考えている。政府職員は公権力が委託した執行人に過ぎない。ところが現代の公権力も、おそらく独占を形成して変質する。このことから、もっとも簡潔な言葉で現代リベラリズムの核心的な命題を概括すれば、それは市民の権利を伸長・保護し、公権力を制限・監督するという二つに収斂する。政治領域であろうが、経済あるいはその他の社会生活領域であろうと、これら二つは普遍的に適用され、憲法の明確な保護を受ける（同訳書三四頁）。現代における中国リベラリズムのテーマもまた当然市民の権利を高く掲げ、政府権力を制限し監督することで、それは過去半世紀に中国が歩んだ道のりと中国人が経験した独特な経験を基礎にしている。中国人のリベラリズムに対する認識と追求は民国時代からはじまっており、すでに一世紀の歴史がある、と異を唱える人もいる。この意見はもとより傾聴に値するが、事実は一九四九年の革命がこのプロセスの腰を折り、そのことはおよそ二世代にわたる中国人の痛苦の経験を経てリベラリズムを新たに発見するに到らせた（同訳書三四頁）。

張博樹の『新全体主義』ではここまでしか描いていないが、彼はこの本に続けて、『紅色帝

図4　張博樹教授の新全体主義論の構図
①世界＝多極化
②米中＝新冷戦
③習近平＝デジタル統治

国の論理』を出版した（図4）。この本では、①世界は「米国一強」から「多極化」に向かい、②米中関係は協調から「新冷戦」に向かい、③中国における習近平政治は「デジタル統治」、「監視社会化」に向かうと分析している。

張博樹の前掲『新全体主義の思想史』および『紅色帝国の論理』を合わせて読むと、国際政治の激変の中で中国がどのような動きを示しているか、そのような国際・国内的政治環境の下で、中国の民主運動がどのような困難に直面しているかが、手にとるように理解できることになる。

三　トゥキディデスの罠

張博樹のスペクトル図のポイントは、天安門事件以後三十年で、中国は民主化、右傾化への進歩ではなく、「左傾化した」と見る分析である。その結果、「反体制派」の孤立化が進行した。

他方、国際的には多極化が進み、その過程で「米中新冷戦」という事態が起こってきた。アメリカはいま中国を「競争者competitor」と呼び、「敵」とは呼ばないものの、事実上「敵扱い」して、経済的封鎖を目論んでいる。

このような国際環境も影響して、習近平の国内政治は、従来よりもますます厳しい統治になっている。このような政治環境の下で、反体制運動からすれば、近いうちに政治改革が進む見込みは皆無である。民主化運動復活の可能性はまるで見通せない――このような判断、認識において張博樹の見解が、私の年来の分析とほぼ同じだと知って、私は意外に感じるとともに安堵した。張博樹はきわめて冷静に世界と中国を分析しており、その分析結果、あるいは展望において、われわれの見解に違いはないと私には思われた。[16]

天安門事件以後三十年、中国における民主化はなぜ挫折したのか。私は次の三つの要因を指摘した。

第一は、ゴルバチョフによるペレストロイカ以後のソ連がどのような現実をもたらしたかという帰結である。なるほど旧ソ連の人々は、政治的自由は得たが、経済生活は却って貧しくなった。このような解体以後のソ連の政治経済の現実を長い国境線でロシアと接する中国の人々は、日常生活の種々の局面から熟知している。こうして彼らは「民主化も悪くはないが、生活が貧しくなるのは困るね」とペレストロイカを切り捨てる。中国の庶民は（どこの庶民も同じと思われるが）、現実主義なのだ。天安門事件当時、中国の人々は「ゴルバチョフ歓迎」、「ペレストロイカ万歳」をスローガンに掲げたが、その後の帰結を身近に見て、あのような選択はまずいと判断した。こうして、隣国のペレストロイカは参考にならないどころか、いまや「反面教師」と見られている。他方権力側は、旧ソ連指導部はなぜ権力を失ったのか。その原因を徹底的に分析し、これを反面教師として中共権力の崩壊を防ぐための努力を過去三十年間続けてきた。その対策はただ一語、民衆の生活水準を向上させることである。生活が向上し続ける限り、民衆が政治権力を覆すことはない。「水は舟を浮かべ、時に舟を覆す」の古語のように、大衆は権力を支持するとともに、時には権力を覆す。大衆から見放されないためには、民衆の生活を向上させることが肝要だ。そのための努力を中国の指導部は続けてきた。

第二は、アメリカン・ドリーム、あるいは資本主義世界に対する「幻想の崩壊」である。三十年前、貧しい中国の人々から見て、香港、台湾、日本、そしてアメリカの豊かな消費生活は羨望の的であった。豊かな生活は資本主義的市場経済のみが保証するのだと見られていた。しかしながら、リーマンブラザーズの倒産を契機とする世界恐慌は、世界、そして中国の人々に、恐慌の恐ろしさを教え、豊かな資本主義への幻想を打ち破り、失業の危機と階級格差拡大の現実を深く教えた。アメリカン・ドリームは、幻想に過ぎないのだ。夢は所詮夢であり、アメリカの失業の夢を見るとともに、中国の生活向上の現実を見よう。現実が人々の認識を変えた。最近のトランプの対中国制裁をみて、これが民主主義国の政策かという疑念が急速に広がりつつある。要するに、アメリカン・ドリームはあたかもしゃぼん玉のように消えた。

第三に、中国は経済成長に成功して世界第二の経済大国になっている。「過剰な自信」とさ

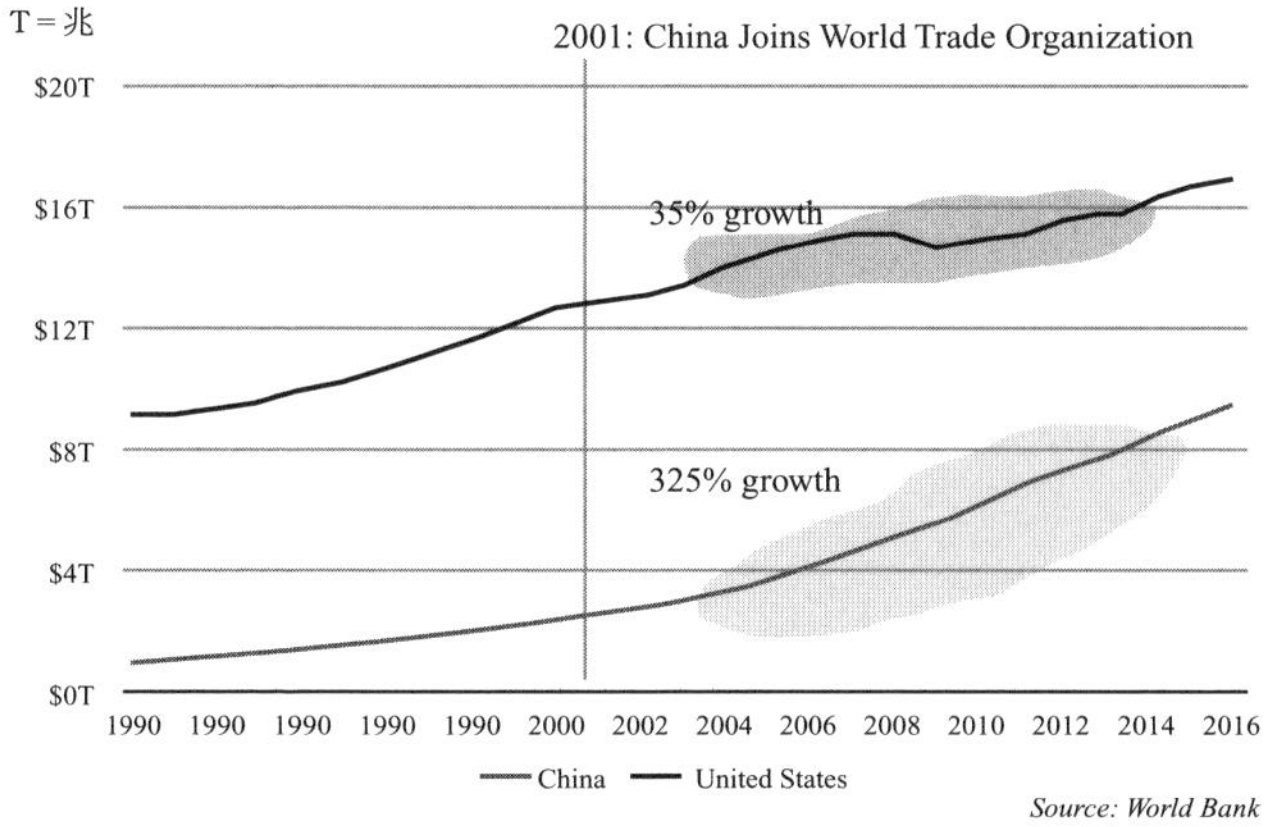

図5　米中GDP成長率比較（米35％、中325％）

えみうけられるほどの表情が見える。いくつかのグラフで説明したい。

次の図5は、世界銀行の資料に基づいて米国政府がまとめた報告書の一例である。(17)中国がＷＴＯに加盟してから二〇一六年までの十六年間、米中のＧＤＰ成長率を比較すると、中国は三百二十五％成長したのに対して、米国の成長率は三十五％にとどまっている。つまり中国は米国の約十倍のスピードで成長している。このところ成長率は少し落ちているが、それでも十倍程度は維持している。二〇〇〇年時点では、三兆ドルと十二兆ドル、四倍の開きがあったが、十倍の速度で追いかけるならば、ウサギがカメを追い越すのは、容易に見てとれる。

これは為替レート換算による比較だが、購買力平価で計算すると、中国はすでに米国を上回っている（図6）。

このグラフは国連が定期的に行っている購買力平

	国名	10億ドル
1	中国	23,210
2	米国	19,490
3	インド	9,474
4	日本	5,443
5	ドイツ	4,199
6	ロシア	4,016
7	インドネシア	3,250
8	ブラジル	3,248
9	英国	2,925
10	フランス	2,856

図６　GDP ランキング・購買力平価（2017 年 CIA 推計）

価による各国の国力比較だが、最新の二〇一七年版によると、米国十九兆四千九百億ドルに対して中国は二十三兆二千百億ドルであり、二割近く中国が大きい。この国連推計を米国ＣＩＡはそのまま用いて、ＣＩＡが全世界の国力調査を行うFACT SHEETSに掲げている。類似の図表をもう一つ掲げる。

ハーバード大学アリソン教授の「トゥキディデスの罠」論が時折話題になっている。[18] 二〇〇四年当時は、中国のＧＤＰは米国の約半分ほどの小ささであったが、二〇一四年には国連購買力平価推計のように米中が均衡した。この成長率が維持されるならば、二〇二四年には中国は米国よりも四割大きくなるという予測である（図７）。そしてこのような勢力の逆転が起こるときに、両国は戦争に陥りやすい。これがトゥキディデスの罠である。

戦争か否かはさておき、米中の力関係の逆転がいま様々の面で現実に起こりつつあることは、疑いのない事実であろう。

四　「逆転型全体主義」の時代

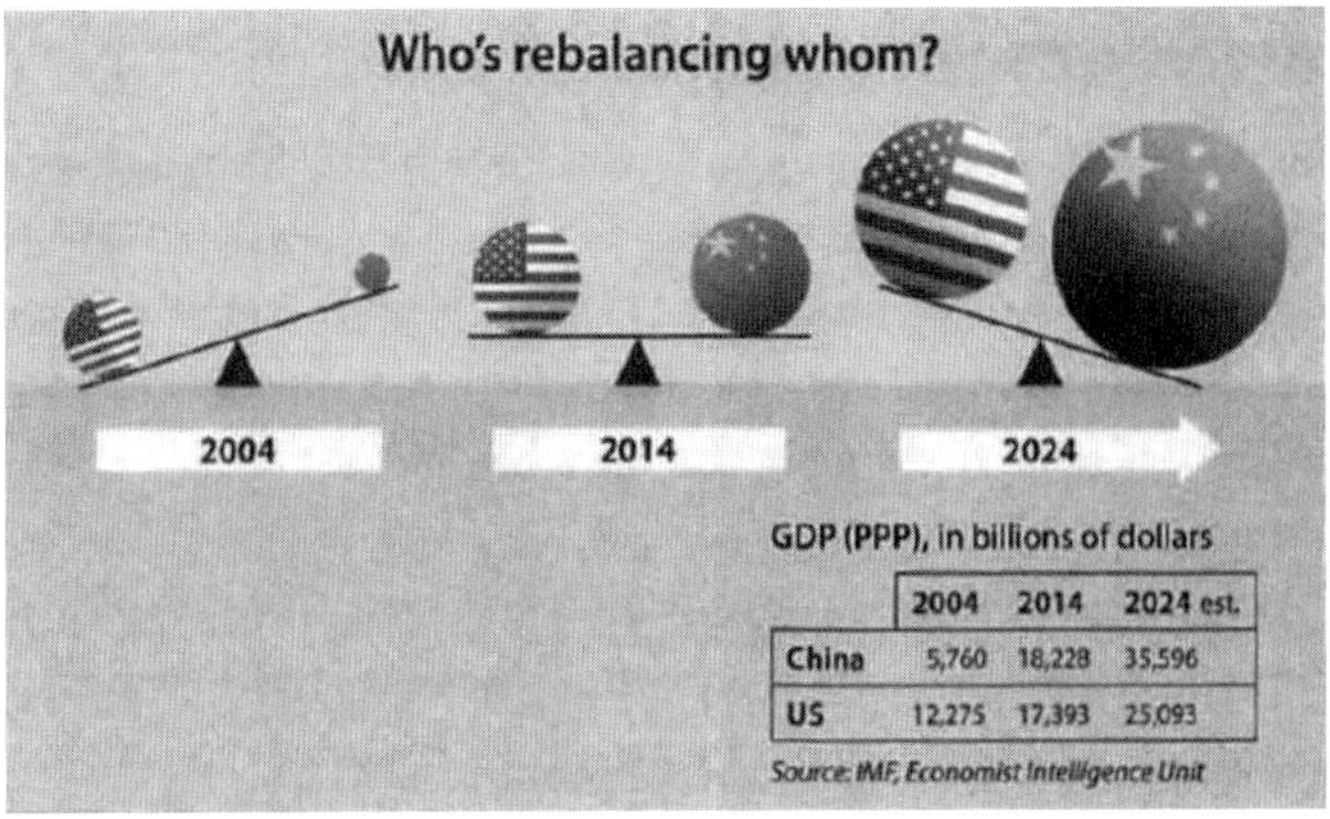

	2004	2014	2024 est.
China	5,760	18,228	35,596
US	12,275	17,393	25,093

図7　「トゥキディデスの罠」論の背景

ここで張博樹の説く現代中国の思想潮流から離れて、現代史において全体主義がどのように論じられてきたかを広い視野から再考して見よう。まずこのキーワードの創始者①ハンナ・アーレントは『全体主義の起源』[19]で、ファシズムやナチズムを「全体主義」と呼び、いずれも共産主義の影響を受けたものと論じた。そして②フランツ・ボルケナウは『全体主義という敵』[20]で、ファシズムと共産主義は実質的に同一と記し、ロシアは「赤いファシズム」、ナチス・ドイツは「褐色のボルシェヴィズム」と呼んだ。③ジョージ・ケナンは、ナチス・ドイツとソビエト連邦と大日本帝国の三つを全体主義国と呼んだ。

ここから分かるように、全体主義というキーワードは、枢軸国と連合国との第二次大戦期に、連合国側が、イタリアのファシズム、ドイツのナチズム、日本の軍国主義を指して広く用いられた。当時は連合国側に属したソ連は全体主義に含められていない点に注意したい。第二次大戦後の冷戦期には、枢軸国の政権が解体されたことに伴い、かつては連合国の一員であったソ連および東欧、そして中国、北朝鮮を指す文脈で用いられた。ポスト冷戦期には、ソ連東欧の民主化が行われたので、キーワードの対象は、中国、北朝鮮（ベトナム、キューバ）に変わった。張博樹の「新全体主義」論は、習近平による治国を指して批判し、これにリベラリズムを対置したものだ。

ここで私のコメントは、次の三カ条である。

第一、習近平体制を「新全体主義」と規定することの是非である。「電脳社会主義の可能性を視野に入れた新思考」が必要ではないか。旧全体主義の多義性と政治的レッテル性、すなわち「反共イデオロギー」の色彩があまりにも濃いので、その功罪を腑分けして、新たな概念規定が必要ではないか、と私は考えている。

第二、「新全体主義」に対置した「リベラリズム」の功罪分析が必要であろう。リーマン事件以後顕著な「資本主義の劣化」に、リベラリズムはいかなる責任を持つであろうか。端的な一例を挙げれば、トランプの発動した対中新冷戦を許している米国政治こそが「習近平の独裁を外から支えている」側面に着目したい。これは一九五〇～七〇年代に展開された「和平演変論」の再版に酷似する。

第三、中国党＝国家・社会の「監視社会」化を支えている中国全システムのデジタル化（数字化）をどのように認識するのか。類似の「監視社会」化は、G7諸国、いな全世界で進展しつつある。スノーデンの暴露やオニールの著書[21]が提起した米国市民の「総点数化システム」は、もう一つの監視社会であろう。日本でもクレジット点数制は着々と進行していることを忘れてはならない。

ネイサン曰く、「天安門事件から三十年が過ぎた。習近平の領導する中国共産党はいまだに「持久戦」を続けている。いつまでこれが可能かは、歴史だけが教えてくれる」と。然り。三十年にわたる「持久戦」の中で、どのような変化が生じたのか。それをさらに検証すべきだ。矢吹の私見では、中国社会全体のデジタル化は、かつてのオーウェル的全体主義 *Orwellian Totalitarianism* をはるかに超えて「超全体主義」である。他方、スノーデンが明らかにした米国等のグローバル監視システムもまた、中国型監視システムと、大同小異であろう。現代社会は総じて techno-fascism の危機に直面している。中国の「先進型監視社会」を批判するだけで、西側でも顕著な「監視社会化」への警戒を怠るならば、人々は自由を失い、権利を失うであろう。

天安門事件から三十年、中国社会からコソ泥（小偷）・ニセ札（假币）が消えたのはQRコード（二維碼）の効用である。偽札退治だけでなく、ホンモノの紙幣も「退治」されつつある。①経済成長の過程でマネーサプライが減少し、現金通貨のM2（広義の通貨）に占める比率さえも低下させつつある。電子商務化に伴い、通貨供給のパターンがどう変わるか、研究が必要だ。②ビッグデータ（大数拠）の活用により、マーケティング・リサーチ業界は、大変貌するであろう。
浜野研三という未知の哲学者（関西学院大学教授）から『「ただ人間であること」が持つ道徳的価値』（春風社、二〇一九年）という新刊書の寄贈を受けた。教授は「尖閣列島報道」以後の日本の政治を「逆立ち全体主義」の一例として、矢吹の一連の尖閣論に触れて、次のように論じている。長いが引用してみる。

中国ウォッチャーとして名高い矢吹晋による著作を見ると、日本のマスメディアが取り上げていない様々な事実が資料を挙げて説明されている。それによると、日本政府の現在の立場は、事実と異なる前提に立ったものであり極めて危険な立場である。彼が挙げている事実をいくつか挙げてみる。たとえば、まず、地理的には尖閣列島は台湾の附属島嶼にあたり、琉球王国の領土ではなかった。そして、何よりもアメリカが尖閣列島に関する日本の領有権を認めていない。矢吹によると、沖縄返還の際、アメリカは尖閣列島の日本への返還を強く批判する蔣介石の動きに対して、領有権と施政権を区別して、日本に対して施政権のみを認め、領有権に関しては、中立の立場を保つという立場をとったのである。しかし、その事実は、当時の佐藤内閣によって国民に知らされることはなく、そのような事実は今も隠蔽されている。さらに日中国交正常化時に田中角栄・周恩来会談で、尖閣列島の帰属問題に関する棚上げの合意が存在し、その後の園田直・鄧小平会談においてその再確認がなされている。これに加えて、国際法上日本の主張は正しいという意見もあるが、頼みのアメリカが中立を保ち、軍事的な援助に及び腰である状況で、核を持つ軍事大国である中国と事を構えることが本当に出来るのか。また、それは真に日本が取るべき道なのかは、今一度真剣に問い直されねばならない。このような事実を踏まえると、尖閣列島問題については、もっと慎重な検討と対応が要求されることが分かる。日本政府のように、領土問題は存在しない、の一点張りでは、事態が険悪になるだけである。以上のような矢吹の指摘は当然幅広く報道され、その是非や、それを踏まえていかに振る舞うべきかについての議論がマスメディアを通じてなされるべきであると思われるが、残念ながらそのようなことは起こっていない。矢吹の本を読んだ人しか以上のような理解の存在を知らず、ただ領土拡張欲求・資源獲得欲求による中国の理不尽な振る舞いと捉えるだけの理解が広く受け入れられている。……

企業国家――逆転型全体主義

監視社会化の進展の中で、企業国家による強大な権力の行使による全体主義的な統治形態への動きは、いよいよその速度を速めているように見える。この問題を考えるとき、メディアの寡頭支配、政治資金の規制の緩和（悪名高い連邦最高裁 Citizen United vs. Federal Election Committee 判決がよい例である）等で日本より全体主義化の度合いが高い、その意味で進んでいるアメリカの形態について、シェルドン・ウォーリン（Sheldon Wolin）が興味深い議論を行っており、参考になる。

ウォーリンは、現在の全体主義は、ナチに代表されるようなものと逆のベクトルで形成されるとして、逆転型全体主義（inverted totalitarianism）と名付けている。「限りのない権力と戦闘的な拡張政策という点ではナチも現在の米国も変わりはないが、ワイマール体制においては、全体主義の担い手は街路を支配していた無法者たちであり、民主主義は政府に限られていたのに対し、現在のアメリカでは民主主義は街路でこそ生き生きとしているのに対し、全体主義への危険はますます抑制が効かなくなっている政府に存している」。また、「ナチの支配の下では、大企業は政治体制に服従していたが、アメリカでは企業権力は政治的な権力者集団、特に共和党の中で極めて支配的であり、ナチの場合とまったく逆の、役割の逆転が示唆されている。そして、科学と技術の資本主義的構造への統合によって利用可能となった、拡大を続ける力と資本主義の力の代表者としての企業権力こそが全体主義化する動因を生み出しているのに対して、ナチにおいては、生命圏などのようなイデオロギー的な概念がそのような動因を提供していた」。

（浜野著、二〇四～二〇八頁）

浜野の新著を通じて、九・一一以後の米国社会を「逆転型全体主義」あるいは「逆立ちした全体主義」と呼ぶ高名な政治学者、プリンストンの名誉教授ウォーリンの所説に接して、私は

	ナチス全体主義	アメリカの逆転全体主義
全体主義の担い手の違い 無法者か 抑制が効かない政府か	ワイマール体制においては、全体主義の担い手は「街路を支配していた無法者たち」であり、民主主義の範囲は政府に限られていた。（ワイマール政府は民主主義を守る）	アメリカ全体主義の担い手は政府［トランプを見よ］。「民主主義は街路で息づいている」全体主義への危険はますます「抑制が効かなくなっている政府に存する」。（かつて新左翼労働運動研究者たちは、工場の前で「民主主義は立ちすくむ」と嘆いた。今は工場の外でも立ちすくむ）
「政府 vs. 企業」の関係 独：政府＞企業 米：政府＜企業	ナチ支配下では、政府が動因となり、「大企業が全体主義の政府に服従」させられた。「（全体主義的）政府＞（市場的合理主義）企業」という構図。	アメリカでは企業が動因。「企業権力が政治的権力者集団」に君臨する。（民主的）政府＜（巨大寡占）企業の構図。「政府 vs. 企業」の関係において動員を担う役割は逆転。
原因は イデオロギーか 科技か	動因はイデオロギー。「生命圏、生存圏などのようなイデオロギー」がその動因となる。	動因は科技力（STEM（科学・技術・工学・数学））と資本主義の統合。発展する科技力と資本主義の代表者としての企業権力が全体主義への動因となる。

図８　二つの全体主義、現代米日の逆立ち全体主義は、ナチスとどう違うか

驚きを禁じ得ない。私が尖閣国有化以後に書いた本が非国民扱いされ、「国益に反するから焼くべきだ」とまで発言した官僚の声を仄聞して、日本社会がここまで落ちたかと密かに危惧して来たが、私とほとんど同じような印象で私の尖閣に関わる発言を受け止めていた日本知識人の存在に共感した次第である。

しかも、浜野が尖閣報道に違和感を抱いたのは、米国社会について「逆転型全体主義」と名付けて、その特徴を分析した、政治学者ウォーリンの所説にあてはまる例として、尖閣報道を挙げたことがより重要だ。ウォーリンの説く「逆立ち全体主義」の論理を表にまとめてみよう（図８）。

ウォーリンは、①全体主義の担い手は誰か、無法者か、政府か。②全体主義の推進者は誰か、企業か、それとも政府か。③人々を煽動する手段はイデオロギーか、それとも科学技術か。これら三カ条について、ナチスの経験と現代アメリカのナショナリズム

を比較対照して、ナチス流の全体主義とは対照的な構造を持つアメリカ流の全体主義を「逆立ち全体主義」と名付けたわけだ。さて二つの全体主義と比べて、安倍流の日本「逆立ち全体主義」には、どのような特徴がみられるであろうか。まず担い手はナチスの利用した「無法者」にも似た、ネトウヨであり、これに資金提供を行っているのが日本政府だ。それゆえ、独米、両者の要素を持つ。ナチス統治下で企業は資本主義的に見て「合理主義的行動」をとったのに対して、米国企業は企業側が政治資金を活用して政府権力を握り、行使する。ナチスとは対照的に、独占的な巨大企業に対して「政府はより民主的、全国民の利益擁護」を掲げている。日本型全体主義は、政府の誘導に企業経営者が従う構図であろう。最後に全体主義への動因だが、ナチスが特有のイデオロギーに指導されたのに対して現代アメリカでは科技の急発展がテクノ・ファシズムを誘導している。日本はここでも右翼イデオロギーと科技の二つが両々相まって逆立ち全体主義を牽引しているように見える（例えば全国民のクレカ総点数化はその一例）。

尖閣国有化騒動以後の日中対立および日本帝国主義の戦前の徴用工問題を巡ってエスカレートしつつある日韓衝突を見ると、日本型逆立ち全体主義は、近隣諸国による帝国主義批判行動への反発を解決するのではなく、むしろこれを政府が煽る構造によって、自国政治体制の強化が図られていることに気づく。とりわけ、国政選挙の前夜、敵愾心を煽るナショナリズム高揚作戦は誰の目にも明らかだ。現代におけるナショナリズムの作用と反作用とは、ニワトリとタマゴの関係なので、いずれか一方を攻めるのは妥当ではない。対立が一度始まると、相互の応酬は相手に対する不信感を増幅しつつ、悪循環はとまらない。

五　中国主導の時代へ

日中ナショナリズムの応酬の過程で、日本メディアが見えなくなっているトピックを例示してみよう。それはＩＴ最前線の中国の動きである。

トヨタの看板方式からＱＲコードが生まれ、中国で「二維碼」に変身

二〇一九年五月、北京八日間の旅で様々な人々に会ったが、私をもっとも驚かせたのは、アリババのジャック・マー会長も「矢吹教授と同じような話をしていたね」と聞かされたことであった。名だたるマー会長と私の持論が似ているとは痛快だ。日本の高度成長期にトヨタの「看板方式」が大活躍したことは広く知られている。それは各車間の部品在庫を必要かつ十分なものに限り、「余分の原材料在庫を一切置かない」という徹底した「在庫管理」による合理化策であった。この種の合理化追求と比べて、全く逆のパターンが広く行われたのが旧ソ連東欧の計画経済システムであった。ハンガリーの経済学者ヤーノシュ・コルナイは『不足の経済学』を書いたが、それは各車間や生産現場の人々が「ノルマの超過達成」のために、各種部品をあちこちに隠しておく作風のために「不足が不足を呼ぶ」メカニズムが生まれた分析であっ

た。計画経済は元来必要な部品を計画当局が手当てする建前であるから、「部品不足はありえない」はずだ。ところが政府は一方で計画経済の厳守を命じながら、他方で「ノルマの超過達成」を奨励し、超過達成企業の経営者を昇進させ、その労働者たちにボーナスをはずむという、「計画任務達成と計画任務の超過達成」矛盾を解決できなかった。末端では「超過達成」のために、「他余分の原材料を確保しておく悪習が生まれる。万一、その部品や原材料が不要な場合には、「他の物資と交換する」ことによって、役立つものを得られる。こうしてモノ不足なるがゆえに現場では部品や原材料を隠匿する悪習が蔓延し、「不足が不足を呼ぶ」悪循環が止まらなかった。これがコルナイの説いた『不足の経済学』の論理だ。まさにトヨタ自動車が「原材料在庫減らし」によって合理化を進めたのと「真逆のメカニズム」が働いて、生産性の低迷がもたらされた。換言すれば「計画経済の非合理性」の核心は、「不足が不足を呼ぶ悪循環」にほかならない。

トヨタ自動車の看板方式は、その後子会社のデンソー技術者の開発した「QRコード」に変身した。自動車は二百種以上の部品組立から成る組立産業だ。その良質かつ安価な部品を世界各地から調達するために、部品ごとのQRコードとそれぞれの部品のスペックが公開された。これによってトヨタは世界中から安価でスペックに合格した部品を調達し世界企業に成長した。トヨタ式合理化の秘密に触発され、QRコードの活用に着目したのが中国人の智慧であった。スマホの写真機能をQRコードに結びつけて、「キャッシュレス決済」に活用した。QRコードは中国で「二維碼」と呼ばれ、あまりにも普及した結果、その原型が「デンソーQR

コード」と知らされて驚く中国人が多い。

コソ泥が消え、偽札が消えた

キャッシュレス経済の効用はいくつも数えられる。支払いや割り勘計算が便利なことはいうまでもないが、隠れた効用も大きい。例えば財布を持ち歩かないのでコソ泥（小偷）がいなくなった。盗もうにも人々は財布を携帯しない。そもそも現金を持たないので、偽札も激減した。コソ泥が消え、偽札が消えたのは中国社会にとって歴史的な快挙であろう。「盗むなかれ」という徳育よりは、財布や偽札なしに、交換を行うシステム作りのほうが優れている。こうして中国経済全体がデジタル化・合理化の道を歩んでおり、その一端はマネーサプライの動向に顕著に現れている。市場経済体制の下では、経済成長率の伸びとマネーサプライの伸びは深く連動しており、経済成長の下でマネーサプライが減少した例は皆無だ。二〇一〇〜二〇一八年は、二桁成長の段階は過ぎたとはいえ、依然六〜八％の成長は維持してきた。その成長過程でマネーサプライは減少し、現金通貨の広義の通貨に占める比率（M0/M2）は、二〇一〇年の六・一％から二〇一八年の三・九九％へ二・一ポイント減少している。「マネーサプライの減少」、「現金通貨比率の低下」という事実は、中国経済全体におけるキャッシュレス化の進展を端的に物語るものであり、既存の金融論では説明のつかない新事態だ。

マネーサプライの減少から知られるように、デジタル経済化は急展開している。中国のGDP

は購買力平価換算で日本の約三倍である。商務省の統計によれば、中国ＧＤＰの約三分の一が電子決済されている。ということは日本のＧＤＰ全体に匹敵する規模がすでに電子化しているわけだ。このビッグデータの活用はまだ始まったばかりだ。新ベンチャー「太一雲」は内外の多くのハイテク企業（例えば米アマゾン）等と合作して「データ・アナリシス」の新ビジネスをスタートさせた。

さて中国経済のデジタル化がこのように急展開する中で、「一帯一路」もまたその影響を受けないわけにはいかない。ここで一つ紹介したいのは、アリババのアリペイ香港が開発した送金システムだ。フィリピンはインド、中国に次いで世界第三の出稼ぎ大国であり、フィリピンが受け取った送金額は二〇一七年、三百億ドルを超える（世界銀行、ＩＭＦ）。そこへ近年割り込んだのがアリペイ香港の割安・快速の送金システムである。ブロックチェーンといえば、日本ではビットコインのブームがあり、そこで数百億円がだまし取られる事件が起こり、ビットコイン熱は醒めた印象が強い。しかしながら、香港や中国では、ブロックチェーン技術を「仮想通貨」ではなく、確実・快速・安価な送金システムに活用して、人気を博している。「生活者のための小口送金」を銀行に依頼する者はまもなく消えて、ブロックチェーン企業にすべて移るであろう。

米中対立の核心は量子覇権

5G通信の初期段階は旧4G技術の改良にとどまるが、二〇二〇年から十年計画で進展する5G通信の後半は現行コンピュータではなく、量子コンピュータに依拠することが想定されている。その量子コンピュータを巡って米中両国間で密かに進められている「開発競争」の前哨戦こそが現在の米中対立の核心にほかならない。

EUが今年まとめた調査報告[22]によると、量子暗号（*Quantum cryptography*）を見ると、二〇一六年時点の統計で中国が米国を追い抜いた。冷却原子干渉処理（*Cold atom interferometry*）の各国特許でも、トップは中国であり、米国をはるかに引き離した。EUが公表した、これらの資料は、量子技術における二〇一六年の米中逆転を示す。この特許権申請状況について、申請されたものが実用化されるとは限らないと批評する向きがある。彼らは量が質に転化する弁証法を忘れている。この年、中国科学界は墨子衛星の打ち上げによって、理論だけでなく実戦においても米国をリードした事実を世界に示した。この成功を一貫して無視してきたのが日本メディア界だ。実はこれこそが米中「新冷戦」の核心だが、それが日本のメディアでは無視されている。世界初の量子衛星・墨子号を打ち上げた二〇一六年八月十六日、プロジェクトの責任者潘建偉（中国科学技術大教授）は、記者の問いにこう答えている。「理論的には量子暗号は解読不能である」とその軍事的意味を強調しつつ、量子通信暗号は「敵が解読できない」ばかりでなく、敵の伝統的暗号は量子通信によって容易に解読でき、ステルス戦闘機は丸裸にされる。これが「無敵の量子通信」と呼ばれる所以だ、と解説した。[23]

世界初の光量子コンピュータは二〇一七年五月三日、中国で誕生した。量子衛星を成功させた潘建偉チームにとって、第二の成功だ。「光量子コンピュータの試作機のサンプル計算速度は、世界の同業者による実験の二・四万倍以上に達した」と報じられた（同日付新華社電）。この光量子コンピュータは、中国科学技術大学・中国科学院・アリババ（阿里巴巴）量子実験室・浙江大学・中国科学院物理研究所が協同して研究開発に参加した。民間企業では、アリババのほかに、テンセント（騰訊控股）、バイドゥ（百度）の二大ＩＴ大手も先を争って前進しようとしている。

二〇一七年九月二十九日、中国科学院院長白春礼がオーストリア科学院院長アントン・セリングと量子秘密通信ネットワークで、テレビ通話を行うことに成功した。まず京滬幹線の北京コントロールセンターで「墨子号」の地上センターと繋ぐ。それから墨子号を通じて、オーストリア地上ステーションへ衛星量子通信を送り、これが七千キロ離れた欧州に届く。中国側の躍進に抗するように、二〇一八年三月、グーグルと米航空宇宙局（ＮＡＳＡ）などが連携して設立した米国量子人工知能実験室は、ロサンゼルスで開かれた米国物理学会年次総会で72量子ビットの量子ＣＰＵ（芯片）を発表し、ブリストルコーンと命名した。このブリストルコーンに対して、中国アリババの研究者施堯耘（ミシガン大学教授から転身）は、エラー率が〇・五％以下になっていないと、その量子超越性（Quantum Supremacy）を批判している（二〇一八年五月三日、コーネル大学ホームページおよび五月十九日WIRED参照）。

他方、華為技術は二〇一九年一月二十四日、第五世代移動体通信（5G）基地局向けに設計された世界初のコアチップ「Huawei TIANGANG＝華為天罡（北斗七星の意）」を発表した。曰く、「ファーウェイは現在までに、グローバルで三十の5Gネットワーク構築に向けた商用契約を締結し、二・五万局の5G基地局を出荷している。このエンドツーエンドの5Gチップセットはすべての標準規格ならびに周波数（Cバンド、3.5GHz、2.6GHz）に対応する。弊社は、エンドツーエンドで5Gネットワークを支える能力において、世界の5G展開をリードし、産業エコシステムの構築を進めている。最新のアルゴリズムとビームフォーミング技術を活かすことで、一つのコアチップで業界最多の六十四チャネルの周波数帯域に対応する。5G基地局の小型化（従来品に比べて五十％）、軽量化（同二十三％）、低消費電力化（同二十一％）に貢献する」。これら一連の報道を日本メディアは軽視するばかりか、ほとんど黙殺してきた。その結果として日本メディア界の「周回り遅れ」報道が定着し、自縄自縛となった。5G基準で事実上敗退した米国側の視点から見てきたので、中国の実力を的確に評価できなかったものと評すべきであろう。潘建偉をリーダーとする中国科学技術大学のチームは二〇一九年一月三十一日、米国科学振興協会（AAAS）から二〇一八年の「ニューカム・クリーブランド賞＝Newcomb Cleveland Prize」を授与された。同賞の九十年以上の歴史の中で、中国人科学者が受賞したのは初めてである。受賞者は、科技大の潘建偉教授が率いる「量子科学実験衛星・墨子号」の建設に参加したチームである。中国古代の科学者墨子は「兼愛論」などの哲学思想で有名だが、科学思想家としても知られている。そこで潘建偉のチームは「量子通信」の実験用として二〇一六年八月十六日に打ち上げた人工衛星に「墨子号」と名付けた。この衛星打ち上げは、世界の量子通信ネットワークに技術面の保証を与える重要な衛星と紹介されてきたが、世界初の実験衛星なので、その評価は分かれていた。つまり、潘建偉らの発表をそのまま受け取る見方と、その内容に懐疑的な見方との対立である。このような状況でＡＡＡＳは権威のある「ニューカム・クリーブランド賞」を授与することによって、研究内容の確かさを保証したことになる。同賞はＡＡＡＳが一九二三年に設立した、米国でもっとも歴史ある賞だ。その前年六月から翌年五月までに米科学専門誌『サイエンス』に発表された研究論文の中から、「学術価値と影響力」の両面で審査して「もっとも優れた論文」を選ぶ。潘建偉らの研究は「この審査に堪えた」のであり、その正しさが確認されたものと見てよい。

世界の５Ｇ通信を牽引している華為の躍進ぶりを見ると、天安門事件三十年の積み残された課題は、これまでに想定されていた政治改革路線とは大いに異なり、これまでに想定されていなかった形でしか解決されないのではないかと思われる。人類史にとって三十年間は一瞬だが、中国の一瞬がグローバル世界を変えようとしている。中国共産党は二〇一九年十月三十一日、四中全会で「国家統治システムと能力の現代化」に関する決定を採択した。これは中国主導による国際的秩序への一里塚となろう。

註

(1)石井知章、及川淳子、中村達雄訳、白水社、二〇一九年六月。

(2)例えば天児慧早大教授の同書解説および『現代』二〇〇六年一月号、国分良成慶大教授＝日経二〇〇六年一月八日付、加藤千洋朝日新聞書評委員＝週刊朝日二〇〇五年十二月十六日号、青木昌彦スタンフォード大名誉教授＝朝日二〇〇五年十二月二十五日、松原隆一郎教授＝朝日二〇〇六年一月十五日等々。

(3)三笠宮は「一九四三年一月、支那派遣軍参謀に補せられ、南京の総司令部に赴任しました。そして一年間在勤しましたが、その間に私は日本軍の残虐行為を知らされました。ここではごくわずかしか例を挙げられませんが、それはまさに氷山の一角にすぎないものとお考えください」と『古代オリエント史と私』(学生社、一九八四年、一六頁)に記している。

(4)*New York Review of Books*, November 3, 2005.

(5)*London Review of Books*, November 17, 2005.

(6)*The Tiananmen Papers*, Edited by Andrew J. Nathan and Perry Link, with an afterwords by Orville Schell, Public Affairs, New York, 2001.

(7)チャイナ・クライシスシリーズ全三巻および『天安門事件の真相』上下巻、一九八九～一九九一年、蒼蒼社。

(8)矢吹は朝河貫一(一八七三～一九四八)の歴史学・国際関係論を調べてきたが、朝河を育てたのはメンター役のタッカー教授(ダートマス大学長)であった。ネイサンと張博樹の関係は、矢吹の脳裏で朝河貫一とタッカーに重なる。

(9)『最後的秘密』黎安友導言、新世紀出版社、香港、二〇一九年五月。

(10)私はその後、楊紹明が訪日するフライトでたまたま中国の旅から帰国し、成田空港で彼を呼び止め、立ち話をしたことがある。楊尚昆―楊白冰ラインは江沢民体制が固まる中で、失脚に近い状態においやられ、カメラマン楊紹明も舞台から消えた。

(11)ただし、遺憾ながらこの資料の中に陳雲の発言あるいは書面発言は見当たらない。これは何を意味するか、慎重な再検討が必要だ。

（12）例えばスノーデンによるプリズム戦略の暴露など。

（13）石井・及川・中村訳一九頁。

（14）二〇一一年七月十一日重慶大学は人文社会科学院高等研究院を設立し、甘陽、崔之元、劉小楓、王紹光らが参加した。

（15）薄熙来の部下、重慶市副市長として暗躍。

（16）しかしながら、シンポジウムの他の出席者胡平氏や王丹氏は、張博樹のような冷静な分析は語らず、権力側にとって不利な点を指摘し、民主派にとって不利な点は語らなかった。このあたりが亡命知識人の限界のように思われる。

（17）Supply Chain Vulnerabilities from China in U.S. Federal Information and Communications Technology, APRIL 2018.

（18）Graham T. Allison, *Destined for War: Can America and China escpe Thicydides's Trap?* Scribe Publication, 2017.

（19）*The Origins of Totalitarianism* 1951.

（20）*The Totalitarian Enemy*, 1940.

（21）*Weapons of Math Destruction: How big data increases inequality and threatens democracy*, Cathy O'neil, Broadway Books, New York, 2016.

（22）*Patent analysis of selected quantum technologies*, EU, 2019.

（23）「我国将力争在2030年前后建成全球量子通信網——訪我国量子科学実験衛星首席科学家潘建偉」趙金龍、王暁亮、本報記者鄒維栄『解放軍報』。

終章　「六四・天安門事件」を読む

及川淳子

一　シンポジウム「六四・天安門事件を考える」

本書は、二〇一九年六月一日に明治大学現代中国研究所が主催した国際シンポジウム「六四・天安門事件を考える」（以下、「六四シンポ」）で報告された内容を中心に編集したものだ。明治大学現代中国研究所が、日本における現代中国研究の重要な拠点であることは周知のとおりである。シンポジウムの趣旨や登壇者については、本書の編者である石井知章明治大学教授から主催者を代表した紹介があるので繰り返さないが、シンポジウムに少なからず関わる機会を得た者の一人として、いくつかの点について記しておきたい。

一つは、「六四シンポ」の開催にあたり、数年前から周到な準備が進められた点である。二〇一七年の夏、同研究所の編集で白水社から『文化大革命――〈造反有理〉の現代的地平』が刊行された際に、すでに次の研究課題として六四・天安門事件から三十年というテーマが挙げられていた。二〇一八年十月二十一日に、問題点の掘り起こしや整理を目的とした「プレ・シンポジウム」（以下、「プレ・シンポ」）が開催された。「プレ・シンポ」から「六四シンポ」に一貫していたのは、「民主化は、なぜ挫折したのか」という共通テーマである。だが、「問題点の掘り起こしや整理」は予想以上に困難だった。そこで、二〇一九年一月二十七日に内部研究会を開催し、議論を重ねた。さらに、「六四シンポ」の前日には登壇者を中心とした研究会を行った。このように、「六四シンポ」の開催は、三十年という記念行事に留まることなく、学術交流の機会を最大限に有効なものとするために、関係者によって積み重ねられた成果である。

二つ目は、「プレ・シンポ」で明らかになった六四・天安門事件に関する研究の困難さについてである。問題点の掘り起こしや整理を目的とした「プレ・シンポ」だったが、実際には「掘り起こし」や「整理」が出来たとは言い難く、むしろ問題点が多く整理が難しいことが明らかになった。そもそも、登壇者と一般参加者の間で六四・天安門事件に対する知的な関心を共有していても、議論の前提として、共通の知識や理解があるかといえば、それこそが一つの研究課題として提示されるべきだったかもしれない。六四・天安門事件は、様々な領域に及ぶ複雑さ故に、その全体像を描くことが困難だ。学生や市民による民主化運動が中国共産党によって武力弾圧されたことは明白な事実だが、研究対象に迫る議論の道筋が明瞭でなければ、単純な中国共産党批判に埋没してしまう可能性もある。これは「プレ・シンポ」に限らず、日本の六四・天安門事件研究（以下、六四研究）における課題でもある。

例えば、学術的な専門書についてはひとまず置くとして、事件についての概説書が存在するかといえば、これは自戒を込めて、否、と言わざるを得ない。日本では現代中国について実に多種多様な研究が行われているが、学生や一般読者が手に取ることができる新書判あるいは入門書のようなスタイルで、六四・天安門事件について解説された良書があるだろうか。そうした空白に、六四研究の難しさが象徴されているのかもしれない。

一方、事件当時の経緯を克明に記したクロニクルや重要文書の翻訳資料集などが複数ある中で、次に挙げる「蒼蒼社・全六冊」は史料的価値が高く、日本の六四研究における代表的な成果として特筆すべきだ。

矢吹晋編訳『チャイナ・クライシス重要文献』第一～三巻、蒼蒼社、一九八九年。
矢吹晋編著『天安門事件の真相』上下巻、蒼蒼社、一九九〇年。
村田忠禧編『チャイナ・クライシス「動乱」日記』蒼蒼社、一九九〇年。

一連のシンポや研究会で報告した矢吹晋横浜市立大学名誉教授によれば、これらの史料は中国国内で民主化運動に参加したかつての学生の手にも渡っているという。事件の当事者は、その渦中にあったために事件の全体像を俯瞰して見ることができず、後年になってからこの史料によって知り得た事実が多く、そうしたこともまた史料的価値の高さを裏付けている。「蒼蒼社・全六冊」シリーズは、日本における六四研究の原典として再評価すべき史料である。しかしながら、この史料の価値を強調すればするほど、その後の三十年間、日本における六四研究には顕著な発展が見られなかったのではないかという疑問を抱えることにもなる。

言うまでもなく、六四・天安門事件についての研究は様々なアプローチが可能であり、必要だ。例えば、中国共産党上層部の権力闘争、学生や市民による大衆運動、中国人民解放軍の戒厳部隊による武力弾圧の真相、当時の中国を取り巻く国際環境、事件後の中国社会の変容、国際社会に対する事件の影響など、少し考えを巡らせただけでも実に多様な研究課題が提起される。六四研究は、中国の政治、経済、社会、文化はもとより、国際関係など様々な領域からの多角的な分析が必要だ。「プレ・シンポ」で表出した困難は、六四・天安門事件の複雑性と研究の可能性に起因するものであり、超克すべき課題である。

気づきの点の三つ目は、二回のシンポジウムで共通タイトルとして掲げられた「六四・天安門事件を考える」の「考える」についてである。シンポジウムでは、「六四・天安門事件とは何だったのか」、「中国の民主化はなぜ挫折したのか」という問いに向き合ったのだが、過去の歴史に対する考察だけでは不十分だという問題意識が、「プレ・シンポ」から「六四シンポ」に至る準備の過程で関係者に共有された。それは、本書に収録されている矢吹論文の「人類史にとって三十年間は一瞬だが、中国の一瞬がグローバル世界を変えようとしている」という最後の一文に凝縮されている。矢吹論文の精髄を筆者なりに解釈すれば、それは次のような指摘だ。つまり、現在の中国で発生している最新の諸問題を分析し、中国の変化が世界にもたらしている影響について思考し、果たして二十一世紀の国際世界はどのような状況が望ましいのか、人類社会における民主や自由はどうあるべきか、人類はどのように生きていくべきなのか、という疑問を呈し、そうした観点から六四・天安門事件について再検討しなければならない。そうでなければ、三十年が経過した現在、事件について再検討する意味がないではないかという痛烈な批判でもある。

六四・天安門事件についてどのように考えるのか、現在の中国についてどのように考えるのかという問題は、今日の世界の有り様について考察することに繫がる。そして、日本は中国にどのように向き合うのかという緊張感をもって考えなければならない問題でもある。六四・天安門事件の歴史的側面に関心を寄せる読者は、視点の相違に戸惑うかもしれない。だが、「六四・天安門事件を考える」ことの意義は、まさに現在の中国と世界について考え、そして中国とどのように向き合うべきかという日本社会に対する省察にも繫がる。その意味で、本書は「六四シンポ」の報告論文集であると同時に、六四・天安門事件を原点とした最新の中国論でもある。

二　六四・天安門事件研究の現在

ここでは六四・天安門事件の研究に関する最新の注目点を記した上で、今後の展望について若干の私見を述べたい。

まず、三十年の節目を記念して出版された図書の中で、注目すべき研究資料の一冊目は、『最後的秘密：中共十三届四中全会「六四」結論文檔』（黎安友導言、香港、新世紀出版社、二〇一九年）である。「六四シンポ」におけるアンドリュー・ネイサン教授の報告は、同書に寄せた序文に基づくものだ。本書の矢吹論文および石井論文でもそれぞれに言及されているので、ここでは内容に関する重複は控えよう。一点補足すれば、同書の版元である香港の新世紀出版社が、三十年を記念するために満を持して出版した資料ということだ。同社は、事件から二十年の際に、趙紫陽元総書記の回想録を『改革歴程』（杜導正序、鮑彤導言、同社、二〇〇九年）と題して刊行したことでも知られている。趙紫陽の秘書を務めた鮑彤氏と、その息子で出版社社長の鮑樸氏によって世に送り出された資料は、まさに三十年を記念する一冊となった。

二冊目に紹介するのは、同じく香港の新世紀出版社が刊行した『鄧小平在一九八九』（戴晴、同社、二〇一九年）である。書名のとおり、一九八九年の鄧小平の言動を詳細に追った記録だ。著者の戴晴氏は、六四・天安門事件当時、中国共産党直属の『光明日報』記者だったが、体制批判の言論を罪に問われて逮捕され、政治犯を収容する秦城監獄で服役した経験をもつ。出所後、彼女は環境問題を中心にジャーナリストとして、またルポルタージュの作家としても活動を続けてきた。同書で回想しているように、事件当時は四十八歳だった彼女が七十八歳になり、現在もなお六四・天安門事件に向き合い続ける徹底した姿勢が貫かれている。

筆者がもっとも注目すべき研究史料として見るのは、『六四事件全程実録（上）（下）』（呉仁華編著、台湾、允晨文化実業、二〇一九年）である。事件当時、呉仁華氏は中国政法大学の教員で、六月四日未明まで天安門広場に留まった。事件後、マカオに泳いで渡り、香港を経由してアメリカに亡命した経歴を持つ。「独立学者」として、人生を賭して六四・天安門事件の研究を続けており、以下の研究書がある。

『六四事件中的戒厳部隊』香港、真相出版社、二〇〇九年。
『天安門血腥清場内幕』香港、真相出版社、二〇〇九年。
『六四事件全程実録』香港、真相出版社、二〇一四年。
『天安門血腥清場内幕』台湾、允晨文化実業、二〇一四年。
『六四屠殺：内幕解密』台湾、允晨文化実業、二〇一六年。

先に挙げた『六四事件全程実録（上）（下）』は、二〇一四年に出版した香港版を増補改訂したもので、長年にわたる六四研究のいわば集大成である。胡耀邦総書記が死去した一九八九年四月十五日から、当局の武力弾圧に対する抗議活動が地方都市で断続的に続いていた六月末までを詳細に記録した史料編纂にある。その最大の特徴は、歴史文献学者である呉仁華氏の徹底した史料編纂にある。筆者はこれまで三回にわたり聞き取りを行っているが、その度に繰り返されるのは、「墨写的謊言掩盖不了血写的歴史（墨で書かれた虚言は、血で書かれた歴史を隠せない）」という力強い言葉だ。

以上の注目すべき研究資料のほか、六四・天安門事件三十年を記念した台湾シンポジウムについても紹介したい。五月十八日から二十日にかけて、「六四事件三十周年検討会：中国民主運動的価値更新與路径探索（Thirtieth Anniversary of the Tiananmen Incident The International Academic Conferenceon "Value Renewal and Path Finding for China's Pro-Democracy Movement", 日本語仮訳、六四事件三十周年シンポジウム：中国民主化運動の価値の更新と道筋の探求）」と題した国際シンポジウムが台北で開催された。主催団体は、アメリカに拠点を置く中国人の団体である華人民主書院と香港市民愛国民主運動支援連合会（香港支聯会）である。共催および協力団体には、香港と台湾で中国の民主化や人権問題の改善を支援している各種の団体が名を連ねた。これまで節目の年に計画されたシンポジウムは香港が拠点だったが、昨今の香港情勢の影響で、今年は台湾で開催された。関係者が香港への入境を拒否されることを警戒したのだ。台湾シンポジウムは、当時の学生リーダー、研究者、戒厳部隊の関係者、メディア関係者など、様々に異なる立場から研究報告や発言がなされた。筆者は三日間のうち二日参加し、大きな収穫を得た。報告内容の他に興味深かったのは、中国の民主化に関心を寄せる人々の活動や出版の拠点が、これまでの香港から台湾に移行しつつあることだ。また、アメリカや欧州から活動家や研究者が台湾に集う機会に、台湾から地理的にも近い日本への関心を強めている点である。実際に、台湾シンポジウムが終了した数日後、明治大学の六四シンポに参加するために東京を訪れた関係者が複数名おり、彼らとの交流から、アジアにおける民主的な国家としての日本社会に対する関心の高さをうかがい知ることにもなった。台湾シンポジウムの詳細については、いずれ稿を改めて論じることとする。

三　六四・天安門事件研究の展望

最後に、六四・天安門事件研究の今後の展望について、いくつか指摘しておきたい。周知の通り、中国では六四に関する報道や研究が厳重に規制されているため、機密文書などの公開を期待することは極めて難しい。ただし、資料について言えば、香港や台湾をはじめ海外での報道や出版が継続され、亡命中国人の回想録などもすでに多数出版されている。

研究動向についての今後の展望として、第一に指摘すべきは、長期的かつ多角的な視点による分析の必要性である。その具体的な例をひとつ挙げよう。事件関係者の回想録は六四研究における重要な史料だ。これまでは、特に知識人や学生リーダーの回想録が注目されてきたが、現在は様々に異なる立場の回想録を手に取ることができる。具体的な書名と著者名は割愛するが、その特徴について言えば、事件で子どもを失った遺族、戒厳部隊の関係者、党内の改革派および保守派、一般市民、「暴徒」として逮捕され服役した経験を持つ人たち、事件の影響から弁護士や社会活動家、作家、宗教家などを志した若い世代……実に多様な世代や分野の人々による回想録が出版されている。例えば、亡命者の回想録といっても、いつ頃、どのように、どこへ亡命したのか、逮捕や投獄を経験したのか、病気治療の名目で亡命したのか、あるいは長期にわたる逃亡生活の果てに亡命したのかという亡命者の多様性と複雑性に注目する必要があり、一概に亡命者の回想録として論じてはならないだろう。また、著名な知識人や学生リーダーについても、これまでのような事件を中心とした回想録に注目するだけでなく、その生い立ちから現在に至るまでのライフヒストリーやオーラルヒストリーとして、長期的な視点で再検討する必要がある。

研究動向に関する展望として、二つ目に考えるのは、六四研究に向き合う研究者のスタンスである。中国の政治体制および習近平政権の諸政策を見れば、海外の研究者といえども六四・天安門事件という政治的に極めて敏感なテーマの研究を続けることに、ある種の政治的リスクを想起する研究者もあるだろう。だが、六四研究に従事するならば、そうしたリスクを理由や弁明にして、自らの研究を放棄してはならないと考える。以前、中国のある研究者が、「文革在中国、文革研究在海外（文革は中国にあり、文革研究は海外にある）」と筆者に語ったことが強く印象に残っている。この言葉を借りれば、「六四在中国、六四研究在哪里？（六四は中国にあり、六四研究はどこにあるのか）」というような空白を生じさせてはならない。

第三は、六四研究における新たな挑戦である。前述したように、六四研究は歴史の研究であると同時に、現在の中国をどのように見るかという問題でもある。そこで筆者は、歴史研究と現状分析、さらにはアカデミズムとジャーナリズムという四つの特徴を意識した研究手法が、今後、さらに求められるのではないかと考えている。無論、言うは易く行うは難し。これは筆者自身の研究者人生を賭して向き合うべき長期的な課題でもある。

六四・天安門事件から三十年が過ぎた。三十年と言えば、ひとつの時代の区切りでもある。その意味でも、六四・天安門事件に関する研究は、いま、ようやく始まったばかりだと言うべきかもしれない。

あとがき

今回の天安門事件三十周年シンポジウムの開催だけでなく、本書の出版にあたっても、これまで三年近くの時間をかけて、われわれは何度も慎重に議論を重ねてきた。本書を構成する主な原稿が揃っていよいよゲラに廻りつつあった頃、最後の編集会議が開かれた。その際、まっさきに話題にあがったのも、やはり『思想』〈一九八九〉特集号（二〇一九年十月）の分析視座・方法論的枠組みに対する強烈な違和感についてである。あえて一言でいうなら、それは国家による「集団的暴力」に対する記憶が薄れるにともなって、一九八九年問題を巡る「歴史修正主義」ともいうべき現象が、「進歩的」とされる「左派」においても急速に進んでいるようにしか思えない、ということである。

これまで「歴史修正主義」とは、かつて日本帝国主義の犯した「集団的暴力」に対する記憶が遠ざかっていくのにともない、従来の一般的な歴史観・歴史認識とは異なる解釈を主張し、過去の史実を都合よく誇張、解釈する立場のことを指してきた。だが問題は、一九八九年を巡る様々な歴史的事象、あるいはそれらについての言説を扱うのに際し、自らにとって都合の悪い過去を過小評価、あるいは排除するなど、そのイデオロギーの立場とは矛盾しないよう、過去に関する理解の枠組み自体を修正しようとする誤りを、いまや「進歩的」とされる「左派」が犯しはじめているのではないか、ということにある。しかも、その左右両者の根底で共通しているのは、いわば国家による「集団的暴力」を自らの思想形成の契機としてほとんど取り込めていないのではないか、という疑義の存在である。きわめて興味深いことに、同誌で収められている中国関連の論文ですら、二〇一九年までに中国で起きたいくつかのごく最近のできごとについて触れているにもかかわらず、現在の中国政治のあり方に対する「社会的反応」（雨傘運動）として台湾で繰り広げられたできごと（ひまわり運動）、そして香港で起きたできごと（逃亡犯条例改正への抗議デモ）さらに二〇一九年十一月現在でも続いているできごと（逃亡犯条例改正への抗議デモ）には、いずれも一切言及していないのである。しかも、こうした傾向は、岩波『思想』だけにとどまらない。日本における中国研究を巡る最大規模の学会である「日本現代中国学会」がその全国大会（二〇一九年十月）の共通論題として選んだのは、「中国における民間」という天安門事件とは全く無縁のテーマであり、しかもこの大会の実行委員長は、その「大会趣旨」で、一九八九年問題を「五四運動百年と〈一九六九〉五十年」としてとらえ、天安門事件三十周年というモメントを完全に避けて通っているのである。これが一九八九年から三十周年を迎える、二〇一九年における日本の学術・思想界の現実である。

たしかに、上記『思想』の論者らが主張するように、三十年後の東欧の現状が権威主義政治や自民族の優越を主張するモデルの地域となり、東欧の体制転換が「経済的自由主義」と「政治的非自由主義」の結合をもたらしたのは事実であろう。だが、既述のような東アジアにおける中国共産党の一党独裁政治への異議申し立てすら、「新自由主義」的反応として理解されるのであれば、さらに一九八九年の天安門事件を媒介してはじめて可能となった東欧における体制転換も「市民社会の復権」ではなく、あくまでも独裁専制政治による「血の弾圧」とは無縁な「新自由主義革命」としてとらえるべきだ、ということになるのであろうか。もしそうであるとするなら、安倍政権下の安保関連法案に反対する抗議運動（SEALDs：自由と民主主義のための学生緊急行動）も、反トランプ政権としての世界的抗議運動の流れの一部として、それすらも「市民社会」的反応ではなく、「新自由主義的」反応であったということにでもなるのだろうか。もちろん、そのような理解が大きな矛盾をきたすことは、彼ら自身の「沈黙」によってすでにして表明されており、そのことに触れること自体、自らの立論が大きく揺らがざるを得ないことを示唆している。ただ、われわれにとってどうしても理解に苦しむのは、こうした「沈黙」を正当化しているのが、多くの東欧諸国で民主主義や自由を否定するような動きとして台頭している排他的な「右派ポピュリズム」に対する警戒感なのか、それともネットの一部で囁かれているような、香港で起きている事態をトランプ政権下のアメリカＣＩＡを中心とした西側陣営の「右派」勢力によって企図された「陰謀」に過ぎないとしてとらえる政治的主張なのか、いずれにせよ、すべてがブラックボックスの中に押し込められている、ということである。

とはいえ、それがわかったところで、そのことに大きな意味があるとも思えない。ただ、何故こうした現象が起きるのかについて考えたとき、一方の「右派」が安倍政権に対する「忖度」を繰り返しているように見えるのに対して、同じように「左派」は、中国の習近平体制に対する「忖度」をほとんど無意識のうちに、しかも中国とともに暗黙裡に行っているようにしか見えない、という事実に突き当たる。日本の「進歩的」「左派」が中国の一九八九年問題について「沈黙」（恣意的な不作為）を繰り返しているのは、いったいなぜなのか。それは要するに、「右派」にせよ、「左派」にせよ、われわれ日本人は国家権力による「集団的暴力」を直視できず、結局は自らが欲しいと思って求めた言説だけを受け入れて、仮に自らの立場に不都合な歴史的事案が生じても、それへの認識そのものを正当に回避するための言説だけを追い求め続けているに過ぎないということなのではないか。そもそも、彼らは自らの立場を「左派」とも「右派」とも思っておらず、おそらくはもっとも中立的「リベラル」の立場を代表していると理解しているのであろうから、その政治的立場をなおさらのこと「中性化」する欲求に駆られるのもある意味では無理からぬことである。そのための隠微な概念操作こそ、いわば「六四」と「一九八九」というジャーゴンに示されており、逆に天安門事件を巡るあらゆる政治的言説が「記号化」されざるを得ないということ自体が、米中対立を基礎にした世界の言説状況と密接につながっていることを示唆している。いいかえれば、シニフィアン（意味している記号）とシニフィエ（意味されている内容）との関係には、本来、全く必然性がないにもかかわらず、それが「記号」として了解される暗黙の体系の中では、つねに一種の「政治的メタファー」をともなうことにならざるを得ない、ということである。われわれはこの最後の編集会議で、そうした暫定的結論に辿りついたのだが、それを最終的にどのように考えるべきなのかは、いうまでもなく読者一人ひとりの判断に委ねられている。

本書の出版は、シンポジウムの登壇者をはじめ、ここでは一人ひとり名前を挙げることはしないが、じつに多くの方々の尽力によるものである。そのなかでも、シンポジウムの開催を長期にわたり、物心両面から支援してくださった明治大学国際連携本部事務室の職員の皆さんにはとくにお世話になった。このことに対して、格別なる感謝の言葉を申し述べたい。またシンポジウムの開催と本書の出版は、いずれも日本学術振興会の科学研究費賛助事業基盤研究A：「中国における習近平時代の労働社会──労働運動をめぐる法・政治・経済体制のゆくえ」（二〇一六〜二〇一九年）の研究成果としてまとめられたものであることを記しておきたい。

さらに、シンポジウムの企画当初から、惜しみない協力と深い理解をもって関わって下さった白水社編集部の竹園公一朗氏、阿部唯史氏には、どれほど感謝の言葉を並べても足りないが、衷心からの謝辞を送りたい。特に、本書の編集を担当して下さった竹園氏の忍耐強さに助けられて、どうにかここまで辿り着くことが出来たことは、誠に感謝に堪えない。六四・天安門事件から三十年という節目の年に、本書の刊行が実現できたことを心から感謝し、かつたいへん感慨深く思う。
最後に、六四・天安門事件に心を寄せる日本の読者にとって、本書が新たな理解の一助となることを心から期待しつつ、本書のむすびの言葉としたい。

二〇一九年十一月十日

石井知章

アメリカへ亡命。2008年にハーバード大学で博士号を取得。現在も民主化運動を続ける。邦訳書に『中華人民共和国史十五講』（ちくま学芸文庫）がある。

張博樹（ちょう・はくじゅ）
1955年生まれ。中国人民大学政治経済学部、中国社会科学院大学院（哲学専攻）を経て中国社会科学院哲学研究所勤務。哲学博士。六四・天安門事件に遭遇して人生の方向性が変わり、以後、中国批判理論の構築に邁進する。2011年に渡米。現在、コロンビア大学客員教授。邦訳書に『新全体主義の思想史』（白水社）がある。

李偉東（り・いとう）
1954年生まれ。1982年、吉林大学経済学部卒業。『中国改革』雑誌社社長などを歴任。習近平体制を「紅い帝国（紅色帝国）」と位置付けた論考「行き詰まりの紅い帝国」は現代中国論を刷新する視点であるとして世界的な注目を集めている。

矢吹晋（やぶき・すすむ）
1938年生まれ。1962年東京大学経済学部卒業。東洋経済新報社記者、アジア経済研究所研究員、横浜市立大学教授を経て、現在、横浜市大名誉教授。主な著書に『文化大革命』（講談社現代新書）、『習近平の夢』、『南シナ海領土紛争と日本』、『対米従属の原点ペリーの白旗』（以上、花伝社）、『文化大革命』（共著、白水社）他。

大熊雄一郎（おおくま・ゆういちろう）
1981年生まれ。東京外国語大学中国語学科を卒業後、時事通信社に入社。社会部、外信部を経て、共同通信社へ。同社外信部、政治部で取材したのち、現在、中国総局特派員。

執筆者略歴

石井知章（いしい・ともあき）
1960年生まれ。早稲田大学大学院政治学研究科博士課程修了。博士（政治学）。共同通信社記者、ＩＬＯ（国際労働機関）職員を経て、現在、明治大学商学部教授。主な著書に『現代中国政治と労働社会』（御茶の水書房、日本労働ペンクラブ賞受賞）、『文化大革命』（編著、白水社）、『香港雨傘運動と市民的不服従』（共著、社会評論社）他、訳書に張博樹『新全体主義の思想史』（共訳、白水社）。

及川淳子（おいかわ・じゅんこ）
東京都生まれ。日本大学大学院総合社会情報研究科博士後期課程修了。博士（総合社会文化）。中央大学文学部准教授。主な著書に『現代中国の言論空間と政治文化』（御茶の水書房）、『文化大革命』（共著、白水社）、『11通の手紙』（小学館）、訳書に廖亦武『銃弾とアヘン』、張博樹『新全体主義の思想史』（以上、共訳、白水社）他。

アンドリュー・ネイサン
1943年生まれ。ハーバード大学で修士号（東アジア研究）、博士号（政治学）を取得。1971年からコロンビア大学で教鞭を執る。英米圏を代表する中国通として知られる。邦訳書に『中国の人権』（共著、有信堂）、『天安門文書』（監修、文藝春秋）、『中国権力者たちの身上調書』（共著、阪急コミュニケーションズ）、『中国安全保障全史』（共著、みすず書房）。

胡平（こ・へい）
1947年生まれ。北京大学哲学系修士課程修了（哲学修士）。1979年に「民主の壁」運動に参加し、雑誌『沃土』上に「言論の自由を論ず」を発表する。1980年、北京大のある北京市海淀区人民代表大会の代表選挙に立候補して当選。1987年、ハーバード大学博士課程に留学するも、ニューヨークで組織された政治結社「中国民主団結連盟」主席に就任。啓蒙知識人の重鎮として知られる。邦訳書に『言論の自由と中国の民主』（現代人文社）がある。

王丹（おう・たん）
1969年生まれ。北京大学在学時に六四・天安門事件に遭遇。学生リーダーとして世界的に知られる存在に。事件後、二度の逮捕・有罪判決を受け、1998年に

編者略歴

石井知章（いしい・ともあき）
一九六〇年生まれ。早稲田大学大学院政治学研究科博士課程修了。博士（政治学）。共同通信社記者、ＩＬＯ（国際労働機関）職員を経て、現在、明治大学商学部教授。主な著書に『現代中国政治と労働社会』（御茶の水書房、日本労働ペンクラブ賞受賞）、『文化大革命』（編著、白水社）、『香港雨傘運動と市民的不服従』（共著、社会評論社）他、訳書に張博樹『新全体主義の思想史』（共訳、白水社）。

及川淳子（おいかわ・じゅんこ）
東京都生まれ。日本大学大学院総合社会情報研究科博士後期課程修了。博士（総合社会文化）。中央大学文学部准教授。主な著書に『現代中国の言論空間と政治文化』（御茶の水書房）、『文化大革命』（共著、白水社）、『11通の手紙』（小学館）、訳書に廖亦武『銃弾とアヘン』、張博樹『新全体主義の思想史』（以上、共訳、白水社）他。

六四と一九八九
習近平帝国とどう向き合うのか

二〇一九年一二月一五日 印刷
二〇二〇年 一月一〇日 発行

編　者 © 石井知章
　　　　 及川淳子
発行者　 及川直志
印刷所　 株式会社 三陽社
発行所　 株式会社 白水社

東京都千代田区神田小川町三の二四
電話 営業部〇三（三二九一）七八一一
　　 編集部〇三（三二九一）七八二一
振替 〇〇一九〇・五・三三二二八
郵便番号 一〇一・〇〇五二
www.hakusuisha.co.jp
乱丁・落丁本は、送料小社負担にてお取り替えいたします。

誠製本株式会社

ISBN978-4-560-09740-3
Printed in Japan

白水社の本

文化大革命

〈造反有理〉の現代的地平

明治大学現代中国研究所、石井知章、鈴木 賢 編

文革とは何だったのか？新資料により凄惨な実像を明らかにするとともに、日本の新左翼運動に与えた影響を再検討する。カラー図版多数。

不屈　盲目の人権活動家　陳光誠の闘い

陳 光誠 著／河野純治 訳

中国当局による不当な投獄や自宅軟禁の末に決行した奇跡の脱出劇。「裸足の弁護士」が米国に保護されるまでの一部始終を綴った回想録。

新全体主義の思想史

コロンビア大学現代中国講義

張 博樹 著／石井知章、及川淳子、中村達雄 訳

習近平体制を「新全体主義」ととらえ、六四以後の現代中国を壮大なスケールで描く知識社会学の記念碑的著作。天安門事件 30 年を悼む。

銃弾とアヘン

「六四天安門」生と死の記憶

廖 亦武 著／土屋昌明、鳥本まさき、及川淳子 訳

一般民衆の視点から事件の真相に迫り、30 年後の今も続く当事者たちの苦難の道のりを追った門外不出のオーラルヒストリー。

中国 消し去られた記録

北京特派員が見た大国の闇

城山英巳 著

繁栄の裏で何が起きているのか？　天安門事件から陳光誠脱出劇まで、ボーン・上田賞、アジア・太平洋賞受賞記者が実像に迫る戦慄のルポ。

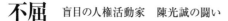